이야기로 풀어 쓴
러시아어의 역사

ИСТОРИЯ РУССКОГО ЯЗЫКА В РАССКАЗАХ

이야기로 풀어 쓴
러시아어의 역사

V. V. 콜레소프 지음
백경희 옮김

우물이 있는 집

역자 서문

블라디미르 콜레소프 교수님께
이 책을 바칩니다

ПРОФЕССОРУ ВЛАДИМИРУ КОЛЕСОВУ ПОСВЯЩАЮ ЭТУ КНИГУ

    V. V. 콜레소프 교수의 《이야기로 풀어 쓴 러시아어의 역사》는 러시아어가 어떻게 발전해 왔는지, 단어의 발음과 음운 변동, 단어의 기원과 의미 확장의 양상, 새로운 개념의 등장과 기존 의미의 축소 및 소멸 등, 러시아어의 역사를 짚어볼 수 있는 다양한 주제에 대하여 이야기체 서술 방식으로 소개하고 있다. 〈러시아어의 역사〉라는 복잡하고 심오한 주제를 다루는 책일수록 내용을 쉽게 전달하는 방식이 매우 중요하다. 고대러시아어에서 현대러시아어에 이르기까지 교회슬라브어와 공통슬라브어의 상호작용, 음운 형태의 변동과 단어의 어원에 관한 역사언어학적 사실들을 친근

하고 다정하게 구전 문학의 이야기체 서술 방식으로 풀어나가는 것이 이 책을 더욱 돋보이게 하는 매력이자 특징이다.

V. V. 콜레소프 교수는 러시아어가 거쳐온 역사적 변화의 과정에서 주목할 만한 사례들을 토대로 보편적인 언어 발전의 원칙과 언어학 이론의 연구 방법을 매우 독특한 방식으로 제시한다. 이를테면, 러시아어 단어를 둘러싼 흥미로운 역사적 일화를 들려주면서 언어학자의 통찰력과 뛰어난 작가적 상상력으로 과거의 상황을 생생하게 재현하면서, 독자와 친근한 대화를 나누듯 함께 걸으며 우리에게 '올바른 길'을 열어준다. 또한 고대 슬라브어 문헌과 고전 문학 속의 고어적 표현들의 기원과 의미 변화 양상을 추적하면서, 언어철학의 대가인 저자는 각각의 이야기 속에 숨어 있는 러시아어의 비밀을 독자에게 논리정연하게 전수하면서도, 곳곳에 재치 있는 유머를 곁들이는 것을 잊지 않는다.

21개의 러시아어사 관련 주제로 구성된 이 책은 분량이 크지는 않지만, 저자의 문학, 역사 및 폭넓은 인문학적 지식에 대한 해박한 학식이 반영되어 있으며, 이는 지금까지도 많은 독자들을 그의 저서로 이끄는 중요한 요소가 되고 있다. 저자는 독창적으로 구성된 흥미진진한 이야기 주제를 구성하면서 다양한 장르의 고대 필사본 (연대기, 서신, 유훈집), 여러 지역 방언 기록, 이고리 원정기, 그리고 A. 니키틴, P. 아바쿰, K. 트레디야콥스키, M. 로모노소프, A. 라디셰프, N. 카람진, I. 크릴로프, N. 바튜시코프, A. 푸시킨, M. 레르몬토프, N. 고골, I. 투르게네프, F. 도스토옙스키, L. 톨스토이, N. 레스코프, A. 체호프, G. 우스펜스키, I. 부닌, M. 고리키, M. 프리슈빈, K. 페딘, 스트루가츠키 형제, V. 코롤렌코, B. 셰르긴, A. 차피긴의 작품들을 인용한다. 얼핏 보기에는 이야기 전개 방식이 매우 자유롭고, 논리의 흐름이 때로는 우연적인 것처럼 보이기도 하지만, 실제로는 각각의 에피소드가 언어사의 흐름을 자연스럽게 연결하고 유기적으로 상호작용하게 하는 고도의 전략적 구성이다. 이를 통해 언어사 연구의 유의미한 한 방향으로서 '올바른 길'을 제시하고, 러시아어의 역사적 변화 단계에서 〈언어 발전의 내적 법칙성〉의 의의를 강조하고 있다.

 V. V. 콜레소프 교수의 『이야기로 풀어 쓴 러시아어의 역사』(최초 출간, 1976년)는 러시아어의 역사를 배우는 모든 학생과 러시아어 관련 연구자들과 교육자들에게 유익한 도서로서 1976, 1982, 1994, 2005, 2006, 2007, 2023년에 걸쳐서 여러 차례 출판되었다. 판본마다 내용이 추가되기도 하고, 일부 내용이 교체되기도 했지만, 본 역서는 내용 이해를 돕는 흥미로운 삽화가 곁들어진 1982년 출판본을 토대로 했다. 원어가 주는 어감을 독자들과 공유하기 위해 원본의 예문과 주요 어휘 및 핵심 용어들은 한국어 번역과 함께 러시아어로 병기함으로써, 독자들도 최대한 원문의 언어적 뉘앙스를 느끼고 비교 분석할 수 있도록 했다. 이 책은 오트쿱쉬코프(Ю. В. Откупщиков)의 『К истокам слова(1973)』와 함께 오랫동안 러시아 교육부 선정 인문과학 분야의 권장 도서로서, 학교 교육 과정에서 다루어지지 않는 러시아어 연구의 여러 측면을 소개하는 대표적인 대중과학서 시리즈로 널리 알려져 있다. 특히 인문계 고학년 학생들과 대학생을 위한 전공 입문서로 더욱 유명할 뿐만 아니라 러시아 전역에서 시행되는 각종 러시아어 경시 대회 및 독서토론 대회의 지정 도서로서, 전반적인 러시아어의 발달 과정과 역사를 짚어볼 수 있는 인문 교양 학술서로서

해마다 출판을 거듭하며 그 명성을 유지하고 있다. 따라서 본 역서의 말미에는 러시아 고학년 학생들을 대상으로 실시된 러시아어 경시 대회의 기출 문제, 즉 『이야기 러시아어사』의 독후 테스트 출제 문항 자료를 부록으로 첨부함으로써, 이 책을 읽은 한국의 독자들도 러시아어 역사에 대한 지식을 스스로 점검해 볼 수 있도록 하였다.

  2019년 5월 15일, 이 책의 저자이신 콜레소프 교수님께서 우리 곁을 떠나신 지 올해로 벌써 여섯 해에 접어들었다. 공교롭게도 세상을 떠나신 날이 스승의 날이었기에, 해마다 스승의 날이 돌아오면 가장 먼저 떠올리게 되는 학문적 멘토이자 영원한 스승으로서 역자의 마음 속에 늘 자리하고 계신다. 삶과 죽음이 하나이고, 모든 존재의 죽음이 당연지사임을 알지만 그날의 충격과 슬픔은 오랫동안 황망함과 공허함으로 남았다. 제자된 도리로서 생전에 자주 찾아뵙지 못한 데 대한 후회와 자책감이 이 책을 번역하도록 이끈 동기가 되었다. 지난 여름방학부터 시작한 번역 과정을 돌이켜 보면, 처음 일독 단계에서는 『이야기로 풀어 쓴 러시아어의 역사』의 흐름에 매료되었고, 마치 저자의 육성을 듣는 듯 흥미진진한 설명으로 지적 호기심을 충족할 수 있어서 행복했다. 하지만 막상 번역 작업에 착수하여 글로 옮기고, 더 적절한 단어를 찾고, 고대 러시아어 자료나 사전을 찾아보는 본격적 작업에 들어선 순간, 2달 정도면 번역이 완성될 것이라는 섣부른 예상이 여지없이 무너졌다. 지난 여름방학 동안 초벌 번역을 마치고 잠시 미뤘던 마무리 작업을 2025년 새해 벽두에 다시 시작하면서, 호기롭게 출발한 시작보다는 책임의 무게가 수반되는 마무리가 더 어렵다는 것, 모든 일에는 마침표가 가장 힘들다는 평범한 진리를 절실하게 깨우치게 된 시간이었다.

 부족하지만 역자의 작은 노력의 결실을 이 책의 저자이신 블라디미르 콜레소프 교수님께 바친다. 아울러 항상 진심 어린 응원과 긍정의 힘으로 그리운 부모님의 공백을 채워주는 사랑하는 〈백이신남〉 가족에게 지면을 통해서나마 감사의 마음을 전한다. 특히, 동료 연구자로서 역자의 부족한 부분을 일깨워 주고, 늘 따뜻한 격려와 사랑을 보내주는 남편에게 무한한 고마움을 느끼며, 내용 설명을 위한 흥미로운 삽화를 그려 준 조카 이수민 선생님께도 감사의 마음을 전한다. 마지막으로, 머나먼 동양의 외국인 여학생에게 러시아어에 대한 열정과 학자로서의 연구 자세를 일깨워 주신, 역자의 은사 블라디미르 콜레소프(V. V. Kolesov) 교수님의 평안과 안식을 빌며, 부친의 저서 번역을 흔쾌히 허락해 주시고 지지해 주신 다리야 블라지미로브나 콜레소바(D. V. Kolesova) 교수님께도 감사와 사랑의 인사를 전한다.

2025년 5월 역자

언어학 연구실로
독자를 올바르게 인도해주는 책

КНИГА, КОТОРАЯ ПРАВИЛЬНО ВЕДЕТ ЧИТАТЕЛЯ В ЛИНГВИСТИЧЕСКУЮ ЛАБОРАТОРИЮ

이 책이 가지는 가장 큰 장점과 가치는 러시아어 역사에 대한 구체적인 정보의 양 자체보다는 고대슬라브어와 언어철학의 권위자인 저자가 현대 언어학의 이론적 개념을 실제 자료 분석에 적용하면서 독자들의 눈높이에 맞추고, 독자들이 이를 직접 목격할 수 있도록 서술한다는 데 있다.

이 책은 기존의 다른 학술서들과 차별성을 가지는데, 그 핵심은 언어와 말의 관계, 음소에 대한 학설, 단어의 의미 변화와 음운 구조의 역사적 변동, 교회슬라브어와 고대러시아어의 문법 체계, 사회적 방언에서 현대러시아어에 이르기까지 단어의 어원과 의미 변화의 과정 등, 흥미로운 주제로 저자 특유의 유머 감각과 학문적 은유법으로 독자의 호기심을 자극하여 언어적 탐구의 지적 놀이에 몰입하게 하는 데 있다. 이 모든 요소들은 독자의 시야를 넓히고, 연상적 사고와 언어 감각을 키우며, 세밀한 관찰력과 논리력을 기르는데 기여할 것이라 확신한다. 그러나 이 책의 저자가 가장 중요하게 여기는 것은 단순히 흥미로운 언어적 사실들을 전달하거나 자신의 연구 분야에 독자들을 끌어들이는 것이 아니라, 언어 발전의 내적 법칙성이 작동되는 '언어학 연구실'로 독자가 직접 들어가 볼 수 있도록 '올바른 길'을 열어주는 것이다. 고대슬라브어와 언어철학의 권위자인 이 책의 저자가 들려주는 러시아어 역사에 대한 21개 에피소드를 따라가다 보면 러시아어 역사적 문법의 세부 사항에 익숙하지 않은 사람조차도 자연스럽게 현대 노어학의 이론적 기초를 이해하게 될 것이다.

저자와 역자의 관계처럼 추천사를 쓰는 필자도 석박사 과정의 지도교수로서 콜레소프 교수님을 사사하면서 겪은 많은 추억과 국내 귀국 이후에 자주 연락드리지도 못한 회한이 갑자기 넘쳐나서 아주 복잡한 상념에 젖어서 이 글을 쓴다. 평소에 자주 하시던 말씀처럼 "우리가 언어 속에서 사는 것이 아니라, 언어가 우리 안에서 산다"는 명제대로 함께 읽고 토론하고 상의하던 우리의 공통 관심 사항이자 사랑의 대상인 러시아어가 우리 안에서 영원히 살아있음을 느끼며 충실한 한국의 제자가 콜레소프 학풍의 일단이나마 올바르게 전달하려고 애쓴 결과인 이 역서는 국내외 러시아어학 및 문화 연구자들에게도 큰 울림과 도움이 되리라고 확신한다. 콜레소프 교수님이 본향으로 돌아가신 스승의 날에 즈음하여 제자로서 입은 큰 은혜를 감사히 여기며 흔쾌히 본 역서의 일독을 통하여 한국의 대중들도 우리 안에서 살아 움직이는 러시아어의 맛과 멋을 느껴보기를 적극 추천하며 권한다.

김 진 규

고려대학교 노어노문학과 교수

고려대학교 러시아CIS연구소 소장

이 책에 대하여
О ЧЕМ ЭТА КНИЖКА

길을 떠나기에 앞서 우선 올바른 길을 선택해야 합니다.

Правильный..., правый... 15세기 이전에 러시아인들은 '오른쪽'(правый)라는 단어를 발음할 때 자신들의 오른쪽에 있는 것을 나타낸 것이 아니라, '올바르고, 공정하고, 정직한' 것을 염두에 두었습니다. 반면 '오른쪽'에 위치한 것을 표현하기 위해서는 《десный》라는 단어가 있었는데, 이것은 푸시킨의 작품에서도 사용된 바 있는 '**десница**'(오른손)라는 단어에서도 그 유래를 찾아볼 수 있습니다. (『루슬란과 류드밀라』의 구절을 기억하시지요? 《Руслан в деснице держит меч победный》: 루슬란은 오른손에 승리의 칼을 들고 있다.)

그렇다면 《десный》라는 단어는 왜 사라졌으며, 언제 사라졌을까요?

러시아 땅의 어느 지역에서 먼저 사라졌을까요? 문학어에서 먼저 사라졌을까요, 아니면 구어에서 먼저 사라졌을까요? 왜 이 단어(десный)를 대신해서 《правый》라는 단어가 사용되었을까요?

이러한 모든 질문에 답하는 학문이 바로 러시아어의 역사(история русского языка)입니다. 러시아어의 역사를 연구하는 학자는 단어, 소리, 문장의 변화 과정을 상세히 설명해 줄 것입니다. 그는 오랜 옛날 《левый》라는 단어가 지금처럼 방향(심장이 있는 쪽, 왼쪽)을 뜻하진 않았고, 비뚤어진(кривой), 거짓된(ложный), 부정직한(нечестный) 등의 여러 의미를 지니고 있었다고 설명할 것입니다. 전래 동화에서 "왼쪽으로 가면 죽음을 만난다"(налево пойдешь — смерть найдешь)라는 표현이 전해져오는 것은 결코 우연이 아닙니다. 이야기 속에서 '왼쪽'은 악의 세력이 있는 방향이고, 왼쪽의 왕(левый царь)은 '나쁜 왕'을 의미했으며, 왼쪽 부분(левая часть)은 '지하 세계'를 뜻했습니다. 11세기에 이르러 《левый》라는 단어가 좀 더 오래된 단어 《шуий》를 대체하게 됩니다. (이 단어에서 《шуйца》, 즉 '왼손'이라는 단어가 파생되었지요). 이전의 《шуий》라는 단어는 '왼쪽' 방향을 가리키는 단 하나의 의미만 가졌지만, 《шуий》를 대체한 《левый》는 '왼쪽' 방향 외에도 이전의 여러 의미들(삐뚤어진, 거짓된, 부정직한)을 모두 담게 됩니다. 《десный》도 여전히 '오른쪽' 방향만을 의미했습니다. 왜냐면 '곧은'(прямой), '공정한'(справедливый)의 의미는 《правый》라는 단어와 연결되어 있었기 때문입니다. 네 개의 단어(левый - правый, шуий - десный)와 이 단어들이 지닌 6가지 주요 의미들(왼쪽 - 오른쪽, 굽은 - 곧은, 거짓된 - 공정한) 사이에 갈등이 발생했습니다. 이 갈등은 오래전에 시작되었지요. 《правый》가 '오른쪽'이라는 뜻으로 사용된 가장 초기의 사례는 1096년의 연대기에서 찾을 수 있습니다. 하지만 이 의미는 매우 오랫동안 《десный》라는 단어로도 전달되었습니다. 오직 15세기 중반에 이르러서야 (처음에는 로스토프-수즈달 지역에서, 이후 노보고로드에서) 《правый》라는 단어가 《десный》를 완전히 대체하게 되었고, 《десный》는 불필요한 단어로 간주되어 언어에서 점차 사라지게 됩니다. 《десный》는 새로운 조건 속에서 《левый》란 단어에 분명하게 대립하기 위해 필요한 모든 의미를 흡수하지 못했던 것입니다.

우리 주제에는 한 가지 어려움이 있습니다. 언어 변화의 모든 세부 사항을 신뢰할 수 있는 방식으로 동등하게 다루지는 못한다는 것입니다. 우리는 어떤 것들은 더 잘 알고, 어떤 것들은 덜 알고, 또 어떤 것들은 전혀 알지 못합니다. 따라서 이 책은 언어사를 순차적으로 다루기보다는 특정 주제의 이야기들로 구성되어 있습니다. 우리에게 익숙한 러시아어의 몇 가지 사례들을 통해 언어 발전의 보편적인 원칙들을 살펴보겠습니다.

언어 발전의 내적 법칙이 바로 우리가 선택하는 올바른 길이 될 것입니다.

올바른 길(Правильный путь)... 아니면 올바른 도로(правильная дорога)일까요? 여러분은 이 어결합 간의 차이를 느낄 수 있으신가요? 약간의 변화를 시도해 봅시다. 올바른 길 《правильный путь》, 오른쪽 길 《правый путь》, 올바른 도로 《правильная дорога》, 오른쪽 도로 《правая дорога》와 같이 조합한다면요? 또는 정당한 길 《верный путь》, 정당한 도로 《верная дорога》와 같은 어결합은 어떠한가요? 모든 어결합이 자연스럽진 않습니다. 어떤 것은 귀에 거슬리고, 어떤 것은 의미상 어울리지 않습니다. **《правый путь》**는 '공정한 길'(справедливый путь)을 뜻하고, **《правая дорога》**는 '오른쪽으로 향한 길'을 의미합니다. 전자는 고대의 본래 의미가 보존되었고, 후자는 15세기가 되어서야 비로소 러시아어에 정착된 새로운 의미를 반영합니다. 동일한 단어가 다른 단어와의 조합에서 각기 다른 자신만의 의미를 드러냅니다. 이후에도 우리는 현대 러시아의 이러한 특징들을 수없이 확인하게 될 것입니다. 지금은 《дорога》와 《путь》가 동의어지만 기원이 서로 다르다는 것을 기억합시다.

첫 번째 단어 **《дорога》**는 민중적이고 구어적인, 본래의 러시아어 단어입니다. 이 단어는 дорога(도로), ворон(까마귀), голова(머리)와 같이 러시아어 형태, 즉 '-оро-'라는 완전모음(충음화) 결합형을 가지고 있습니다.

고대러시아어에서는 문어체, 상문체에서 **《драга, вран, глава》**와 같은 불완전모음(비충음화) 결합형의 단어들이 사용되었습니다. 이 단어들은 교회슬라브어에서 유래했으며, 일부(драга, вран)는 사라졌고 일부(глава)는 의미가 변해 문학러시아어에 남았습니다. 순수 러시아어 단어 **《дорога》**가 **《правый》**라는 단어의 새로운 의미와 결합된 것입니다.

두 번째 단어 **《путь》**는 교회슬라브어에서 유래한 것으로, 엄숙하고 장엄하고 격식있는 상문체의 단어입니다. 현대 러시아 문학어에서 《правый путь: 곧은 길, 공정한 길》라는 어결합은 형용사의 고대의 의미를 보존하여 고상하고, 장엄한 문체를 유지합니다.

이처럼 언어학자에게 중요한 것은 단어와 단어의 의미뿐만 아니라, 단어의 기원, 얼마나 오래되고 어떤 경로로 문학어에 들어왔는지, 현재와 과거에 어떤 문체적 기능을 가지고 있었는지도 중요합니다. 단어의 의미뿐만 아니라 용도, 즉 단어가 누구에 의해 어떤 목적을 위해 사용되었는지도 알아야 합니다.

그런데, 언어란 무엇일까요?

여러분은 '러시아어'(русский язык), '영어'(английский язык), '작가의 언어'(язык писателя), '시대의 언어'(язык эпохи) 같은 표현에서 이 단어(язык)를 자주 사용하실 겁니다. 그렇다면 이런 결합도 가능하시겠지요. '페챠 이바노프의 언어'(язык Пети Иванова), '파무소프의 언어'(язык Фамусова), '삶은 혀'(вареный язык)?

분명한 차이가 느껴지실 겁니다, 그렇지 않나요?

첫 번째 어결합에서 언어(язык)는 포괄적이고 보편적인 개념으로 사용됩니다. 언어란 이른바 민족(народ), 행위 주체(действующие лица), 동시대성(современность)이라는 단어로 규정할 수 있는 전체 집단의 속성입니다.

두 번째 어결합에서는 언어(язык)는 '페쨔 이바노프의 말'(речь Пети Иванова)이라고 하는 편이 낫겠습니다. 이것은 러시아어의 개별적인 발현입니다. 페쨔가 러시아어로 말하기 때문입니다. '파무소프의 말'(речь Фамусова)은 작가 그리보예도프(Грибоедов)의 언어적 특징들을 전달합니다.

'삶은 혀'(Варёный язык)는 우리의 언어(язык)와는 아무런 관련이 없습니다.

여기서 '혀'(язык)와 우리가 말하는 '언어'(язык)는 동음이의어로서, 단지 발음이 같을 뿐, 독립적인 단어입니다. 과거 '소의 혀'와 '신체어로서 인간의 혀'가 한때 같은 단어였다는 사실은 우리와는 아무 상관이 없습니다.

러시아어 화자에게 속하는 발화의 특징들을 언어(язык)라는 단어, 즉 러시아어(русский язык)로 통합할 수 있습니다. **언어**(язык)는 특정 민족의 사람들이 사용하는 모든 발화의 보편적인 모형(схема)이며, 다른 사람들이 자신의 말을 이해할 수 있도록 하기 위해 발화를 구성할 때 준수해야 할 공통 규칙입니다.

말(речь)은 개별적인 것이고 많은 면에서 우인적인 발현입니다. 러시아어로 말할 때, 그것이 항상 필요하거나 유용하지 않은 것일지라도 우리 각자는 고유한 자신의 것을 언어에 부여합니다. 각자에게는 고유의 말투와 습관이 있으며, 즐겨 쓰는 단어와 표현이 있습니다.

말(речь)은 문자와 소리, 대화와 독백, 속기록과 요약, 녹음 테이프 등 다양한 형태로 구현됩니다. 그러나 언어(язык)는 물질적인 형태로 존재하지 않습니다! 러시아어의 표준(эталон)이 모형으로 주조되어 보관된 상자나 금고 같은 것은 없습니다. 언어학자들은 모든 종류의 언어 활동의 유형들을 세심하게 연구하여 이를 조각조각 모아서 방대한 사전을 만들고, 학술 문법서들을 집필합니다. 우리는 언어의 기본적인 특징과 규칙을 간접적으로나마 파악할 수는 있지만, 언어를 직접 만지거나 본다는 것은 어떤 박물관에서도 불가능합니다. 언어가 없으니까요.

그러나 언어는 분명 존재합니다! 여러분 각자에게, 여러분의 이웃들과 부모님에게 존재합니다. 언어가 사라지면 우리는 서로를 이해하지 못하게 될 겁니다. 책과 신문, 라디오와 텔레비전, 공장과 기업, 연구소와 기관들이 사라지고, 삶은 멈출 것입니다. 언어의 존재는 우리가 쉽게 인식하지 못할 만큼 익숙하지만, 문명을 유지하는 가장 본질적인 조건이기 때문입니다. 그렇다면 언어가 존재하는 걸까요?

하지만 언어가 없는데, 어떻게 언어가 존재한다고 할 수 있을까요! 그렇다면, 제가 러시아어라고 부를 수 있는 어떤 실체를 보여 주세요... 언어(язык)는 **말**(речь)이 없이는 존재하지 않으며, 말(речь)은 언어(язык) 없이는 존재할 수 없습니다. 이것 참, 모순적인 딜레마, 마법의 결계로군요. 언어는 말 속에 구현되며, 우리의 과제는 이것이 언어 발전에 어떤 영향을 미치는지 밝히는 것입니다.

언어학자의 연구는 이러한 질문에만 국한되지 않습니다. 언어학자는 해당 언어를 사용하는 민족의 역사와 관련된 언어 발전을 연구하며, 아울러 모국어와 다른 언어들과의 접촉, 차용, 영향을 분석합니다. 이 모든 것들은 언어의 외적 역사라고 불리며, 이는 별도의 연구 주제이므로, 이 책에서는 다루지 않을 것입니다.

차 례

역자서문 블라디미르 콜레소프 교수님께 이 책을 바칩니다 • 5
추천사 언어학 연구실로 독자를 올바르게 인도해주는 책 • 10
서론 이 책에 대하여 • 13

첫 번째 이야기 게으른 학생들에서부터 졸린 수도사들까지, 여러 사물, 현상 및 인물에 대하여 • 22

두 번째 이야기 경이로운 기적과 생명들, 그리고 삶에 대하여 • 39

세 번째 이야기 푸른 바다, 푸르스름한 까마귀와 검은 슬픔, 그리고 가장 아름다운 색에 대하여 • 60

네 번째 이야기 시간이 아직 시각이 아니었고, 여름이 아직 계절이 아니었던 시절의 달(月) 형제들에 대하여 • 84

다섯 번째 이야기 고대 루스인이 시간을 어떻게 이해했는가에 대하여 • 101

여섯 번째 이야기 낯선 마을로 우리를 안내하는 베르스타(옛 러시아 거리 단위)에 대하여 • 111

일곱 번째 이야기 번거로움과 분노, 그리고 '이디오티즘'(идиотизм)이 어디서 유래했는지에 대하여 • 135

여덟 번째 이야기 이반 안토노비치 쿠브쉬노예 릴로(Кувшиное рыло)와 그의 조상들에 대하여 • 154

아홉 번째 이야기 어떻게 단어는 점점 얇아지고 사전은 두꺼워지는지, 그리고 부부와 향기에 대하여 • 172

열 번째 이야기 러시아어 단어의 수와 어떤 단어가 순수 러시아어 단어인가에 대하여 • 190

열한 번째 이야기 단어는 어디에서 생겨나며, 왜 우리는 새로운 단어가 필요한가에 대하여 • 203

열두 번째 이야기 우리의 조상들은 어떻게 사색했는가에 대하여 • 217

열세 번째 이야기 논리적인 사고의 중요성과 어순에 대하여 • 234

열네 번째 이야기 격(格)의 봉건적 종속성과 그 몰락에 대하여 • 256

열다섯 번째 이야기 ≪сей≫와 ≪оный≫라는 단어, 그리고 'тот' 바르보스와 'этот' 바르보스의 차이점에 대하여 • 268

열여섯 번째 이야기 또 다른 시간에 대하여, 그러나 전혀 다른 시간들에 대하여 • 284

열일곱 번째 이야기 행위와 관련된 이름에 대하여 • 297

열여덟 번째 이야기 수와 숫자, 그리고 수사(數詞)에 대하여 • 311

열아홉 번째 이야기 단어를 구별하는 소리에 대하여 • 324

스무 번째 이야기 소리가 어떻게 그리고 왜 변화하는지에 대하여 • 335

스물한 번째 이야기 천상의 거처(райские кущи)에 대하여 • 349

에필로그 저자의 유일한 바람은 독자의 이해받는 것입니다 • 358
참고 문헌 • 362
부록: <독후 테스트> • 364

게으른 학생들에서 졸린 수도사들에 이르기까지, 여러 사물, 현상 및 인물들에 관하여

О МНОГИХ ПРЕДМЕТАХ, ЯВЛЕНИЯХ И ЛИЦАХ, НАЧИНАЯ С ЛЕНИВЫХ ШКОЛЯРОВ И КОНЧАЯ СОННЫМИ МОНАХАМИ

    1374년, 뜨거운 여름날의 프스코프를 상상해 보세요. 개와 돼지는 그늘로 숨었고, 닭들은 높은 울타리에서 나른하게 날개를 폅니다. 풀은 시들어 버리고, 사방은 쥐 죽은 듯합니다. 한 사람도 보이지 않습니다.

    활짝 열린 삐딱한 작은 창문 너머로 몸집이 큰 남자가 책상 앞에 앉아 거위 깃털 펜을 손에 들고 있습니다. 그는 가끔 받침대에 놓인 책을 들여다보고는, 점토 병에 담긴 잉크에 펜을 적시며 거칠고 큰 종이에 글을 씁니다. 그는 끙끙대며 집중하다가도, 펜 끝으로 코를 긁적이기도 하고, 오랫동안 오두막의 그늘진 구석을 응시하기도 합니다. 그리고 펜을 병에 담갔다가 다시 글을 씁니다.

무더위는 그도 괴롭힙니다. 그는 어떤 음료를 항아리째로 들이키고 있는 이웃들을 부러운 눈으로 바라봅니다. 그는 자주 문기둥에다 등을 비비며, 얼굴을 찌푸린 채 끙끙댑니다. 그의 외투 소매는 걷혀 있고, 윗단추는 풀려 있습니다. 너무나 덥습니다.

그리고 더위와 질병으로 지친 그 남자의 글귀들이 필사하던 텍스트의 여백에 남겨집니다.

…покушати писати новымъ черниломъ… (…새로운 잉크로 쓰려고 시도하다…)

…о горе свербить… (…몸이 몹시 근질거린다….)

…охъ знойно… (…아, 너무 덥다…)

…чрес тынъ пьють а нас не зовуть…(…울타리 너머에서 마시고 있는 이웃들이 우리를 청하지 않네…)

…ох свербит… (…아, 근질거리네…)

…полести мытъся… (…씻으러 가다…)

…о святой Никола пожалуй избави коросты… (…성 니콜라스여, 부디 피부병에서 구해 주소서…)

…шести ужинатъ… (…저녁을 먹으려 앉다…)

…родиша свиния порошата… (…돼지가 새끼들을 낳았다…)

이렇게 고대 필사자의 메모들이 우리에게 전해졌습니다. 그리고 이를 토대로 우리는 14세기 후반 프스코프 사람들의 말의 특징에 대해 이야기할 수 있습니다.

어떤 특징들에 관한 것일까요?

첫째, 단어의 발음에 관한 것입니다. 이 메모들에서 우리는 러시아어의 충음화 방식(예: короста와 поросята)과 프스코프 방언의 특성인 자음 'с'와 'ш'의 혼합을 볼 수 있습니다. 예를 들어, 《сести》 대신 《шести》를 사용했고, 《поросята》 대신 《порошата》가 사용되었습니다. 같은 시기의 더 정교한 텍스트들과 비교해 보면, 거기에는 《сести》라는 단어가 철자 ѣ(ять)를 포함한 сѣсти로 다르게 기록된 것을 볼 수 있습니다. 이것은 14세기 프스코프 사람들도 지금의 우리처럼 고대의 [ие] 소리 대신에 [е] 소리로 발음했음을 의미합니다. 그리고 유성 자음의 무성음화 현상도 있습니다. 예를 들어, 《полезти》 대신 《полести》가, 《чрез》 대신 《чрес》가 사용된 경우입니다.

둘째, 형태론적 특징에 대한 것입니다. 부정사가 여전히 고대식으로 -ти로 끝나고 있습니다. 예컨대 покушати, писати, полести, шести는 지금의 покушать(먹다), писать(쓰다), полезть(기어오르다), сесть(앉다)입니다. 그리고 명령형도 마찬가지입니다. 예컨대 필사본의 《избави》는 현대의 《избавь》에 해당합니다.

고대에는 3인칭 형태로 《свербить, пьють, зовуть》와 같이 연음어미 -ть가 사용되었지만, 오늘날 3인칭 형태는 《свербит, пьют, зовут》입니다. 오늘날 고대 러시아어식 연음어미 -ть로 발음하는 랴잔(Рязань) 지역 사람들을 흉내 내며 이렇게 놀리기도 합니다. "У нас в Рязани пироги с глазами: их **ядять**, а они **глядять**." (우리 랴잔에서는 파이가 눈이 달려 있다네. 사람들이 그 파이를 먹으면, 그 파이는 사람들을 쳐다본다네).

과거 루시 전역에서 이렇게 연음으로 발음했지요. 그리고 우리의 필사자도 마찬가지입니다.

하지만 필사자에겐 경음 어미도 있었습니다. 예컨대 мыться, ужинать 입니다!

서두르지 말고 한번 자세히 살펴보죠, 이것이 3인칭 형태인가요? 물론 아닙니다. 우리는 이 형태를 3인칭 현재 시제 형태가 아닌 부정사 형태로 번역합니다. 예를 들어, 《полести мыться》는 《пойти помыться》로, 《шести ужинать》는 《сесть ужинать》로 번역합니다.

이제 동사 서법(наклонение)의 아주 오래되고 독특한 형태, 이른바 '**목적법**'(достигательное наклонение)에 대해 이야기해보겠습니다.[1] '목적법'의 동사들은 행동의 궁극적인 목표를 나타냅니다.

(пойти) чтобы **помыться** — (씻으러 가다)

(сесть) чтобы **ужинать** — (저녁을 먹기 위해 앉다)

이것이 바로 쿨리코보 전투 시대에도 사용되었던 고어입니다!

또한, 과거 시제의 옛 형태 (이른바 **아오리스트**) 《**родиша**》도 눈여겨볼 만합니다. 이를 현대어로 번역하면 《родила》가 되지만, 이 번역은 그다

---

[1] 고대러시아어에서 행위의 목적을 나타내는 부정사 형태 **수핀**(супин)은 특정동사(주로 이동동사)의 목적이나 의도를 표현하는데 사용되었다. 부정사를 통해 목적을 나타내는 이러한 표현방식은 인도유럽어에서 유래한 특성으로, 고대러시아어 문법에서도 중요한 역할을 했다(역자 주). 수핀(Supine)은 이동의 목적을 나타낼 때 사용된다. 한국어의 '~러'와 그 기능이 유사하다.(예: 공부하러 도서관에 갔다.) 최성호(2020) 러시아어의 어제와 오늘: 음운론과 형태음운론, 충북대학교 출판부. 310쪽.

지 정확하지 않다고 할 수 있는데, 이는 필사자의 사고에 담긴 중요한 뉘앙스를 제대로 전달하지 못하기 때문입니다. 사실 고대의 필사자는 'родила свиния поросята'(암퇘지가 새끼 돼지를 낳았다)라고 쓸 수도 있었습니다. 이런 단어 조합은 그가 살던 시대에도 충분히 가능했으니까요. 그러나 그는 단지 《родиша》라고 썼고, 이는 올바른 표현이었습니다.

그는 그저 그 사실 자체를 기쁘게 기록하고자 했을 뿐입니다. 그의 입장에서는 단순히 돼지가 새끼를 낳았다는 사실이 그날의 유일한 즐거움이었을지도 모릅니다. 그에게는 돼지가 새끼들을 낳았고, 지금 젖을 물리고 있으며, 주인이 창밖으로 그들을 바라보며 흐뭇해하는 상황을 전하는 것이 중요하지 않습니다. 만약 그가 그런 상황을 표현하고자 했다면 그는 "родила **есть** свиния порошата"(그 새끼 돼지들은 아직 살아 있고, 그와 함께 여기에 있습니다)라고 썼을 것입니다..

필사자는 《**родила есть**》라는 퍼펙트(perfect) 형태가 아니라 아오리스트(aorist) 형태인 《**родиша**》를 사용했는데, 이것은 그 행위의 지속성이나 발화시점과 행위의 관계를 고려하지 않고 출생이라는 사실 자체를 전달하기 위한 것입니다.

영어의 **Past Indefinite**(단순 과거)와 **Past Perfect Continuous**(과거 완료 진행)의 관계를 떠올려 보세요(유사한 시제는 프랑스어와 독일어에도 있습니다). 이 두 시제 간의 관계는 고대러시아어의 아오리스트(аорист)와 퍼펙트(перфект)의 관계와 매우 유사합니다.[2]

---

2) Past Indefinite (단순 과거 시제)는 과거에 일어난 사건을 단순히 기술하며, 그 사건이 현재에 어떤 영향을 미치는지에 대한 정보는 제공하지 않는다. 예를 들어, "I went to the store"는 단순히 과거에 '가게에 갔다'는 사실만을 전달한다. 반면 Past Perfect Continuous (과거 완료 진행 시제)는 과거의 특정 순간에 이미 시작된 사건이 그(특정 기준) 시점까지 계속되고 있음을 강조하며, 행위가

아오리스트(aorist)는 시간이 지나면서 사라졌고, 변화된 형태의 퍼펙트(perfect)가 러시아어의 유일한 과거 시제 형태로 자리 잡게 되었습니다. 하지만 14세기에는 아오리스트(aorist)와 퍼펙트(perfect)가 여전히 구별되었음을 알 수가 있습니다. 그래서 필사자는 오직 《родиша》라고 메모했던 것이고, 그리고 그게 전부입니다!

지속되거나 그 결과가 중요한 경우에 사용된다. 예를 들어, "I had been going to the store for an hour when it started raining"은 '비가 오기 전까지 가게로 계속 가고 있었다'는 사실을 나타낸다. 고대 러시아어의 《아오리스트》와 《퍼펙트》도 이와 유사한 방식으로 구분된다. 《아오리스트》는 과거에 일어난 사건을 단순하게 전달하는 형태로, 행위의 지속성이나 현재와의 연관성 없이 단순히 '일어났다'는 사실만을 나타낸다. 예컨대, 《родила》는 단순히 '태어났다'는 사실만을 전달할 뿐이다. 반면 《퍼펙트》는 과거에 일어난 사건이 현재에도 어떤 영향을 미치고 있거나 그 결과가 중요한 경우에 사용된다. 퍼펙트 《родила есть》라는 표현은 태어난 사실이 현재까지 영향을 미치고 있음을 나타낸다. 따라서 저자는 《Past Indefinite》와 《Past Perfect Continuous》의 차이가 고대 러시아어의 《아오리스트》와 《퍼펙트》의 차이와 유사하다고 설명한다. 《Past Indefinite》는 단순 과거 사건을, 《Past Perfect Continuous》는 그 사건이 과거의 특정 순간까지 지속되었음을 나타내는 것처럼, 《아오리스트》는 과거의 사건 자체를, 《퍼펙트》는 그 사건의 지속된 결과가 중요한 상황을 나타낸다. (역자 주)

그리고 새끼 돼지에 대해 말이 나온 김에 주목할 점은 《поросята》라는 단어가 주격 형태로 쓰였다는 것입니다. 우리는 이를 번역할 때 'родила свинья поросят'(돼지가 새끼들을 낳았다)와 같이 주격이 아닌 형태로 번역합니다. 그러나 필사자는 주격을 사용했습니다. 그리고 그의 표현은 당시의 기준으로 보면 맞습니다. 그 당시에는 직접목적어로 생격 형태를 사용하는 것은 매우 드물었습니다. 그것도 오직 사람에 대해서만 사용되었고, 동물들에는 결코 사용되지 않았으므로, 그 새끼들은 말할 것도 없지요. 그래서 《родиша свиния порошата》와 같은 표현이 생긴 것입니다. 그리고 《свиния》라는 단어를 주목해 보세요. 이는 현대 러시아어의 《свинья》와 다릅니다. 여기서 또 다른 수수께끼가 등장했군요. 그렇지만 다시 보면 전혀 수수께끼가 아닙니다! 이 고대 단어의 옛 강세는 《свиния》였으며, 이러한 강세는 일부 필사본에 그대로 보존되어 있습니다. 강세가 있는 음절에서는 모음이 사라지지 않았습니다.

셋째, 필사자의 메모는 15세기 언어의 어휘적 특징도 말해줍니다. 첫 단어 《покýшати》부터 낯설게 느껴질 수 있습니다. 여기서 '먹는다'는 말이 왜 나오는 걸까요? 음식과 무슨 관련이 있을까요? 잉크를 먹는 사람이라도 있는 걸까요? 그렇지 않습니다. 이 단어를 오늘날까지 남아있는 단어 《искушáть》와 비교해 보세요. 또한 《покушати》라는 단어 자체도 여전히 보존되어 있지만, 지금은 《покушаться》와 같이 항상 접미사 -ся와 함께 사용됩니다. 첫 번째 문장은 '쓰기를 시도하다'(Попробовать писать)라는 의미입니다.

《пожалуй》라는 단어도 유사한 변화를 겪었습니다. 이 단어는 지금도 우리의 언어에서 널리 사용되고 있으며, 특히 예의 바른 사람들에 의해 《пожалуйста》와 같은 다른 형태가 사용되고 있지요. 그러면 《тын》이라는 단어를 아는 사람이 있을까요? 이 단어가 '위를 뾰족하게 깎은 통나무들을 촘촘하게 세워서 만든 높은 울타리'를 의미한다는 것을 기억하는 분이 있으신가요?

이 기록들에는 구문적인 특징들도 나타납니다. 비록 텍스트가 매우 짧지만 말입니다. 필사본의 《избави коросты》를 현대 러시아어 표현인 《избавь от коросты》와 비교해 보세요. 어결합에서 단어들의 결합 방식이 완전히 다릅니다. 단어들 자체뿐만 아니라 그 발음이나 의미도 변했다는 것을 알 수 있습니다. 그러면 단어들의 통사적 관계는 어떨까요? 이제 이 기록들을 현대어로 번역해 보겠습니다.

...**попробовать пописать новыми чернилами**... ...새 잉크로 글을 써보려 하다...

(ну, беда) ... **о, горе! Свербит**... (낭패) ...오, 고통스럽다! 가렵다...

(потому что) ... **ох, знойно**... (더위 때문에) ...오, 너무 덥다...

(и вот) ... **через забор пьют, а нас не зовут**...

 (저기) ...울타리 너머에서 그들이 마시고 있는데, 우리를 부르지 않는구나...

(опять) ... **ох, свербит**... (다시) ...오, 가렵다...

(поэтому) ... **не пойти ли помыться?** (그래서) ... 씻으러 가야 할까?...

(мольба) ...**о, святой Никола, пожалуйста, избавь от коросты**...

(간청) ...오, 성 니콜라여, 부디 가려움에서 구원해 주소서...

(наконец) ... **сесть да поужинать**...(마침내) ...앉아서 저녁을 먹다...

(ликование) ... **родила свинья поросят**!.. (환호) ...돼지가 새끼를 낳았다!..

이 고대 필사본의 여백에 적힌 9줄의 짧은 기록들이 얼마나 많은 연구 자료를 제공해 주었는지요! 사실, 이러한 기록들은 수천 개에 이릅니다! 크고 작은 다양한 수백 권의 필사본들이 존재합니다. 종이에 쓴 것, 양피지에 쓴 것, 심지어 가죽에 쓴 것도 있습니다. 모두 서로 다른 시대와 장소에서 작성된 러시아의 기록물들입니다. 각각의 필사본은 단독으로도, 또는 다른 필사본들과의 비교 연구에 있어서도 언어의 역사를 연구하는 학자들에게 귀중한 자료가 될 수 있습니다.

예를 들어 보겠습니다. 매우 많은 필사자들이 독자들을 향해 자신이 저지를 실수와 오류 가능성에 대해 화내지 말아 달라고 요청하고 있습니다. 그들은 따로 주석을 붙여 **«Не кленѣте»**라고 쓰고 있습니다. 이것은 오래된 필사본에서만 보이는 표현입니다. 14세기 초부터는 이러한 고대 명령형 대신에 지금 우리에게 익숙한 새로운 명령형 **«не клените»**(저주하지 말라) 형태가 사용되었습니다. 이처럼 동일한 의미와 형태를 가진 단어를 모든 문헌에서 비교함으로써, 14세기에 이르러 '**ѣ**'(ять)가 포함된 명령법의 옛 형태가 '**и**'가 포함된 새로운 명령형으로 대체되었음을 알 수 있습니다. 필사본를 베껴 쓰는 것은 고된 작업이었습니다. 아무에게나 믿고 맡길 수 없는 일이었지요. 1271년의 한 프스코프 필사본은 사제 자카르야와 그의 아들 올루페리의 공동 작업으로 완성되었습니다. 자카리야는 필사를 하면서도 자기 아들의 실수에 대해 계속 사과했습니다. 그는 자기 아들을

'**детина**'(아이)라고 지칭했습니다. 실수는 매우 많았지만, 이것이 우리에게는 큰 행운이 되었지요. 이 부주의한 학생(школяр) 덕분에 고대 프스코프 방언과 당시 러시아어의 많은 특징들이 보존될 수 있었습니다. 더욱이 이것을 종교 텍스트 안에서 이룩해 낸 것입니다!

필사본의 주석에서 우리는 고대 필사자들의 삶과 운명에 대해 많은 흥미로운 사실을 알 수 있습니다. 그들이 각 책의 끝을 완성하고 나서 얼마나 기뻐하는지 보세요!

"**Как радуется жених невесте — так радуется писец, видя последний лист.**" (신랑이 신부를 보고 기뻐하듯이 필사자는 마지막 장을 보며 기뻐한다). "**Рад заяц, избежавший силка, — так и писец, кончивший последнюю строку!**" (덫을 피한 토끼가 기뻐하듯이 필사

자는 마지막 줄을 끝내고 기뻐한다)라고 쓰고 있습니다.

필사는 힘들고 지루한 작업이었습니다.

그래서 한 필사자는 "**Ох-ох-ох, дремлет ми ся**"라고 기록했습니다(자, 이것을 한번 번역해 보세요!). 다른 필사자는 "**О господи! Посмеши — дремота непременная...**"(오, 주님! 웃게 해주세요, 졸음이 밀려옵니다...)라고 덧붙였습니다. 다른 필사자는 "**Офреме, грешниче, не лѣнися**" (오프레마, 죄인이여, 게으름 피우지 말라)라고 스스로를 다독입니다. 그리고 또 다른 필사자는 "**Господи, помози рабу твоему Микуле скоро писать!**" (주님, 당신의 종 미쿨라가 빠르게 쓸 수 있도록 도와주소서!)라고 기도합니다. 어떤 필사자는 아예 병이 났습니다. "**Ох мнѣ лихого сего попирия голова мя болит и рука ся тепеть!**" 이를 현대어로 번역하면 "오, 이 끔찍한 종이 때문에 머리가 아프고 손이 저리다!"라는 뜻입니다. 또 다른 필사자는 "**Ох, уже глази спать хотять.**" (오, 이제 졸려서 눈이 감긴다)라고 쓰고 있습니다. 참고로, 14세기부터 지금의 우리에게 전해 내려오는 마지막 주석에는 《глаз》라는 단어의 가장 오래된 용례가 있습니다. 그 이전에는 오직 'око', 'очи'만이 사용되었습니다.

한 필사자가 음식에 관해 기록합니다. 식사가 풍족하지 않았습니다. "**Како ли не обьестися: поставять кисель с молоком.**"(젤리와 우유를 함께 내놓는데, 어찌 실컷 먹지 않을 수 있겠는가) 다른 필사자는 "**Сѣсти ужинать клюкования съ салом с рыбьим.**" (생선기름에 절인 크랜베리로 저녁식사를 하려고 앉다)라고 씁니다. 보십시오. 《сѣсть》가 아니라 《сѣсти》를 썼고, 《ужинать》가 아니라 《ужинать》라고 썼습니다. 그리고 '**клюкования съ саломъ с рыбьим**'라는 표현도 있습니다. 생선 기름에 크랜베리(клюква)라니! 아마도 매우 맛있었나 봅니다. 그러나 세 번째 사람에겐 그것조차 없었습니다. "**Въ голодное лѣто написахъ......**"(기근의 해에 나는 이것을 썼다)라고 기록하고 있습니다.

12세기 필사본의 또 다른 기록을 보십시오: "Ох душе увы **ужико** о горе супружнише моя!"(오, 영혼이여, 나의 친척이여, 오, 슬프도다, 나의 아내여!) 우리의 주목을 끄는 것은 호격 형태3)와 몇몇 낯선 단어(예컨대 **ужик** - 비혈연 관계의 친척)들의 흥미로운 용례입니다. 그러나 곰곰이 생각해 보면 이것은 사랑하는 아내를 잃고 슬픔에 잠긴 사람이 급하게 쓴 기록임을 알 수 있습니다.

지난 세기의 사람들이 남긴 문헌들은 고대 언어에 대한 주요 정보를 제공하는 원천이 됩니다. 이 문헌들은 필사한 사람들의 성격, 그들의 일과 걱정, 근심과 희망을 다양하게 반영합니다. 문서들은 모두 그들의 말을 전달합니다. 수도사들과 세속 사제들, 도시 장인들, 군인들, 그리고 농촌 사람들의 말입니다. 루시의 많은 사람이 문자를 매우 잘 알았습니다(Многие на Руси **«грамоте умели крепко вельми»**). 오직 차르만이 펜을 손에 들지 않았습니다.4)

러시아는 수많은 침략과 화재, 약탈을 겪었습니다. 많은 것들이 불타버

---

3) 호격 형태의 사용은 푸시킨의 작품에서도 볼 수 있습니다: «Чего тебе надобно, старче?» ("무엇이 필요하십니까, 노인이여?"). 여기서 '**старче**'는 'старец(노인)'의 호격 형태입니다. (저자 주)

4) 실제로, 읽고 쓰는 것은 너무나 평범한 일이었기 때문에, 당시 차르들은 글쓰기를 자신의 지위에 걸맞지 않다고 여겼습니다. 그들은 필사자들에게 칙령과 서신을 받아 적게 하는 것을 선호했습니다. 역사가들의 증언에 따르면, 표트르 대제 이전의 모든 러시아 차르들 중에서 오직 보리스 고두노프만이 공식 문서에 직접 서명했었는데, 그것도 모노마흐의 왕관을 물려 받기 전까지였습니다. (저자 주)

리고, 돌이킬 수 없을 정도로 파괴되었습니다. 특히 바투(Батый) 칸의 침략기 동안 러시아인들은 고대 필사본들을 많이 잃었습니다. 그 손실은 11세기부터 지금까지 보존된 모든 필사본보다도 많습니다. 그나마 남아있는 필사본들은 이제 학자들에 의해 신중하게 연구되고, 기록보관소(아카이브)와 도서관에서 소중히 보존되고 있습니다. 이것은 국가적인 자산이며, 선조들의 창조적 활동을 증명하는 중요한 자료입니다.

그러나 언어 역사학자는 고대의 기념물뿐만 아니라 다른 흥미로운 자료도 찾습니다. 일부 먼 지역에서는 여전히 문학어와 매우 다른 오래된 지역 방언이 사용되고 있습니다. 이 방언에는 고대 러시아어의 많은 특징들이 보존되어 있습니다.

어떤 지역에서는 대명사의 고어 형태가, 다른 지역에서는 명사의 고어 형태가, 또 다른 곳에서는 동사의 고어 형태가 보존되어 있습니다. 이러한 방언적 자료들을 서로 비교하고 고대 필사본과 대조함으로써, 특정 단어들의 발전 과정을 추적하고 그 변화의 원인을 이해할 수 있습니다.

오늘날 모든 사람이 라디오를 듣고, 영화와 TV 프로그램을 봅니다. 낯선 사람과는 '옛날식'으로 말하지 않습니다. 혹시 비웃음을 당할까 봐요! 그러나 지난 세기 초엽, 혁명 이전에는 고대 방언들이 더 많이 남아 있었고, 그것들은 러시아어의 옛 특징들을 잘 보존하고 있었습니다. 심지어 작가들도 이런 방언적 특성들을 활용했습니다. 가령 예세닌, 투르게네프, 프리슈빈(Пришвин)의 작품에서 그 특징들을 많이 볼 수 있습니다.

부닌은 작품 속 한 등장인물에 대해 이렇게 썼습니다.

그의 방언은 고풍스럽고, 투박하고 다채롭다. 그가 'що, каго, яго, маяго, табе, сабе, таперь' 라고 말할 때면, 그 모든 것이 인상적이어서 그의 말을 듣는 것이 큰 즐거움이다.

그의 방언 'табе, сабе, таперь' 를 유심히 들어 보면, 사실 이것들은 러시아어 고어 형태가 반영된 발음이므로 'тобѣ, собѣ, топерь' 와 같이 표기해야 할 것입니다. 그렇습니다, 이것들은 러시아어 형태이지만, 방언에서만 보존되어 있습니다. 하지만 이 형태 대신에 우리 문학어에서는 교회 슬라브어에서 가져온 'тебе, себе, теперь' 를 사용합니다.

부닌이 묘사한 이 탐보프 농부의 말에서 또 무엇을 발견할 수 있을까요? 그는 《всё》 대신 《усё》 라고 말했고, 《всякими》 대신 《усякими》 라고 발음합니다. 이 흥미로운 특징은 한때 러시아어의 [в]소리가 짧은 비성절 모음 [у]로 발음되었음을 시사합니다. 지금도 일부 방언에서는 [в]가 완전히 자음이 되지 않았고, 그 지역 방언에서는 [ф]소리가 없어서 'ф' 대신 [х]로 발음됩니다. 예를 들자면, 부닌의 주인공은 《хунтик колбаски》라고 말합니다. 이것은 러시아말의 매우 오래된 특성이며, 문학규범어 발음에서는 이미 600년 전부터 사라졌습니다. 또 다른 예로, 개에 대해 말할 때는 《они》가 아니라 《оне》라고 합니다. 이는 매우 정확합니다. 《собака》라는 명사는 여성 명사이기 때문에, 복수형 대명사가 《они》가 아니라 《оне》가 되어야 합니다. 《оне》는 ѣ(ять)를 사용해서 'онѣ' 로 썼습니다. 고대 러시아어에서는 대명사가 단수뿐만 아니라 복수에서도 성에 따라 구별되었습니다. N. S. 레스코프의 소설에서 나온 대사를 비교해 보세요. (존경하는 인물에 대해 사용되는 표현입니다.)

- Точно так-с, сами Лизавета Егоровна.
(맞습니다, 바로 리자베타 예고로브나입니다.)
- С кем? (누구와 함께 있어?)
- Одне-с.(혼자입니다.)
- Одна? (혼자라고?)
- Одне-с...(네, 혼자입니다.)

또한, 부닌 작품의 등장인물에게는 3인칭 형태에서 어미가 없습니다. "Перед дожжом сильней **пахня**." (비 오기 전에 더 강한 향기를 내며), "А он как вскоча." (그가 뛰어오르더니) 등과 같은 표현은 정말 고풍스럽습니다!

과거에는 사람들이 여행을 많이 다녔습니다. 특히 상인, 수도사, 군인들이 여행을 많이 했지요. 당시 외국의 학자들은 이 여행자들의 말을 기록하고, 이해하고, 자신의 언어로 번역했습니다. 많은 자료가 소실되었지만, 일부는 남아 있습니다.

예를 들어, 10세기 중반에 살았던 (Багрянородный란 별명을 지녔던) 비잔틴 황제 콘스탄티누스가 쓴 저서가 보존되어 있습니다. 그는 이방인들로부터 전해 들은 말을 바탕으로 러시아의 도시 및 강의 명칭, 유명한 드네프르 강의 급류, 공후들의 이름, 부족의 명칭들을 기록했습니다. 이제 천 년이 지난 지금, 우리는 그리스 문자로 기록된 이 러시아어 단어들을 통해 고대 러시아어의 많은 특징들을 논의할 수 있습니다. 사실 당시 루시인들은 아직 많은 책을 쓰진 않았기 때문입니다.

이 모든 것이 언어의 역사를 연구하는 데 중요한 자료입니다. 그뿐만 아니라 우리가 지금 사용하는 현대어도 중요한 자료가 될 수 있습니다.

사실, 우리가 사용하는 언어를 주의 깊게 들어 보면 규칙에서 벗어난 비일관성과 예외를 쉽게 발견할 수 있습니다. 예를 들어, 거의 동일한 단어들, 《мёл》과 《мел》, 《мёд》과 《мéт》(즉, 'мета'의 생격)을 비교해 보세요. 각 쌍의 첫 번째 단어에서 ё 위의 점을 제거하면 전혀 이해되지 않을 것입니다. 예컨대, мел과 мел의 차이를 어떻게 알 수 있을까요? 실제 ё가 쓰이는 곳에는 원래 e 가 있었습니다. ё 문자가 러시아 알파벳에 포함된 것은 1797년입니다. 지금까지 우리는 다음과 같은 단어 어근에서 ё 가 아닌 e 를 사용합니다. **метла, мету, меды, медовый.**

왜 어떤 경우에는 연자음 뒤에서 [e] 소리로 발음되고, 다른 경우에는 [o] 소리(철자 ё 가 있는 자리에서)가 나는 걸까요? 사실, 이 단어들에서 오늘날 ё 가 쓰이는 자리에는 과거에 e가 있었고, 현대의 e가 있는 자리에 과거에는 ѣ (ять)가 있었기 때문입니다. 즉, 고대의 《мѣлъ — мелъ》의 대립은 오늘날 《мел — мёл》로 표현되며, 발음은 [м'ел] — [м'ол]로 표기됩니다. 지난 700년 동안 러시아말에서 일어난 모든 변화에도 불구하고, 우리는 여전히 이 단어들을 구별해 내고, 이와 유사한 많은 다른 단어들을 구별합니다. 물론, 예전과는 다른 방식이지만, 여전히 구별하고 있습니다! e 와 ё 만으로 구별되는 단어와 형태가 너무 많아서, 만약 ѣ 와 e 가 말하기에서 완전히 합쳐졌다면 언어에 회복할 수 없는 큰 손실을 초래했을 것입니다. 아주 많은 중요한 단어들이 동일하게 들리는 언어를 상상해 보세요! 서로를 이해하기가 얼마나 어렵겠습니까? 그렇지 않나요? 러시아어는 이러한 발음상의 혼돈에 효율적으로 대처하기 위해 (ѣ에서 생겨난) 새로운 e와 ё의 통합을 금지함으로써 언어의 명료성을 유지했습니다.

왜 이러한 모든 변화가 일어났는지 간단히 설명할 수는 없습니다. 이것은 매우 복잡한 문제입니다. 동시에 이 문제가 매우 중요한 이유는 이것이 좀더 **복잡하고, 중요하고, 흥미로운** 언어적 변화와 관련되었기 때문입니다. 언어의 변화는 사고의 발전, 해당 언어를 사용하는 사람들의 문화 및 사회생활 전반의 변화와 관련이 있기 때문에 중요한 것입니다. 이는 우리의 선조들이 어떻게 살았는지 알 수 있기에 매우 유익합니다.

이 문제가 어려운 이유는 언어의 발전에는 우연이나 부차적인 것은 하나도 없으며, 모든 것이 서로 밀접하게 연결되어 있어서 한 부분에서 변화가 일어나면 언어 전체 체계의 모든 인접한 부분에도 전반적인 영향을 미치기 때문입니다. 하나의 변화를 이해하기 위해서는 그와 관련된 모든 변화를 포괄적이고 명확하게 파악하는 것이 필요하지만, 이는 결코 수월한 작업이 아닙니다.

이 문제가 흥미로운 이유는 다양한 원인에서 비롯된 언어적 변화의 논리와 의의를 이해하고, 과거 모국어의 발음과 의미의 미세한 차이가 인간 삶의 모든 상황과 맺고 있는 미묘한 연관성을 탐구하고자 하는 호기심에서 비롯됩니다. 그리하여 향후 언어의 발전 양상을 규명하고, 오늘날 우리 삶에서 언어를 가능한 효과적으로 활용할 수 있도록 하기 위함입니다.

경이로운 기적과 생명들, 그리고 삶에 대하여
О ДИВЕ ДИВНОМ, О ЖИВОТАХ И НЕМНОЖКО О ЖИЗНИ

러시아 방언 조사에 참여했던 한 대학생이 백해 근처에서 한 할머니가 한 말을 기록했습니다.

Летось погода дивная живет: дождь летит, бог стрелы пущает и гром...
(여름에 경이로운 날씨가 살고 있어: 비가 날고, 신이 화살을 쏘고, 그리고 천둥이...)

마치 동화에서 나온 말처럼 들리지 않나요? 모두 러시아어로 말해진 것 같긴 한데, 그래서 대학생은 곰곰이 생각에 잠겼습니다. 그렇지만 그다지 '놀라운' 일도 아닙니다. 주의 깊은 사람이라면, 이 문장에 적어도 5가지 언어학적인 수수께끼가 숨어 있다는 것을 알아챌 수 있을 것입니다. 제가 방금 《удивительно》라는 표현을 썼고, 한 줄 위를 보면 같은 어근에서 파생된 **《дивная》**라는 단어가 있습니다. 이 두 단어는 같은 어근에서 나왔지만, 정확히 같은 의미는 아닙니다.

여기서 **《удивительное》**란 무슨 뜻일까요? '경이로움을 불러일으키

는' 혹은 '특별히 좋거나, 믿기지 않을 만큼 좋은' 이라는 뜻입니다. 그렇다면 《дивное》는 무슨 뜻일까요? 이 단어에는 현재 2가지 의미가 있습니다. 옛 고어적 의미로 '경이로운', 그리고 구어체의 새로운 의미로 '아름다운' 이란 뜻입니다(예: дивный голос – 아름다운 목소리). 전자의 의미는 고풍스럽고, 후자는 지나치게 부자연스러워서 사람들이 사용하기를 주저합니다.

한편, "Летось погода **дивная** живет."라는 할머니의 말을 "여름에 날씨가 경이로웠다."로 번역한다면 완전히 잘못된 해석입니다. 비, 번개, 천둥이 뭐가 그리 경이롭겠습니까? 그냥 평범한 여름 뇌우일 뿐입니다. 이 표현을 제대로 이해하려면 문장의 모든 단어를 신중하게 살펴야 합니다.

대학생의 접근 방식은 옳았습니다. 그는 질문을 던지며 궁금한 단어의 의미를 이해하려고 노력했습니다. 예를 들어, 그는 할머니와의 대화를 통해 《дивная девушка》라는 어결합이 불가능하고, 《дивная жизнь》도 웃음을 유발할 뿐이라는 것을 알아냈습니다. 따라서 방언에서 이 단어(дивная)는 '아름답다'(прекрасный)라는 의미가 불가능하다는 것을 알게 된 것이지요. 다른 예를 들어 볼까요? 예컨대《дивные очи》는 가능할까요? 물론이죠, 'дивные очи живут'(신비로운 눈이 살아 있다)라는 표현은 가능합니다. 어디서요? 바로 성상화 속에서... 여기서 잠깐!

잠시 숨을 고르고 생각해 봅시다. 이 방언에 《дивный》라는 형용사는 단 두 가지 어결합에만 사용되며, 둘 다 신(神)과 관련이 있습니다. 하나는 천상의 물통에서 할머니의 밭에 비를 뿌리는 신화 속의 신이고, 다른 하나는 오래된 나무판에 그려진 성상화 속의 신입니다. 우리 할머니의 관점에서 '소녀의 눈'은 《дивные》(경이로운) 것일 수 없습니다. 그 안에는 '신성함'이 없기 때문입니다.

이제 더 이상 할머니에게서 알아낼 수 있는 것이 없으므로, 서재에서 어원사전을 꺼내어 역사적인 관점에서 그녀의 말을 이해해 봅시다. 우리가 살펴본 바에 의하면 '**див-**'라는 어근은 러시아어와 친족 관계에 있는 많은 다른 언어에서도 발견됩니다. 리투아니아어의 'dieva'와 라트비아어의 'dievs'는 모두 '신'을 의미하고, 고대 인도어의 'dēvas'와 라틴어의 'deus'도 같은 의미를 가집니다. 아베스타어의 'daeva'는 더 포괄적인 의미인 '악마'를 나타내고, 고대 그리스어의 'dios'는 '신성함'을 의미합니다. 심지어 러시아 방언에서도 'дивья бы!'는 '신이시여!'라는 의미를 지닙니다. 아마도 여기서는 '숲의 정령'(леший)이나 '집의 정령'(домовой)과 같은 초자연적인 힘을 의미할 수도 있겠습니다.

다양한 언어에서 '**див-**'와 같은 어근을 가진 고대 단어들을 비교해 보면, 아주 오래전 '**див-**' 어근은 우리의 먼 조상들이 숭배했던 '신'을 나타냈음을 알 수 있습니다. 그리고 훨씬 나중에 이 어근은 '기적', '경이로운 것', '불가사의한 것', '초자연적인 힘의 작용에 의한 것'을 의미하게 되었습니다. 그리고 이 마지막 의미(즉, '신'이나 '초자연적 존재')들이 고대 러시아어의 특징이 되었고, 일부 고대 러시아 방언에서도 여전히 남아있습니다. 예를 들어, 『이고리 원정기』(Слово о полку Игореве)에서도 '경이롭다'를 뜻하는 《диво》와 슬라브-이교도인들의 무서운 '숲의 정령'을 의미하는 《Дивъ》를 찾아볼 수 있습니다.

이제 소녀의 눈이 《дивные глаза》(신성한 눈)이 될 수 없는 이유를 알았습니다. 오직 시인만이 자신의 열정에 취해 소녀의 눈을 《дивные》, 즉 '신성하다'고 할 수 있었을 것입니다. 이러한 의미 변화는 묘사하는 그 대상에 대한 시인의 태도를 명료하게 보여줍니다. 한때 이러한 의미 전환이 처음 시도되었을 때 이것은 매우 대담하고 심지어 신성모독으로 여겨졌기에 이를 비난하는 사람들도 있었습니다. 그러나 이제 우리는 이러한 표현에 그다지 놀라지 않습니다. 우리 자신이 그보다 더 앞서 나갔기 때문입니다.

《летось》는 '이번 여름에'를 뜻하는 부사로서, 다른 방언의 부사들과 동일한 방식으로 형성되었습니다. 예컨대 'зимусь'(이번 겨울에), 'веснусь'(이번 봄에), 'утресь'(오늘 아침에), 'ночесь'(이 밤에)가 있습니다. 이처럼 특정 명사에 고대의 짧은 형태의 지시대명사 《сей》가 결합되어 추가적인 지시를 나타냅니다. 즉, 《ночесь》는 다른 밤이 아닌 방금 지나갔거나(прошла) 아직 지속되고 있는 바로 '이 밤'(этой ночью)을 가리킵니다. 다음 제시된 문장을 보세요. 'Ночь прошла'(밤이 지나갔다).

만약 여러분이 할머니의 입장이었다면 '비가 온다'라고 하지 '비가 난다'라고 하지 않았을 것입니다. 여기서 'дождь идет'(비가 온다)가 아닌 'дождь летит'(비가 난다)라고 표현된 이유는 명확합니다. 북쪽 지방에서 "비가 오나요?"라고 묻는다면, "비가 오다니요? 비가 발이라도 달려 있나요? 비는 날아다니죠."라고 비꼬듯 대답할 것입니다("А с чего дождю идти, разве у него ноги есть? Дождь летит"). 같은 논리가 밤(ночь)에도 적용됩니다. 밤은 '지나가지'(пройти) 않습니다. 따라서 이 방언에서는 밤(ночь)과 다른 동사가 결합된 표현을 기대할 수 있을 것입니다. 우리의 문학적 표현 "Дождь идёт"(비가 온다)는 그 기원이 비교적 늦은 시기에 생긴 표현입니다. 이것은 동사의 의미 확장 덕분입니다. 지금은 비(дождь)와 눈(снег)뿐만 아니라 기차(поезд), 광석(руда), 계획(план), 경기(соревнование), 생각(мысль), 영화(кинофильм) 등 다른 많은 것들이 발이 전혀 없어도 동사 《идёт》와 결합합니다. 고대 슬라브인들은 걷는 과정을 발(ноги)과 연관 지었으며, 이 단어의 본래 의미가 일부 방언에서 여전히 남아있습니다. 할머니의 방언에서도 마찬가지입니다.

여기서 《погода》라는 단어의 용법이 아마도 여러분을 별로 놀라게 하지 않을 것입니다. 그러나 이 단어(погода)를 '좋은 날씨'와 연결하는 사람들에게 이것은 또 하나의 수수께끼가 됩니다. 러시아의 많은 지역에서 《погода》는 항상 '좋은 날씨'를 의미했지만, 또 다른 방언들에는 '좋은 날씨'를 뜻하는 특별한 단어 《вёдро》가 있습니다. 비나 폭풍우가 온다면 《непогода》로 표현했지요.

우리 도시 사람들에게 《погода》는 좋은 날씨와 나쁜 날씨 모두를 포함합니다. 그러나 북쪽 지방의 노인에게 'Бюро погоды'(기상청)라는 어결합은 이상하게 들립니다. 북부 지역 사람들에게 《погода》는 항상 '궂은 날씨'를 의미하기 때문입니다. 노인의 관점에서 '기상청'이란 그저 비구름과 폭풍우를 생산하는 곳인 셈이지요. 할머니도 비, 번개, 천둥을 지칭할 때 《погода》라고 말했습니다. 비(дождь), 번개(молния), 천둥(гром)이야말로 할머니에게는 'погода'(악천후)를 뜻하기 때문입니다.

흥미로운 법칙이 발견됩니다. 많은 단어들이 그 의미를 확장합니다. 고대의 본래 의미에 새로운 뉘앙스들이 계속해서 추가됩니다. 단어의 새로운 의미는 주로 시적 상상력을 가진 사람들에 의해 먼저 사용되며, 그들이 그리는 언어적 화폭에 표현성있는 색감이 더해집니다. 이것이 바로 이미지라고 불리는 것입니다. 진정한 언어적 예술가만이 누구에게나 익숙한 단어 속에서 새로운 뉘앙스를 통찰력 있게 포착할 수 있습니다.

그 후 고대의 단어는 점차 새로운 단어들과 결합하며 예상치 않은 새로운 의미의 뉘앙스를 추가합니다. 그중 일부는 잊혀지지만, 다른 것들은 언어 속에서 강화되어 일상적인 표현으로 자리 잡습니다. 이렇게 해서 단어의 다의성이 생기는 것이지요. 동사 'идти'의 경우처럼 말입니다. 시간이 지나면서 이러한 다의성에서 비롯된 완전히 새롭고, 다른 단어가 발생할 수 있습니다. 이 주제에 대해서는 좀 더 자세하게 다룰 것입니다.

문학어와 방언을 비교해 보면, 특히 문학어에서 단어의 다의성이 두드러집니다. 다양한 의미의 뉘앙스가 증가하거나, 가끔 단어의 의미 자체가 변하는 경우도 쉽게 눈에 띕니다. 이것은 문학어가 지닌 가장 중요한 특징 중 하나입니다.

그러나 우리 대학생의 경우를 환기해 보면, 그에게는 《живёт》라는 단어의 의미가 여전히 불명확합니다. 비가 다리가 없어서 걸을 수 없다면, 할머니의 관점에서도 날씨(погода)와 같은 무생물체가 어떻게 살아있을 수 있겠습니까? 여기에는 우리의 기준에서 판단해 보면, 뭔가 일관성이 결여된 것 같기도 하고, 잘 생각해 보면 숨겨진 수수께끼(загадка) 같습니다. 할머니의 발화에서 사용된 동사(живёт)는 문학어의 《стоит》와 같은 의미입니다. 즉, 'Погода стоит хорошая' (좋은 날씨가 지속되다)는 뜻입니다. 이 단어 《жить》가 유사한 의미로 사용된 예는 방언뿐만 아니라 문학어에서도 발견됩니다. 북쪽 지방 출신의 작가들은 자신의 작품 속 등장인물의 대사에 이러한 표현을 넣거나, 때로는 본인들이 무심코 사용하기도 합니다. 보리스 셰르긴(Борис Шергин)의 『Двинская земля』(드비나 땅)에서 다음과 같은 구절을 찾을 수 있습니다.[5]

Я спрошу: — Спите, крещеные? — Не спим, **живём!** Дале говори.
(제가 묻습니다. "신자들이여, 자고 있습니까?" "자지 않고 있습니다. 더 말씀하세요.")

---

5) 보리스 셰르긴(Б. Шергин)의 작품 『Двинская земля』(드비나 땅)은 러시아 북부, 특히 드비나 지역 (아르한겔스크 주, архангельская область)의 역사와 문화, 그리고 전통적인 생활상을 다룬 소설이다. 이 작품에서 그는 북부 지방 사람들의 독특한 삶과 환경, 이들의 강한 개성과 풍부한 문화적 유산을 생생하게 묘사하고, 특히 드비나 지역 사람들의 말투와 방언, 전통 생활양식을 사실적이고 섬세하게 그려냄으로써 그들의 강한 지역적 정체성을 보여준다. (역자 주)

문맥을 보면, 이야기 속 대화자들이 '서 있는'(стоять) 것이 아님은 분명합니다. 따라서 이 문장을 "Не спим — стоим!"(자지 않아요 - 서 있어요!)로 번역할 순 없습니다. 문제는 바로 그들이 누워 있다는 데 있습니다. 그러나 자고 있는 것이 아니라, 아직 깨어 있다는 것입니다. 그렇다면 이 방언에서 《жить》의 의미가 '깨어 있다'(бодрствовать)일 수도 있을까요? 그럴 가능성은 낮습니다. 왜냐면 다른 두 개의 텍스트에 나타난 동일한 단어를 문학어로 서로 다르게 번역해야 한다는 것이 의심스럽기 때문입니다. 이런 경우에는 보통 두 개의 구체적 맥락 모두에 공통적으로 적용될 수 있는 일반적인 의미를 추정해야 합니다. 《живёт》는 '서 있다'와 '깨어 있다'를 모두 의미하며, 그 외에도 다른 무언가를 함의합니다. 그게 무엇일까요? 같은 작품에서 이야기꾼 자신이 무심코 이렇게 말하는 대목이 있습니다. "В городе, за островами, **туманов** не живёт."(섬 너머 도시에서는 안개가 끼지 않는다). 이 문장의 구성 자체, 주격 대신 사용된 명사의 생격 형태가 문학어 번역을 암시해 줍니다. 여기서 '안개가 끼지 않는다'라는 이 동사(живёт)는 보다 넓은 의미를 갖습니다.

다른 예로는 이반 부닌의 단편 『Антоновские яблоки』(안토노프 사과)에서 민간 속담(примета)의 용례와 비교해 봅시다.

Осень и зима хороши **живут**, коли на Лаврентия вода тиха и дождик.
(성 라브렌티이 날에 물이 잔잔하고 비가 온다면, 가을과 겨울이 순조롭게 지

나간다.)⁶⁾

여기서도 《живут》은 'бывают'(지속된다, 지나간다)를 의미합니다. 이러한 예는 《живут》이라는 단어가 러시아 북부 지역뿐만 아니라 남부 러시아 방언에서도 같은 의미로 사용된다는 것을 보여줍니다. 문학어에서는 사라진 이 단어의 옛 의미가 북부 방언과 남부 방언 모두에서 보존되고, 그 의미가 일치한다는 점은 매우 중요합니다. 이것은 바로 이 단어(жить)의 의미가 갖는 고대성(древность)과 민중성(народный характер)을 시사합니다. 이처럼 북부와 남부에 걸쳐 오랜 세월 동안 형성되고, 전승된 속담과 격언에서도 동일한 의미로 사용된 사례들을 발견할 수 있습니다.

때로는 《жить》라는 동사가 단순히 보조동사로 기능하며, 《есть》, 《суть》 같은 단어들과 동등하게 사용됩니다. 가령, 속담 'Не грози попу церковью: он от нее сыт живет'를 예로 들 수 있습니다. 이 속담의 원래 의미는 "교회의 저주로 성직자를 위협하지 마라. 그는 교회 덕분에 배부르게 있다."입니다. 오늘날 이 표현을 약간 다르게 이해하여 "он от нее живет сытно."(그는 교회 덕분에 풍족하게 산다)로 해석합니다.

같은 이유로, 즉 문학어에서 단어의 의미 변화와 관련하여, 우리는 가끔 동시대 작가들을 오해하기도 합니다. 알렉세이 차피긴(Алексей Чапыгин)의 글에는 다음과 같은 구절이 있습니다.

---
6) '라브렌티이(Лаврентий) 날'은 러시아 정교회의 성인 중 한 명인 성 라브렌티우스(Laurentius)를 기념하는 날이며, 8월 23일(구력으로는 8월 10일)에 해당한다. 라브렌티이는 기독교 순교자 중 한 명으로, 그의 이름을 딴 기념일이 러시아 정교회에서 중요하게 여겨진다. 이날과 관련된 속담이나 민속 신앙에서는 이 날의 날씨의 상태가 앞으로 다가올 가을과 겨울의 날씨를 예측하는 데 중요한 역할을 한다는 민중의 믿음이 전해진다. 예를 들어, "라브렌티이 날에 물이 잔잔하고 비가 온다면, 가을과 겨울의 날씨가 순조롭게 지나간다"는 속담은 이와 관련된 민간 신앙을 반영한 것이다. (역자 주)

Казалось, что в этих сверкающих трещинах **живут** привет и радость...

(이 반짝이는 틈 속에 환대와 기쁨이 존재하는 것 같았다...)

여기서 동사 《живут》는 문학어에서 흔히 쓰이는 의미로 사용된 것이 아닙니다. 우리는 작가가 환영(привет)과 기쁨(радость)을 마치 생명체처럼 의인화하여 '살고 있다' 라는 메타포(은유)를 사용했다고 볼 수 있습니다. 차피긴(А. Чапыгин)은 그의 고향 북쪽 지방 방언에서 익숙한 단어를 본래의 의미인 '존재하다', '있다' 라는 뜻으로 사용한 것입니다. 은유로 느껴지는 것은 작가의 텍스트에 부여한 우리의 추가 해석일 뿐입니다. 좋든 나쁘든, 그것은 우리가 덧붙인 해석입니다.

전래 동화의 도입부 'Жили-были' (옛날 옛적에)를 반복하면서도, 우리는 같은 오류를 범하고 있습니다. 여기서 중요한 것은 동화 속 주인공들이 단순히 '살고 있었다' 는 것이 아닙니다. 말하자면, 그들은 '존재하고 있었다' (были-существовали)라는 것이며, 그것도 아주 오래전에 말입니다. 이것은 퍼펙트(перфект)를 사용한 것으로 첫 번째 이야기에서 이 동사 형태의 의미에 대해 언급한 바가 있습니다. 어쨌든, 그 당시의 'жили' 는 단순히 '삶을 지속하다' 라는 좁은 의미를 갖지 않았습니다. А. 차피긴의 역사 소설 『Тулящие люди』(17세기 러시아에서 '떠돌이와 도둑'을 이렇게 불렀습니다)에서 또 다른 예를 들어보겠습니다. 등장인물 중 한 명이 말합니다.

Ты же знай, што нелюбье к тебе великого государя живет на том: да не пишешься ты от сей дни великим государем!
(너는 알아둬야 해, 너에 대한 대군주의 비호감이 있다. 너는 이날 이후로 대공에 의해 기억되지 않을 거야!)

이 구절을 통해 우리는 다시 아르한겔스크 할머니의 발화로 되돌아갑니다. 그녀도 이 동사(жить)를 '서 있다, 머무르다' 라는 의미로 사용했습니다. 하지만 이것은 이 단어의 폭넓은 의미 중 하나의 뉘앙스에 불과합니다. 현대어로 최대한 정확하게 그 뉘앙스를 번역하고자 모든 시도를 할 때, 의미의 미묘한 뉘앙스(полутон)를 놓치지 않으면서, 발화 내용의 주요 의미를 보존할 수 있습니다.

동사 《жить》와 《идти》의 역사를 비교해 봅시다. 이 두 단어의 의미 변화는 완전히 반대 방향으로 진행됩니다. 《идти》는 지속적으로 의미가 확장되고, 다양한 단어들과 결합될 수 있는 가능성이 늘어나는 반면, 《жить》는 점차 사용이 제한되고 의미는 점점 더 좁아집니다.

다음은 N. S. 레스코프의 소설에서 인용된 다음 구절에서 여러분이 직접 동사 《жить》의 의미를 유추해 보세요. 소설의 한 등장인물은 단순히 감탄했지만, 다른 인물은 자신의 감탄을 《Живет》라는 단어로 표현하고 있음을 알 수 있습니다.

Туганов осмотрел монумент и сказал: **«Живёт»**, — а дьякон был просто восхищен. (Соборяне 1872)

투가노프는 기념비를 둘러보고 "Живет"라고 말했고, 부사제(дьякон)는 그저 감탄할 뿐이었다.

우리가 말하는 모든 단어들, 그 변화형들, 다른 단어들과의 다양한 어결합이나 충돌 – 이 모든 것이 우리의 발화이며, 우리가 특정 순간에 중요한 어떤 생각을 표현하고자 하는 시도입니다. 이를 위해서 우리는 언어적 수단을 사용합니다.

각 단어는 특정 시기의 모든 사람에게 의무적으로 적용되는 일반적이고 고정된 특정 의미를 갖습니다. 그러나 실제 말(речь) 속에서 단어는 이웃 단어들과 결합하면서 발화마다 그 의미가 변하거나, 다듬어지고, 확장되거나, 반대로, 사라질 수도 있습니다. 아울러 주요 단어의 변화와 함께 그로부터 파생된 단어들의 의미 변화에도 영향을 미칩니다. 여기 17세기의 한 호소문을 읽어봅시다. 이 문서는 절박한 상황에 처한 농노들이 자신의 영주에게 보낸 것입니다.

А **животишки** наши, государь, **прохудились** вконец.
(주군이시여, 우리의 животишки는 마침내 메말라 버렸습니다.)

우리는 이 《животишки》라는 단어가 코르네이 추콥스키의 동화에 나오는 'У них, у бегемотиков, животики болят'(아기 하마들의 배가 아프다)라는 구절의 하마의 '배'와는 아무런 관련이 없다는 것을 짐작할 수 있습니다. 하마들의 배(животики)는 아플 수 있지만 낡아서

(прохудиться) 못 쓰게 되지는 않습니다. 우리 모두 잘 알고 있듯이, 닳거나 구멍이 나는 것은 신발(сапоги)이나 양동이(ведра) 입니다. 하지만 배(животики)가 구멍이 나다니요? 신발처럼 구멍이 뚫린 배를 상상이나 할 수가 있으신가요?

아마도 동사 《прохудиться》라는 단어의 의미가 변했을 것으로 추정할 수 있습니다. 그렇다면, 17세기의 이 단어는 '야위다, 메마르다'를 의미했을 수도 있습니다. 야윈 배(живот)를 상상하는 것이 구멍 난 배를 (живот) 상상하는 것보다 쉬울 것입니다. 하지만 여기서 말하는 것은 배가 야위었다는 것이 아니라 'сами себя сделали никудышными', 즉 '스스로 무용지물이 되었다, 황폐해졌다'는 뜻입니다.

《живот》라는 단어의 의미가 변했다는 것은 명백합니다. 현재의 의미 (소화 기관, 신체 부위)는 원래의 의미가 아닙니다. 17세기 필사본에서는 이 의미(소화 기관)는 다른 단어들로 표현했습니다. 예를 들어, 라틴어 "stomachus"에서 온 'стомах'(위장), 또는 'брюхо'(배), 'чрево'(배속) 등이 있습니다. 16세기에는 'брюхо'가 '위장'을 의미했고('набил брюхо мякиной', 위장을 밀겨로 꽉 채웠다), 'чрево' 또는 'пузо'는 해당 신체 기관의 바깥 부분을 의미했습니다('пал чревом на землю', 배를 땅에 대고 쓰러졌다).

아마도 《живот》라는 단어의 원래 의미는 동사 'жить'(살다)의 의미와 밀접하게 관련되어 있었던 것으로 보입니다. 즉, 《живот》는 '생명'이나 '재산 상태'를 의미했습니다. 14세기의 한 텍스트에서 두 단어가 어떻게 대비되는지 보세요. 다음 예문에서 《живот》은 '생명'을 의미합니다.

Посреди Эдема древо процвело смерть. Посреди же всей земли древо процвело **животъ**.
(에덴의 한가운데에서 나무가 죽음을 꽃피웠고, 온 세상 한가운데에서 나무가 **생명**을 꽃피웠다.)

이미 14세기부터 이 단어(живот)는 의미에 혼란이 생기고, 다의적으로 사용되었습니다. 주변 단어들이 있어야만 정확히 무엇을 의미하는지 파악할 수 있었습니다. 특히, 유언장 같은 문서에서는 단어의 정확한 의미를 파악하는 것이 매우 중요했습니다. 15세기 프스코프 문헌의 두 문장을 보세요. 다음과 같이 쓰여 있었습니다.

Сим я, раба божия Ульяна, ходя при своем **животу** (1), учинила перепись **животу** (2) своему да и селу своему… деверю своему Ивану до его **живота** (3) кормити ему…
나, 하나님의 종 율리야나는 내가 살아 있는 동안 재산과 경작지를 정리하여 시동생 이반에게 그의 생애가 끝날 때까지(죽을 때까지) 부양하도록 물려줍니다.

А село свое… даю жене своей Федосьи **до живота**(3) и до замужества. А если моя жена вторично выйдет замуж или умрет, то брату… а если и брат умрет, то после его живота (3) …приказываю присматривати **живота** (2) своего жене своей…

아내인 페도시아에게 죽을 때까지(생애가 끝날 때까지) 그리고 결혼할 때까지 나의 경작지를 맡깁니다. 아내가 재혼하거나 죽으면, 형제에게 줍니다. 만약 형제마저 죽으면, 그의 죽음 이후 그의 아내에게 재산을 관리하도록 명합니다...

같은 짧은 텍스트에서, 우리는 동일한 단어가 3가지(또는 4가지) 서로 다른 의미로 사용되고 있음을 발견할 수 있습니다. 1번 자리에 '생명'(жизнь)이라는 단어를, 2번 자리에 '재산'(имущество)이라는 단어를, 3번 자리에 '죽음'(смерть)이라는 단어를 넣으면 텍스트가 더 명확해집니다. 동일한 단어가 '생명'(жизнь)과 '죽음'(смерть)을 동시에 나타내고 있습니다!

예전에 《живот》이라는 단어는 오로지 물리적 생명 현상만을 의미했으며, 삶의 다른 측면을 나타내기 위해서는 별도의 단어들이 사용되었습니다. 예를 들어, 영적인 삶은 'жизнь', 물질적인 삶은 'житье'로 표현되었습니다. 이 3단어(жизнь, житье, живот)에서 파생된 형용사들은 지금도 원래의 개별적 의미를 보존하고 있습니다. 예컨대, '삶의 이념'(жизненная идея), '일상적인 일'(житейское дело), '본능적인 분노'(животная злоба)를 서로 바꿔서 사용할 수 없습니다! 과거에는 이런 단어들이 훨씬 더 많았습니다. 모두 동일 어근 'жи-'에서 다음과 같은 단어들이 파생되었습니다. 예를 들어 동물의 'жила'(신경 혈관, жилы надорвал: 힘줄이 끊어졌다), 'жито'(다양한 곡물, 지역에 따라 밀, 보리 등을 의미), 'жить'(주거지) 등이 있습니다. 마지막 단어(жить)는 교회슬라브어 'пажить'(пастбище: 목초지)에 그 흔적을 남기고, 문학어로 유입되었으며, 현대 북부 방언에서는 집의 '거주 공간'을 의미하고 있습니다.

각각의 생존에 필수적인 현상들은 특별한 단어로 표현되었으며, 이 모든 단어는 하나의 공통된 어근으로 연결되었습니다. 시간이 흐르면서 이러한 단어들은 그 의미가 변화하고, 다른 단어들과 복잡한 관계를 맺으며 새로운 의미가 등장하거나 사라지기도 했습니다. 하지만 이러한 단어들은 공통적이고, 중요한, 본래의 의미를 유지했습니다.

우리의 논의에서 특히 중요한 점은, 삶의 물질적인 영역은 오랫동안 'живот'라는 단어와 연결되어 있었다는 점입니다. 단어의 변화와 함께, 삶의 조건, 사람들의 생활양식, 사회적 관계도 변화했으며, 이것은 단어의 변화에도 반영되었습니다. 하나의 단어가 마치 의미적으로 '두 갈래', '세 갈래'로 나누어지듯이 다의어가 되었습니다.

어떤 텍스트에서는 단어의 의미를 파악하기가 매우 어렵습니다. 예를 들어 《... после его живота отдать село такому-то》(그의 живот 이후, 경작지를 누군가에게 넘겨주다)라는 구절을 보면, 여기서 《живот》가 '삶'을 의미하는지 아니면 '죽음'을 의미하는지 모호할 수 있습니다. 이 경우 두 의미가 마치 하나로 통합되어 '삶 이후, 죽음의 결과로'라는 의미로 해석됩니다.

특히 여기서 주목할 점은 《живот》라는 단어의 두 번째 의미입니다. 첫 번째 문서에서는 이 단어가 (경작지를 제외한) '전반적인 재산'을 의미하고 있습니다. 두 번째 문서의 내용에서 말하는 것은 당시 상황에서 소위 동산(動産)에 해당하는 재산, 주로 가축(скот)에 관한 것으로 이해할 수 있습니다.

특히 17세기에는 《живот》라는 단어가 '가축'이라는 의미로 사용되었습니다. 그 당시에는 야생 동물(дикий зверь)과 가축(живот, животина)을 구분했고, 특히 'скот', 'скотина'라는 단어로 노동용 가축(즉, 일에 사용되는 가축)을 구별하는 것이 일반적이었습니다.

이 단어(живот)의 의미 연쇄 사슬(цепь)의 흥미로운 변화 단계를 보세요.

'존재'(существование) — '재산'(имущество) — '가축'(скот) — '생명'(жизнь) — '죽음'(смерть) — '위장'(желудок)의 순서로 이어집니다. 이러한 의미들은 어떤 논리적 연관성이 있을까요? 가장 초기의 '존재'라는 의미는 지금의 우리에겐 다소 모호하고 지나치게 일반적으로 보입니다. 그러나 이 명사(живот)의 의미가 동사(жить)의 의미와 가깝다는 점에서 그 고대성을 짐작할 수 있습니다. 그리고 동사 'жить'는 또 다른 동사인 'быть'와 매우 가까운 의미를 지닙니다. 다만 'жить'와 'быть'는 완전히 일치하는 개념은 아니었던 것으로 보이며, 특히 문법적으로 차이가 있었을 가능성이 큽니다.

동사 'быть'가 더 모호한 의미를 지녔기에, 연결사(связки)로 더 자주 사용되었고, 오늘날까지도 그 용법이 유지되고 있습니다. 앞서 언급한 동화의 도입부 《жили-были》에서 'были'가 연결사(быть)의 형태라면, 《жили》는 동사 과거 시제 형태의 기본적인 의미를 전달합니다. 그러나 여기서 《жили》의 의미는 오늘날 우리가 이해하는 '살았다'라는 의미와는 정확히 일치하지 않습니다. 《Жили-были дед да баба》라는 문장을 우리말로 번역하면, "아주 아주 오래전, 지금은 정확히 알 수 없는 때, 할아버지와 할머니가 있었습니다" 정도로 해석됩니다. 《жили-были》라는 표현은 독자(청자)를 사건의 본질로 이끄는 서두의 역할을 합니다. 마치 수학 문제에서의 '주어진 조건'(дано)과 같은 것이지요. 그리고 바로 이 지점부터 본격적인 이야기가 시작되는 것입니다. 동화에서는 결코 사건이 일어나는 정확한 시점과 장소가 명시되지 않기 때문에, 이처럼 불특정한 표현이 동화에 아주 적절하게 어울립니다.

또한, 친족어들과 비교해 보면 해당 언어들에서도 이 단어가 갖는 '생명' 또는 '생계 수단'이라는 의미가 가장 오래되고 공통된 의미입니다. 분명 우리는 이것을 변화하는 의미 연쇄 사슬에서 두 번째 위치에 놓아야 할 것입니다.

우리는 의미 사슬(цепь)의 마지막 단계도 알고 있습니다. 바로 우리의 단어 《живот》가 '신체 부위'를 의미하게 된 것입니다. 또한 《живот》에서 파생되어 매우 분명한 의미를 갖게 된 단어들도 알고 있습니다. 예를 들어, 《животное》 또는 다소 거친 표현으로 《животина》는 집에서 기르는 가축을 뜻합니다. 이 단어들은 《живот》라는 단어 자체가 아직 '존

재'라는 개념과 연결되어 있던 시기에 생겨났으나, 그 의미가 오직 가축에게만 적용되던 시기에 비로소 형성된 것입니다. 오래전에는 인간의 삶이 (생계를 위한 수단으로서) 가축과 매우 밀접하게 연결되어 있었기 때문이지요.

17세기에도 《живот》의 의미를 구분하려는 다양한 시도가 있었습니다. 17세기의 유명한 작가이자 성직자인 프로토포프 아바쿰은 강세를 통해 이를 구분했습니다. '생명'을 뜻하는 《живот》는 항상 어미에 강세가 있으며(예: живо́т, живота́, живот́у...), '위장'을 뜻하는 《живот》는 접미사에 강세가 있습니다(예: живо́т, живо́та, живо́ту...).

마침내, 특정 의미로 굳어진 표현들이 오늘날까지 전해져 왔으며, 여기서 《живот》라는 단어는 그 표현이 생성되었을 당시의 의미로 사용되었습니다. 이와 관련하여 특히 흥미로운 것은 속담입니다. 다음 속담들을 비교해 보세요.

《У мила живота везде ворота》
(모은 재산은 쉽게 사라진다).
여기서는 분명히 '재산'에 대해 이야기하고 있습니다.

《Богат Мирошка, а животов — собака да кошка》
(미로쉬카는 부유한데, 가축은 개와 고양이가 있다).
여기서 《животы》는 가축, 즉 집에서 기르는 동물들입니다.

《Животы — что голуби: где хотят, там и сидят》

(생명은 비둘기와 같아서 원하는 곳에 깃든다).

이 경우《животы》는 '생명'을 의미하는 것으로 보입니다.

이 예시들에서 알 수 있듯, 단어는 가장 포괄적인 하나의 의미에서 좀 더 특수하고 구체적인 의미로 분화된다는 것을 확인할 수 있습니다. 마치 아메바가 분열하는 것처럼, 처음에는 하나의 단일체였다가 점차 부분으로 나뉘어 결국 완전히 분리되는 과정입니다. 우리의 경우, 아메바와의 차이점은 새로 생긴 여러 의미 중에서 오직 하나('위장'이라는 의미의 'живот')만이 살아남고 나머지는 점차 사라졌다는 것입니다.

왜 이런 경우가 발생했을까요? 이유는 명확합니다. 어휘적으로 유사하지만 의미적으로 다른 단어들이 발화(말)에서 서로 혼동되는 것을 막기 위함입니다. 말이 언어를 방해하지 않도록 하기 위한 것이지요.

세 번째 이야기

푸른 바다, 회청색 까마귀, 검은 슬픔 그리고 가장 아름다운 색에 대하여

О СИНЕМ МОРЕ, СИЗОМ ВОРОНЕ И ЧЕРНОЙ КРУЧИНЕ, А ТАКЖЕ О САМОМ КРАСИВОМ ЦВЕТЕ

가장 '파란' 바다에서. 그런데 그 바다는 파랗지 않습니다. 회청색(Сизый) 까마귀? 이것도 어쨌든 의심스럽습니다. 까마귀는 검은색이니까요. 그렇다면 '슬픔'(кручина)은 정말 '검다'라고 할 수도 있겠군요. 무형적이고 불분명한 무언가가 색을 가질 수 있다면 말입니다. 이야기는 우리에게 다시 수수께끼를 제시합니다. 이 모든 것이 과거에 만들어진 단어이기 때문일까요? 아니면 우리가 이제는 고대 단어의 의미를 이해하지 못하게 된 것일까요? 그러나 이 단어들은 그다지 오래된 것이 아닙니다. 이 단어들은 코, 귀, 눈과 같이 고대부터 고정된 형태로 우리에게 전해 내려온 것들이 아닙니다. 많은, 아주 많은 단어가 문자 그대로 우리의 눈앞에서 생겨났습니다. 이 단어들이 500년 전에는 존재하지 않았거나, 완전히 다른 의미로 사용되었음을 문헌으로 확인할 수 있지만, 이제는 이러한 단어들 없이는 살아갈 수 없을 만큼 중요해졌습니다. 언어 속에서 발생한 단어들은 서로 복잡하면서도 상호 모순적인 관계를 맺기도 하고, 서로 가까워지거나 다시 멀어지고, 빛을 발하거나 색이 바래기도 하면서, 항상 그 언어를 사용하는 언중들이 세상을 점차 이해하는 과정을 반영합니다. 최근 발생한 새로운 현상이나 특성을 '전대미문의' 단어로 표현해야 할 필요성은 항상 존재해 왔으며, 고대에도 마찬가지였습니다. 지금은 우리에게 너무나 익숙한 많은 단어가 한때는 대담하고 혁신적인 신조어, 이해할 수 없는 괴상한 표현, 혹은 특이하거나 기적같은 단어로 여겨졌을 수도 있습니다. 이처럼 대상에 대한 인식 변화의 흐름을 가장 명확하게 추적할 수 있는 사례가 바로 색을 나타내는 단어들입니다.

물리 교과서에서 배운 것처럼 색의 스펙트럼은 일곱 가지 주요 색상으로 구성됩니다. 오늘날 우리는 훨씬 더 많은 색상을 구별합니다. 즉, 빨강(красный), 주황(оранжевый), 노랑(жёлтый), 초록(зеленый), 연청색(голубой), 파랑(синий), 보라색(фиолетовый) 계열의 다양한 색조와 그 미세한 차이를 인식합니다.

그러나 비교적 최근까지만 해도, 대략 15~20세대 전의 사람들은 '파란색'과 '녹색'을 구분하지 못했습니다. 그들에게 이 두 색(파랑, 초록)은 '검정색'과 유사한 하나의 색으로 여겨졌습니다. 심지어 20세기에도 많은 아프리카나 남아메리카 일부 원주민 부족들은 빨강, 검정, 흰색만을 뚜렷하게 구분했습니다. 각각의 색은 고유한 의미를 가졌고, 그 부족들의 관점에서는 이 세 가지 색이 모두 동등하게 중요했습니다. 이 색들은 그들의 삶에서 중요하기 때문에 언어로 표현되었습니다. 그러나 나머지 색들은 그들에게 무의미했고 쓸모가 없었습니다. 따라서 그 색상들을 볼 필요도 없었고, 보이지 않기 때문에 이름조차 붙이지 않았습니다. 주목할 점은 '검정'과 '흰색'은 태양 스펙트럼에 존재하지 않는다는 것입니다. 이들은 사실 색이 아니라, 색의 조합입니다. 과학에서는 이 색들을 '아크로매틱(achromatic)'이라고 부르는데, 이는 그리스어로 '무채색'이라는 뜻입니다.

다양한 인간 집단과 민족들은 서로 다른 시대에, 각기 다른 방식으로 자신을 둘러싼 색채의 세계를 인식했습니다. 처음 인간은 색을 전혀 구분하지 못했고, 그에게 주변의 모든 것은 흰색이나 검은색, 때로는 회색으로 보였습니다. 개가 세상을 흑백으로 보는 것처럼 말입니다. 그렇기에 《белый》라는 단어는 우리가 이해하는 '흰색' 뿐만 아니라 투명하고(прозрачный) 빛나는(светлый) 어떤 색을 모두 함의할 수 있습니다. 예를 들어, 'Бел-горюч камень'은 불꽃처럼 '하얗게 빛나는 돌'을 의미하는데, 그 불꽃이 너무나도 환해서 눈에 보이지 않을 정도입니다.

그 후 이 무채색의 세계에 빨간색(красный)이 등장했습니다. 빨강은 태양과 뜨거운 모래와 불의 색이며, 피와 생명의 색이기도 합니다. 이 색은 나중에, 인간이 초록색(зеленый), 즉, 풀과 나무의 색을 인식하게 된 다음 단계에서 더욱 뚜렷하게 구별되었습니다. 그리고 그보다 훨씬 나중에, 검은색(черный)에서 또 다른 색이 분리되기 시작했습니다. 오늘날 러시아어로 '파랑'(синий)이라고 부르는 색입니다. 빨간색에서 주황색(оранжевый)을 분리하고, 초록색에서 연청색(голубой)과 노란색(желтый)을 구분해 내는 것은 훨씬 더 어려운 일이었습니다. 보라색(фиолетовый)에 관해서는, 처음으로 이 색을 규정한 사람은 영국의 과학자 아이작 뉴턴이었습니다. 바로 그 뉴턴이 태양 스펙트럼의 물리적 법칙을 확립한 인물입니다. 실제로 17세기까지도 가시광선 스펙트럼은 파란색에서 끝났습니다. 그 너머의 색상은 모두 검은색으로 여겨졌습니다.

하지만 우리가 관심을 가지는 것은 스펙트럼의 물리적 특성이 아닙니다. 모든 물리적 특성이 언어로 전달될 수가 없기에, 현대 과학은 자체적인 용어를 만들어냅니다. 우리는 인류의 풍부한 경험이 어떻게 언어에, 특히 색상을 지칭하는 단어에 점진적으로 축적되었는지 규명하고자 합니다.

오렌지색(оранжевый)과 보라색(фиолетовый)이 러시아어에 비교적 늦게 들어왔다는 사실은 이들 단어의 어원 자체가 말해줍니다. 이들은 슬라브계 어휘가 아니며, 표트르 1세 시대에 프랑스어에서 차용된 것입니다. 18세기 중반, 러시아 시인이자 영국 주재 러시아 대사였던 안티오흐 칸테미르는 뉴턴의 스펙트럼을 처음 러시아어로 번역하면서 다음과 같이 배열했습니다. фиалковый (제비꽃색) — пурпуровый (자주색) — голубой (연청색) — зеленый (초록색) — желтый (노란색) — рудо-желтый (적황색) — красный (빨간색). 여기에는 오렌지색, 보라색, 파란색이 없습니다. 이들은 아직 비슷한 색상들의 음영(оттенок)으로 간주되었으며, 제비꽃색도 모든 보라색을 의미하지는 않았습니다.

같은 세기말, 푸쉬킨이 시간의 안개 너머로, 늙은 상이군인이 탁자에 앉아 초록색 모직물에 파란색 천 조각을 덧대고 있는 모습을 묘사한 것은 결코 우연이 아닙니다. 『대위의 딸(Капитанская дочка)』의 등장 인물들에게 파란색(синий)은 그저 초록색(зеленый)의 짙은 음영이었습니다.⁷⁾

그렇다면 더 이전, 고대 슬라브인들의 색채 인식은 어땠을까요? 1073년에 키예프에서 작성된 한 문헌에서 무지개의 색상은 단지 네 가지만 언급됩니다.

В радуге свойства суть червеное, и синее, и зеленое, и багряное.
(무지개에는 빨간색, 파란색, 초록색, 그리고 자주색이 있다.)

즉, 빨간색, 초록색, 파란색, 그리고 끝입니다. 왜냐하면《багряный》라는 단어는 '빨간색'과 '검은색'을 동시에 의미할 수 있었고, 적어도《багряный》와《червоный》는 모두 빨간색(красный)이 주는 느낌을 전달했기 때문입니다. 그러므로 전체 스펙트럼은《**червоный**》—《**зелёный**》—《**синий**》의 3가지 색상입니다. 첫 번째 스펙트럼에는 빨간색과 주황색이 결합되어 있고, 두 번째 스펙트럼은 노란색, 초록색, 연청색이 결합된 것이며, 세 번째 스펙트럼은 파란색과 보라색이 결합되어 있습니다. 그리고 만약 초록색(зелёный)이라는 단어가 노란색, 초록색, 연청색을 모두 의미한다면, 11세기에는 이 단어(зелёный) 자체가 지금과는 전혀 다른 의미였다는 것은 분명합니다. 오늘날의 우리는 당시의

---

7) 푸시킨이 『대위의 딸』을 집필했던 시점은 1836년이다. 이에 비해 소설 속의 시대적 배경은 1773년 푸가초프 농민 봉기이다. 따라서 저자는 파란색과 초록색을 분명하게 구분했던 푸시킨 시대의 색채 인식과 달리, 그보다 60여 년 전 〈대위의 딸〉의 소설 속 등장 인물들에게 파란색은 단지 초록색의 짙은 음영일 뿐 동일한 색상으로 인식되었음을 역설하고 있다. (역자 주)

《зелёный》라는 단어가 초록색을 의미했다고 조건적으로, 매우 억지로 추정할 뿐입니다. 그 시대에서 남은 표현 중 하나가 《зелёно вино》입니다. 고대 로마의 작가 플리니우스(Плиний)는 백포도주, 즉 밝고 윤기 있게 빛나는 포도주를 초록색(зелёный)으로 표현했으며, 러시아의 민요 속에서도 그러한 표현이 남아있습니다. 초록색은 스펙트럼 중 가장 밝은 부분에 속해 있었고 이를 나타내기 위해서 고대슬라브어 단어 《зелёный》가 사용되었습니다. 초록은 풀처럼 밝게 빛납니다. 밝은색은 흰색(белый)과 구별되며, 환하게 빛나지만 색상은 아닙니다.

이러한 색채 스펙트럼 구성이 1230년의 러시아 연대기에서도 보존되어 있지만, 이것은 오히려 전통을 따른 것이며, 상징적인 의미를 갖습니다. 사실 1230년의 무지개는, 연대기 작가의 생각에 따르면, 몽골-타타르 침략의 전조였습니다. 어떤 경우든, 16세기 초에는 이러한 색상의 상징성이 이미 알려져 있었고, 그 의미는 다음과 같이 해석되었습니다. 무지개의 네 가지 색상은 4원소와 연결됩니다. 초록색은 물을, 파란색은 공기를, 빨간색은 불을, 검은색(черный) 또는 자주색(багряный)은 땅을 상징했습니다. 이러한 개념은 번역 문학을 통해 러시아로 전해졌습니다. 하지만 색상의 상징성은 색 자체가 이미 명확하게 인식되고, 정의되고, 이름이 붙여진 후에야 비로소 작용하게 됩니다.

1230년의 또 다른 러시아 연대기에서는 불길한 징조로서 다음과 같은 현상을 기록하고 있습니다. "солнца столпы — черлены и желты, зелены, голубы, сини, черны." (태양의 양쪽에서 빨강, 노랑, 초록, 연청색, 파랑, 검정색 기둥들이 나타났다.)

красный	?	желтый	зеленый	голубой	синий	черный

 주황색은 아직 존재하지 않습니다. 아마도 《оранжевый》라는 단어 대신에 적갈색(красно-бурый)을 의미하는 《жаркой》 또는 《рыжий》라는 단어가 사용되었을 것입니다. 이 단어는 13세기 말부터 알려졌지만, 첫 번째 스펙트럼의 붉은색 부분과 관련이 있었습니다. 《рыж》라는 단어는 '피'를 뜻하는 《руда》와 같은 어원을 가지고 있습니다. 칸테미르에게 주황색은 붉은 노란색《рудо-желтый》입니다. 이것은 언어가 방금 발견된 새로운 색상을 표현하기 위해 기존의 단어를 활용한 유일한 사례가 아닙니다.

 예를 들어, желтый(노란색)은 зола(재)와 золото(금)의 친척이며, зелень(야채) 그리고 желчь(담즙, 붉은 톤일 수 있음)과 관련이 있으며, 이 모든 단어는 공통된 어근 《гвел-》에 뿌리를 두고 있습니다. 그렇다면 고대인들이 가장 먼저 '노란색'이라는 단어와 연관 지을 수 있었던 색은 무엇이었을까요? 민간의 미신에서, 최근까지도 부정을 막아주는 주문에서 《желтый》는 **갈색**(карий)을 의미했습니다. 예를 들어, "Спаси нас от серого, от синего, от черного, от желтого глазу, от плохого часу..."(환란의 시기에, 회색, 파란색, 검은색, 그리고 짙은 갈색 눈으로부터 우리를 구하소서...)와 같은 주문처럼 말입니다.

 이처럼 물리적 법칙이 엄격하게 적용되는 세계에서 벗어나, 단어의 그림자가 지배하는 왕국으로 들어서는 순간, 발 딛고 서 있는 그 기반은 상당히 불안정해집니다. 과거에는 색을 나타내는 많은 단어가 있었지만, 이제는 그 어휘들이 언어에서 사라졌습니다. 직접 확인해 보세요. 고대 슬라브인들은 '빨간색'을 다음과 같이 여러 단어로 표현했으며, 주요 단어는 《червен》과 《багрян》이었습니다. 사실 이 단어들의 변형태도 많습니다.

《червен》, 《черлен》, 《червлен》, 《чермен》 또는 《багр》, 《багор》, 《багрян》, 《багрен》.

이 모든 단어는 빨간색(красный), 붉은색(румяный), 피의 색(кровавый), 선홍색(алый), 적황색(рыжий), 불의 색(огненный)을 나타냈습니다. 그러나 《багряный》는 약간 더 어두운 빨간색으로, 현재 우리가 아는 스펙트럼의 보라색 쪽에 가깝게 위치합니다. 《червленый》는 '벌레'(червь)에서 유래한 이차적 단어입니다. 왜냐하면 특정 벌레(코치닐-연지충)에서 밝은 빨간색 염료를 추출했기 때문입니다.

중요한 점은 빨간색과 검정색이 뚜렷하게 대조된다는 것입니다. 고대 슬라브인들은 검정색을 표현하기 위한 다른 단어를 전혀 알지 못했습니다. 대신에 애매한 무채색인 흰색과 회색은 매우 다양한 표현을 지니고 있었습니다. 거의 모든 사물마다 각기 다른 단어가 있었습니다. 회색-연청색(серо-голубой)의 눈은 《зекрый》, 어두운 회색의 말은 《сивой》, 어두운 강철빛을 띠는 늑대의 털은 《дикий》, 연회색 비둘기의 깃털은 《голубой》, 식은 재는 《серый》, 어두운 연청색(темно-голубые), 거의 회색인 들꽃은 《модрый》 등, 이러한 표현들은 무수히 많습니다. 이들 중 일부는 언어에서 너무 오래전에 사라져서 우리는 그것들에 대해 거의 알지 못합니다. 그런데 이 모든 단어들을 다른 친족어 단어들과 비교해 보면 뜻밖의 흥미로운 점이 발견됩니다. 예를 들어 《сивый》는 리투아니아어에서 '회색'이 아니라 '희끄무레한'(белесый)을 의미합니다. 그리고 나열된 다른 단어들 모두 한때는 흰색과 관련이 있었습니다.

흰색(белый) 자체는 더욱 문제가 큽니다. 이 단어는 실제로 다른 어떤 단어로도 대체되지 않습니다. 흰색은 언제나 흰색입니다. 이 단어는 다양한 의미를 지니지만, 반드시 색상과 관련된 것만은 아닙니다. 가장 오래된 문헌에서 이 단어는 '깨끗한'(пустой), '비어 있는'(пустой), '눈에 띄지 않는'(незаметный), '투명한'(прозрачный)의 뜻으로 이해될 수 있습니다. 아마도 아주 오래전에는 《бел-》이라는 어근이 '신비롭고, 눈에 띄지 않는, 비밀스러운 어떤 것'을 의미했을 수도 있습니다. 그리하여 찾고 또 찾아야만 발견할 수 있는 순수와 불멸의 상징으로서 '불타는 흰 돌'(бел-горюч камень)과 같은 수많은 동화적 표현이 우리에게 전해져 내려왔을지도 모릅니다. 어떤 민족들에게 동쪽은 흰색과 연결되어 있습니다. 이는 동쪽에서 태양이 떠오르기 때문입니다. 반면 서쪽은 해를 삼켜버리는 검은 밤과 연관됩니다.

동슬라브인들에게는 조금 다릅니다. 그들에겐 서쪽(Белая Русь, 현대의 Белоруссия)이 흰색과 연관되어 있으며, 북쪽(Черная Русь, 키예프 북쪽의 Чернигов)이 검은색과 연관되어 있습니다. 그리고 남쪽(Червоная Русь, 키예프 남서쪽)은 빨간색과 연관되어 있습니다.

슬라브인들 사이에서 회색, 흰색, 검은색과 함께 사회적으로 중요한 색상으로 인식되었던 것은 오직 '빨간색' 뿐이었습니다. 이 색상을 그들은 영원히 자신들의 민족적 색으로 삼았습니다. 그 이유는 오랜 옛날부터 빨간색(красный)을 고유하고 유일한 색상으로, 또한 매우 아름다운(красивый) 색상으로 여겼기 때문입니다.

아름다운 색. **《красивый》 — 《красный》**... 이들은 같은 고대 어근에서 비롯되었지만, 다른 접미사를 가지고 있습니다. 어쩌면 이 단어들은 원래 같은 의미를 가졌던 것은 아닐까요? 왜 우리는 지금까지 '빨간색'(красный)이라는 현대의 색상 명칭에 대해 한마디도 언급하지 않았을까요?

사실, 16세기 초까지 《красный》라는 형용사는 색상을 나타내는 것이 아니라, 바로 '아름다움'의 속성을 나타냈으며, 그 의미는 현대의 《прекрасный》와 같았습니다. 15세기 이그나티 스몰랴닌(Игнатий Смольнянин)의 여행기에서는 다음과 같은 기록이 있습니다.

> Певцы же стояху украшены чюдно. Старейший (из них) бе красен яко снег бел.
> 가수들은 모두 아름답게 치장하고 있었다. 그들 중 가장 연장자는 하얀 눈처럼 아름다웠다.

한편으로는 모든 가수가 (예를 들어, 옷으로) 아름답게 치장했고, 다른 한편으로는 그들의 지도자 또한 '아름다웠다'(красен)고 묘사되었는데, 그가 나이가 많아 눈처럼 희었기 때문에, 혹은 그의 아름다운 옷이 눈처럼 하얀색이었기 때문일 수 있습니다. 여기서 우리는 단어의 옛 의미와 마주

하게 됩니다. 여기서 《красный》는 '아름다운'(красивый)을 뜻했습니다. 영웅서사시와 옛이야기에서 등장하는 《красна девица》는 '아름다운 소녀'를 뜻했고, 실제로 '붉은 소녀'가 아니라 '하얀 소녀', 즉, '하얀 얼굴, 흰 피부를 가진 소녀'를 의미했습니다. 우리 선조들은 아름다움을 이렇게 이해했습니다. 이 의미는 우크라이나어와 벨라루스어와 같은 일부 슬라브어계 언어들에서도 여전히 남아있습니다. 지금까지도 이 언어들에서는 빨간색(красный)을 나타내기 위해 고대 단어 《червен》에서 비롯된 《червонный》라는 단어가 사용되고 있습니다.

러시아어에서는 점차적으로, 먼저 공식 문서에서 (첫 기록은 1515년), 그리고 이후 모든 경우에서 '아름다운'(красивый) 것은 '빨강색'(красный)이 되었습니다. 이 단어(красный)의 원래 의미는 오랫동안 유지되었고, 피터 대제 시대까지도 기억되었습니다. 이 무렵부터 《красный》라는 단어는 모든 빨간색 계열의 색조를 나타내는 일반적인 명칭이 되었고, 이러한 색조를 나타내는 단어들이 문자 그대로 눈에 띄게 늘어나기 시작했습니다. 14세기 중반부터 17세기 말까지 러시아어에는 алый(선홍색)이 등장했고(1351년의 필사본), вишневый(체리색)가 1392년의 필사본에 등장했으며, 그 이후에는 брусничный(월귤색), гвоздичный(카네이션색), маковый(양귀비색), малиновый(산딸기색), бурый(적갈색) 및 특정 꽃들과 관련된 많은 다른 색상 명칭들이 들어왔습니다. 고대 슬라브인들의 의식 속에서 색(цвет)과 꽃(цветок)은 동일한 개념이었습니다. 그러다가 오렌지색을 나타내기 위해 이전의 단어 жаркой(불꽃색) 대신에 차용된 단어 《оранжевый》가 사용되기 시작하면서, 러시아 문학어에서 적색-황색(красно-желтой) 스펙트럼의 기본 색상을 나타내는 단어들이 완성되었습니다.

파란색-연청색(сине-голубой) 계열의 색상과 관련해서는 상황이 훨씬 더 복잡했습니다. 우리는 이미 잿빛-연기-연청색(пепельно-дымчато-голубые)의 음영들이 보통 특정 사물의 색과 연관된다는 것을 확인했습니다. '회색 말'(сивый конь), '연청색 눈'(зекрый глаз) 등입니다. 이러한 유형의 단어들 중 일부는 이제 언어에서 사라졌기 때문에, 학자들 조차도 그 정확한 의미를 밝히지 못하는 경우가 있습니다. 예를 들어, 『이고리 원정기』에 나오는 《бусый волк》는 회색일까요? 흰색일까요? 파란색일까요? 아니면 빨간색일까요? 이 모든 견해가 제시되었으나, 그 어느 것도 확실하지 않습니다. 그 이유는 이 무채색(아크로매틱) 계열의 특정 색상이, 이제는 멸종되었을지도 모르는 동물의 특징과 관련이 있기 때문입니다. 만약 모든 연회색 비둘기(светло-серые голуби)가 사라져 버렸다고 가정한다면, 우리는 왜 《голубой》라는 단어가 'голубь'(비둘기)와 연관이 있는지 의아해할 것과 같은 원리입니다.

이제 한 가지 중요한 점을 언급할 때가 되었습니다. 이것이 색상 명명이 변하게 된 본질적인 의의를 우리에게 보여 줄 것입니다.

인간이 현실 속 색상의 차이를 점차적으로 인식할 수 있다는 것은, 점점 더 정교한 방식으로 세상을 이해하게 된다는 것입니다. 그리고 그는 자신이 발견한 모든 것들을 언어로 전달하여 함께 공유할 수 있도록 합니다. 그러나 언어는 복잡한 체계이기 때문에, 인간의 발견을 즉각적으로 반영하지 않습니다. 처음에는 이러한 발견을 다양한 단어 조합으로 시험하고, 여러 방식으로 시도해 본 후, 최종적으로 언어의 고유한 법칙에 따라, 사람들의 의지나 소망과는 무관하게, 자신만의 고유한 색상 명칭을 만들어 냅니다.

사람들이 야생 늑대의 색을 《дикий》, 눈동자의 색을 《зекрый》, 비둘기의 색을 《голубой》 등으로 부른다면, 이것은 아직 색(цвет)을 나타내는 것이 아닙니다. 이는 단지 다른 대상과의 비교를 통해 해당 사물의 속성(качество)을 나타내는 것일 뿐입니다. 예를 들어 《Серебряные волосы》는 '은빛 머리카락', 즉 은처럼 보이는 머리카락을 뜻합니다. 이러한 비교는 이해를 돕지만, 이 경우 사람들은 여전히 기존의 단어들을 원래 의미 그대로 사용하고 있을 뿐입니다. 언어에는 아무런 변화가 일어나지 않습니다.

그러나 회색을 나타내는 여러 비교 표현을 사용하여 회색의 다양한 색조를 나타내던 방식이 사라지고, 모든 회색 사물에 동일하게 적용할 수 있는 단 하나의 단어가 등장했을 때, 비로소 언어가 개입한 것입니다. 언어는 동일 색상이 갖는 여러 개별적인 의미들, 즉 이전에 사용되던 모든 은유와 비교 표현들, 사람들이 우연히 한 번씩 관찰했던 경험 등을 하나로 통합하여 일반화합니다. 이 시점부터 우리는 언어에 실제로 그 색을 나타내는 단어가 생겼다고 말할 수 있습니다. '빨간색'이라는 단어는 16세기부터 이러한 과정을 거쳐 고유한 색명으로 자리잡았습니다. 그렇다면 '회색'은 언제부터였을까요?

14세기까지 동슬라브인들은 흰색, 회색, 검정색과 같은 무채색과 함께 색상 스펙트럼의 차가운 부분에 해당하는 보라색, 파란색, 연청색, 일부 녹색 계열의 색조를 같은 범주로 보고 혼동했습니다. 실제로 멍이 든 피부를 《синяк》이라고 불렀으며, 무어인과 에티오피아인들을 항상 'синцы'(검은 사람들)라고 불렀고, 검은 먹구름 속에서 번쩍이는 번개를 'синяя молния'(파란 번개)라고 불렀으며, 심지어 밤하늘의 보름달도 'синяя луна'(푸른 달)라고 했습니다. 이는 매우 이상한 일이라고 할 수 있습니다.

11~12세기 문헌에서는 사람을 'сини яко сажа'(그을음처럼 파랗다)고 묘사하거나, 머리가 백발인 사람을 'синеюща власы своими'(푸르스름한 머리카락을 가지고 있다)고 기록하고 있습니다. 오늘날 우리는 '그을음'(сажа)이나 '흰머리'(седина)를 '파란색'(синий)이라는 단어와 연결하지 않습니다. 우리는 연결하지 않지만, 북쪽의 외딴 마을에서 지금까지도 옛 언어적 특징을 여전히 유지하고 있는 일부 할머니들은 파란색과 검은색을 쉽게 혼동합니다. 예컨대, 우리가 보기에는 완전히 검은 두 켤레

의 장화를 보면서 할머니는 이렇게 말했습니다. "이건 검은색이고, 저건 파란색이네." 그녀가 말한 첫 번째 검은색 장화는 남성용 거친 가죽 장화 (кирзовые сапоги)[8]였고, 두 번째 파란색 장화는 햇빛에 반사되는 여성용 고무 장화(резиновые сапоги)였습니다. 이처럼 '파란색'은 반짝이는 검정색, 즉, 광택이 있는 검정색을 나타냅니다. 여기서 우리는 거무스름한 멍(синяк), 땀에 젖은 에티오피아인의 검은 피부, 검은 구름 속 번개의 섬광, 그을음의 짙은 광택, 그리고 백발로 변해가는 검은 머리카락의 반짝임 등을 이해할 수 있습니다.

---

8) Кирзовые сапоги는 'kirza boots'로 번역되며, 1930년대 소련에서 개발된 군용 부츠이다. 'kirza'라는 단어는 부츠의 제작에 사용된, 주로 면직물을 방수 처리하여 만든 인조 가죽을 나타낸다. 내구성이 좋고 물에 잘 견디는 특성 덕분에 주로 군인들이 착용했으며, 특히 제2차 세계대전 동안 소련군의 장비로 널리 사용되었다. (역자 주)

파란색은 색이 아니라, 어두운 색의 명도를 나타내는 것으로, 이는 특정한 색에만 국한된 것이 아닙니다. 파란색은 원래 다른 단어로 청회색(сизый)뿐만 아니라 보라색, 검정색, 심지어 진홍색(темно-красный)에도 적용되었습니다. 따라서 파란 바다(синее море), 청회색 까마귀(сизый ворон), 그리고 검은 슬픔(черная кручина)은 슬라브인들의 인식에서는 모두 검은색의 다양한 변형일 뿐입니다. 《си-вый》,《си-зый》,《си-ний》는 모두 하나의 고대 어근에서 비롯되었습니다. 이 고대 어근의 본래 의미는 си-ять(빛나다)라는 동사에서 보존되고 있습니다.

밝은 염료와 밝은색은 빛날 수 있었을까요? 물론입니다. 그래서 중세에는 밝게 빛나는 색을 나타내기 위해 《лазоревый》라는 단어가 생겨났습니다. 이 단어는 원래 반짝이는 파란색을 의미했으며, 《лазурь》라는 단어와 그 어원이 연결됩니다. 《лазурь》는 광물에서 추출한 파란색 염료로, 중세 시대에는 매우 비쌌습니다. 그런데 러시아어에서는 《лазурь》의 푸른빛이 다른 색에도 확장되었습니다. 그래서 《лазоревое поле》,《лазоревое море》《Море по обычаю стоит лазорево》(여기서는 지중해를 의미하며, 파도는 녹색 톤),《лазоревый блеск》가 생겨났고,《лазоревые цветы》라는 표현이 생겨났습니다... 당신의 지인들에게 《лазоревый цветок》이 어떤 색의 꽃인지 물어보면, 다양한 답변을 들을 수 있을 것입니다. 사람들은 연청색(голубой), 파랑색(синий), 분홍색(розовый), 산딸기색(малиновый), 심지어 초록색(зеленый)이라고도 말할 것입니다. 놀랄 것도 없습니다. 이 모든 색은 정말로 빛나고 반짝일 수 있습니다.

동화 속의 《лазоревый цветок》은 연청색(голубой)도 아니고 산딸

기색(малиновый)도 아닌, '밝게 빛나는 꽃' 입니다. 이 단어의 오래된 의미를 작가들의 작품에서 찾을 수 있습니다. 예를 들어, 이반 투르게네프는 그의 작품 중 하나를 이렇게 시작합니다.

> Однажды Верховное Существо вздумало задать великий пир в своих лазоревых чертогах...
> (어느 날, 최고 존재가 자신의 빛나는 궁전에서 대연회를 열기로 했습니다...)

이처럼 과거에는 이상하게도 파란색(синий), 연청색(голубой), 보라색(фиолетовый)을 혼동해서 자주색(багровый)이나 검정색(чёрный)으로 부르기도 했지만, 여전히 각 색상의 밝기를 구분하여 특별한 단어로 의미를 표현했습니다. 다른 식으로 질문을 설정해 봅시다. 아마도 우리 조상들에게는 이러한 색을 구별할 필요가 없었던 것일까요? 그들에게는 그들만의 색채 분류 체계가 충분히 만족스러웠던 것일까요? 어떤 차이점이 있을까요? 검정색(чёрный)인지 보라색(фиолетовый)인지가 중요한 것이 아니라, 빛나는지 아닌지가 중요했습니다. 아마도 실제로 그랬을 것입니다. 그러나 이러한 질문에 대한 확실한 답은 특정 텍스트에서 색상을 주의 깊게 연구한 후에만 얻을 수 있습니다.

이를 위해 12세기 말에 작성된 『이고리 원정기』를 살펴보겠습니다. 이 섬세한 예술 작품에서 작가는 색채(цвета)와 소리(звуки)에 큰 비중을 두고 있습니다. 작가는 어떤 색들을 구별할까요? 다음 예들을 보세요. '검은 까마귀'(чёрный ворон), '검은 구름'(чёрные тучи), '검은 땅'(чёрная земля), '검은 덮개'(чёрная паполома). 우리가 알고 있는 의미로 (진홍색에 파란색과 보라색이 섞인) '자주색 기둥'(багряные столпы), (어두운 보라색에 파란빛이 도는) '회색 독수리'(сизый орёл) 등. 이 모든 것들은 어두운색으로 불길한 징조와 관련이 있습니다. 그렇다면 파란색(синий)은 어떤가요? '파란 돈강'(Синий Дон), '파란 번개'(синие молнии), '파란 와인'(синее вино), '파란 안개'(синяя мгла), 그리고 '파란 바다'(синие моря). 물론, 『이고리 원정기』의 작가에게도 《синий》는 특정 색을 의미하는 것이 아니라, 어두운 색조의 반짝임(сияние)을 나타냅니다. 역사가들이 영웅서사시의 《синее море》와 《синее вино》를 '적포도주'와 연관지어 설명한 것은 옳았습니다. 고대 로마의 플리니우스는 이 색(синий)을 '푸른-자줏빛'(сине-багровый)이 감도는 자수정(аметист)에 비교한 바 있습니다.

빨간색(красный)의 스펙트럼은 광범위하게 분포되어 있습니다. 'червлёные щиты'(붉은 방패), 'червлёный стяг'(붉은 깃발), 'червлёна чолка'(붉은 장식). 그러나 《красный》라는 단어는 아직 색을 의미하지 않고 속성을 나타냅니다. 'красный Роман'(아름다운 로만), 'красные девицы'(아름다운 처녀들).

반면 《кровавый》라는 단어는 '붉은 여명'(кровавые зори)과 '핏빛 풀'(на кровавой траве)에서 보듯이 속성과 색상을 동시에 나타냅니다. 초록색(зелёный)도 마찬가지입니다. 한편으로는 색상을 나타내기도 하고(예: постлать зелёную паполому, 초록색 융단을 깔다), 다른 한편으로는 '푸른 나무'(зелёное дерево), '초록 풀'(зелёная трава) 등,

초목의 속성을 나타내기도 합니다.

'무채색'(Бесцветные) 계열의 색상도 풍부하게 나타납니다. '회색 늑대'(серые волки)와 '검은 늑대'(бусови волки), '검은 까마귀'(бусови вороны), '은빛 백발'(серебряная седина)과 '은빛 강줄기'(серебряные струи)와 '은빛 해안'(серебряные берега), 그리고 '진주빛 영혼'(жемчужная душа) 등이 있습니다. 또 '흰색 깃발'(белая хоруговь)과 '흰색 오리'(белый гоголь)가 있는데, 이는 매우 이상합니다. 왜냐하면 공후의 깃발(хоруговь)이나 오리(гоголь)는 흰색이 아니었기 때문입니다.

이 문제는 우리가 《белый》라는 단어의 가장 오래된 의미가 색과는 관련이 없고, 투명하고 밝은(прозрачный, светлый) 속성을 나타낸다는 것을 기억하면 명확하게 이해됩니다. 16세기에도 사람의 특징을 묘사할 때 이렇게 표현했습니다. 표트르는 얼굴이 하얗고(рожеем белорусь), 두 눈이 맑고(очи белы), 키가 크다(ростомъ великъ) — 즉, '빛나는 눈'(светлые очи)을 뜻합니다.

11세기 고대 러시아인은 알렉산더 대왕(Александр Македонский)의 전기를 번역하면서, "у Александра едино око бело, а другое черно." (즉, 알렉산더는 한쪽 눈은 희고 다른 쪽 눈은 검었다. 이것은 분명 불길한 징조이다.)라고 기록하고 있습니다. 실제로 그의 성징에는 밝음(светлое)과 어둠(тёмное)이 함께 얽혀 있었습니다. 『이고리 원정기』에서도 '흰색'(белый)이라는 단어는 두 번밖에 등장하지 않으며, 나머지 경우에는 '빛나는'(светлый)이라는 동의어로 대체됩니다. 이 작품에서 태양(солнце)은 '빛나는 태양'(светлое солнце), 심지어 '3배로 빛나는 태양'(тресветлое солнце)으로 묘사됩니다. 태양은 빛(свет)과 관련된 수많은 단어들과 연결됩니다. '빛나는 태양'(светлое солнце), '태양의 빛'(светъ солнцу), '태양이 빛난다'(солнце светитъ). 또한 빛(свет)과 여명(заря)과 태양(солнце)은 모두 《светлый》와 함께 사용됩니다. 빛과 여명과 태양은 모두 빛나는(светлые) 것이지만, 깃발(бунчук)과 새(птица)는 하얀색(белый)으로 표현되는데, 이는 그들이 밝긴 하지만 스스로 빛을 내지 않기 때문입니다.

『이고리 원정기』의 저자를 둘러싼 세상은 이상한 색의 세계였습니다. 무채색이면서도 회색-흰색-검정(серо-бело-черный)의 풍부한 색조의 음영으로 장식된 배경 속에 다양한 명암과 내부의 '빛남'이 뚜렷이 대비되면서, 선명한 양귀비처럼 빨간색이 활짝 피어나지만, 초록색은 아직은 현실의 속성을 묘사할 뿐입니다. 마치 '은빛 물줄기'(серебряные струи)가 은(серебро)의 색이고, '피빛 여명'(кровавые зори)이 피(кровь)의 색을 띠는 것처럼, '초록 나무'(зеленое дерево)와 '초록 풀'(зеленая трава)에서 초록은 실제 나무와 풀의 색입니다.

이 시기 언어에는 주황색(оранжевый), 주홍색(алый), 적갈색(рыжий), 자주색(малиновый), 노란색(жёлтый), 초록색(зелёный), 담청색(голубой) 등을 나타낼 수 있는 단어가 없었습니다. 그러나 언어는 이미 색을 명명하는 방법을 찾아냈고, 얼마 지나지 않아 이 방법이 유용하게 사용됩니다. 계피색(коричневый)은 계피(корица)의 색이고, 산딸기색(малиновый)은 산딸기(малина)의 색, 즉, 산딸기의 고유한 색 자체를 가리킵니다. 결국 인간은 자신을 둘러싼 주변 세계의 다채로운 색감을 언어를 통해서만 전달할 수 있습니다.

여러분은 민속 작품에서 다양한 생물과 사물에 부여된 색상 표현이 제한적이라는 것이 놀랍지 않으셨나요? 민요와 영웅서사시에서 드레스, 의복, 셔츠, 천막 등, 모든 종류의 옷은 오직 흰색과 검은색 2가지로만 나옵니다. 흰색은 보통 선량한 청년과 연관되며, 그는 항상 기쁨에 차 있습니다. 반면 검은색은 '사악한 적'(злой ворог)과 관련되며, 항상 삶의 슬픈 상황을 동반합니다. 다음과 같은 대비를 비교해 보세요. 검은 구름(черное облако) — 흰 눈(белый снег), 검은 까마귀(черный ворон) — 흰 돌(белый камень), 검은 대지(черная земля) — 흰 씨앗(белый сеет) 등. 또한 붉은색은 '붉은 의자'(черленый стул), '붉은 현관'(черлено крылечко), '붉은 깃발'(черлены стяги)이 가능하고, 초록색은 오직 '초록 풀'(зелена трава), '참나무'(дуб), '나무'(древо) 등 초목의 색을 나타냅니다. 이러한 색에 대한 개념은 『이고리 원정기』에서도 동일하게 나타나며, 당시의 색채 인식이 오늘날까지 전해지고 있습니다. 현대 시작품에서도 이 3가지 색에 대한 애착이 유지되고 있습니다. 대부분의 시인들에게 검은색(черный), 빨간색(красный), 흰색(белый)은 가장 우선적이며, 이 색들의 상징성이 오랜 세월 동안 확립되어 굳건히 유지되고 있습니다.

빨간색(Красный)은 '아름답다' 는 뜻이지만 세속의 '아름다움' 을 의미합니다. 교회 문헌의 작가는 붉은 색상을 표현하기 위해서 이 단어를 선택하지 않았을 것입니다. 왜냐하면 교회에서 붉은색은 지옥의 색(цвет ада)

으로 여겨졌기 때문입니다. 세속의 인식과는 반대로 이 색의 상징성은 긍정적 아니라, 부정적 의미를 갖습니다. 때로는 색의 상징성이 다른 언어로부터 차용되어 기존의 익숙한 유형에 맞게 변형되기도 했습니다. 예컨대, 슬라브인들의 동쪽 이웃들도 흰색과 검은색에 대해 슬라브인과 비슷한 상징적 의미를 갖고 있었습니다.

동슬라브인들도 다른 슬라브인과 마찬가지로 흰색과 검은색을 비슷하게 인식했습니다. 하지만 1250년 갈리치아 공후 다니일(Daniil)이 바투(Batu) 칸의 본거지을 방문했을 때, 그는 의례적으로 쿠미스(кумыс)를 마셔야 했습니다.

> Данило!.. Пьеши ли черное молоко, наше питье, кобылий **кумузъ**?
> Пришлось пить: 《О! злее зла честь татарская》."
> 다니일이여! 그대는 우리의 검은 젖, 쿠미스(말젖 발효주)를 마시겠는가? 그는 마셔야 했습니다. "오! 세상에서 가장 고약한 것이 타타르의 예법이로다!"

말젖은 소젖처럼 흰색인데도 그곳 사람들은 그것을 '검은색'이라고 합니다. 연대기 작가는 튀르크어의 표현을 직역했는데, 여기서 '검은색'(черный)은 강하고(крепкий), 발효된(хмельной) 것을 의미했습니다. 그러나 이 단어의 비유적 의미는 러시아어에서 정착되지 않았습니다. 이는 러시아인의 의식에 익숙하지 않았을 뿐만 아니라 (발효된 것이 항상 나쁜 것은 아닙니다) 러시아어에서 검은색이 갖는 전통적 상징 체계에도 부합하지 않았기 때문입니다. 만약 '검은 젖'(черное молоко)을 불결하고

(поганое) 부정한(нечистое) 것으로 해석해 보면, 이야기는 달라지고 모든 것이 명확해집니다. 고대 러시아인들의 관념에서 '검은색'(черный)이라는 단어는 '진짜의'(настоящий), '진정한'(подлинный)이라는 비유적 의미도 갖고 있습니다. 즉, 눈으로 볼 수 있고, 실제로 존재하는 것을 말합니다. 검은색은 대지의 색이자 현실의 색이기 때문에, 모든 시대에 걸쳐 일관되고 유일한 색으로 견고하게 남아 있습니다.

다른 색상들에 대한 상징성은 슬라브인들에게 훨씬 나중에 나타났습니다. '노란색'(желтый)이라는 단어는 거의 사용되지 않았는데, 이는 슬픔의 색(цвет скорби)이었기 때문입니다. 이교도-슬라브족의 동화에서 тридевятое царство(서른아홉땅 너머 아득히 먼 왕국), 즉, 저승(царство мертвых)은 노란색으로 묘사되고, 그 입구를 지키는 용(змей)도 노란색입니다. 고대의 그림에서도 그 용은 노란색으로 그려졌습니다. 새로운 색들, 예컨대 파란색, 주황색, 보라색은 그 상징성이 불안정하고 임의적인데, 이 색상을 가리키는 단어들이 새로운 단어라는 명확한 증거입니다.

시간이 흐르면서, 복잡하고 모순된 색과 색조의 세계로 시종일관 발걸음을 내디뎠던 인간을 따라 우리의 언어에도 색상을 나타내는 단어 체계가 점진적으로 발전해 나갔습니다.

고대 러시아인의 단순한 색감의 세계를 비판하지는 맙시다. 많은 측면에서 그의 안목이 현대인보다 정확하고 풍부했다고 할 수 있습니다. 현대에는 특정 색의 강도, 음영, 색조를 묶어서 하나의 단어로 명명합니다. 때문에 오늘날에는 이러한 색감을 표현하는 단어들이 필요 이상으로 많아졌고, 어두운 빨강(темно-красный), 밝은 빨강(светло-красный)과 같이 추가적인 단어들의 도움이 필요하게 되었지요. 하지만 과거에는 《червленый》,《чермной》,《багряный》,《синий》와 같이 훨씬 간결하면서도 정확한 색상 표현이 가능했습니다. 이 단어들만으로도 빨간색이 밝은지 어두운지, 빛을 반사하는지 아닌지, 짙은 톤인지 흰색이 섞여 있는지 바로 알 수 있습니다.

시대마다 사물을 보는 관점이 다른 것이지요.

네 번째 이야기

시간이 아직 시각이 아니었고, 여름이 아직 계절이 아니었던 시절의 달(月) 형제들에 대하여

О БРАТЬЯХ-МЕСЯЦАХ В ТЕ ГОДЫ, КОГДА ВРЕМЯ ЕЩЕ НЕ БЫЛО ЧАСОМ, А ЛЕТО — ВРЕМЕНЕМ

처음에는 단어의 수가 무한한 것처럼 보입니다. 수백, 수천 개의 단어들이 긴 열을 지으며 사전의 안개 속으로 멀어져 갑니다. 그러나 이것은 단지 그렇게 보일 뿐입니다. 가장 간단한 관찰만으로도 이러한 인식을 반박할 수 있습니다.

단어들은 바구니 속의 과일처럼 사전 속에서 무질서하게 쌓여 있는게 아닙니다. 그들은 체계적으로 정리되어 있으며, 의미적 유사성이나 상호 관련성에 따라 연결되어 있습니다. 인간 활동의 특정 영역을 다루거나 우리를 둘러싼 세계의 특정 부분을 반영하는 단어들은 서로 밀접한 어휘적 또는 의미적 관계를 형성하며, 항상 구체적으로 쉽게 파악할 수 있는 어휘-의미적 그룹(лексико-семантические группы)을 형성합니다. 그리고 이러한 그룹에는 명확한 경계가 있습니다. 가령, 다음과 같은 어휘-의미적 그룹의 한 예를 봅시다.

전투(бой) — 격투(драка) — 군대(рать) — 전쟁(брань) — 병력(сила) — 연대(полк) — 전투(битва) — 결전(сражение)...

이러한 단어 목록은 단순히 단어들의 집합이 아닙니다. 여러분이 현대 러시아 문학어(современный русский литературный язык)를 알고 있다면 이 단어들이 갖는 항시적 상호 관계를 파악할 수 있을 것입니다. 첫째, 일부 단어들은 고어로 보일 수 있습니다. 예를 들어, 《рать》나 《полк》는 과거에는 '전투'(битва), '결전'(сражение)의 의미로 사용되기도 했고, 『이고리 원정기』에서와 같이 '군사원정'(военный поход)을 뜻하기도 했습니다. 둘째, 다른 단어들은 과거와 비교했을 때 그 의미가 변화되기도 했습니다. 예컨대 《брань》은 과거에는 '전투'를 의미했지만 현대에는 '욕설'을 뜻합니다. 셋째, 일부 단어들은 특정 어결합에서만 사용되었습니다. 가령 《вооруженные силы》(무장 세력)은 과거 한때는 《полк》라 불렸고, 훗날에는 《рать》라고 불렸으며, '전투에 참여하는 모든 병력'을 의미했습니다). 넷째, 몇몇 단어들은 여전히 언어에 남아 있지만 특정 상황에서만 사용되며, 각각의 단어는 고유한 문체적 특성을 가지고 있습니다. 예를 들어, 《бой(전투) — драка(격투) — битва(전쟁) —

сражение(결전)》같은 단어들은 모두 같은 개념이지만, 각각의 상황에 맞게 다르게 표현되어야 합니다. 즉, 소규모 전투(**бой** местного значения) — 스탈린그라드 전투(**битва** под Сталинградом) — 전쟁의 향방을 결정한 교전(**сражение**, решившее исход войны)과 같은 식으로 말입니다.

이미 간단한 고찰만으로도 제시된 단어들에서 역사성(историзмы), 고어성(архаизмы), 유의어(синонимы), 다의성(многозначность слова), 비유성(переносное значение слова) 등을 식별할 수 있습니다. 각 단어는 고유한 특성을 가지며, 특정 맥락에서만 사용될 수 있습니다. 따라서 각 단어는 자체적으로 고유한 체계를 가집니다.

어휘의 변화는 단순히 누군가가 이전 단어를 '아름답지 않다', '부적절하다', 또는 '중요하지 않다'고 생각했기 때문만은 아닙니다. 기존 단어들 간의 관계가 변화하거나, 어휘 체계 자체가 변화했기 때문이며 이러한 변화는 매우 빈번하게 나타납니다. 변화를 가장 명확하게 보여주는 것이 바로 내부적으로 닫힌 개별적 어휘 체계(внутренне замкнутая частная система)입니다. 이 체계는 단지 일부 단어가 변하는 바뀌는 것이 아니라, 전체적으 변하는 것이며, 그 변화는 점진적으로 일어납니다.

여러분 모두가 '**12달 형제**'(**братья-месяцы**)에 대한 동화를 알고 있을 것입니다. 왜 형제는 정확히 12명이었을까요? 더 많을 수도 있고, 더 적을 수도 있었을 텐데요. 달(月)을 어떻게 계산하느냐에 따라 다릅니다. 일부 민족은 한 해를 10개의 달로 나누었고, 다른 민족은 12개나 13개의 달로 나누었습니다. 하지만 슬라브인들에게는 항상 12개의 달이 존재했습니다. 좋습니다. 이제 이 12달을 언어 체계 변화의 예로 들어보기로 하지요.

12달은 〈내부적으로 닫힌 개별적 체계〉의 변화를 고찰하기에 매우 유용합니다. 체계라고 하는 이유는 달들이 엄격한 순서에 따라 이어지기 때문입니다. 동화 속 가난한 의붓딸이 '아네모네'(подснежники)를 원했을 때, 젊은 3월(март)은 즉시 소매를 휘둘러 꽃을 피우지 않았습니다. 먼저 겨울의 달들(зимние месяцы)이 모두 다 지나가고 나서야, 시간이 3월의 차례에 이르렀습니다. 시간은 동화에서조차 건너뛸 수 없는 법이니까요!

달(months)들은 일정한 순서로 배열되며, 각각의 달은 자연의 어떤 변화와 연결되어 있습니다. 예를 들어, 3월(март)을 '아네모네의 달'(подснежничек)이라고 부를 수 있을 것입니다. 매우 밝고, 부드러운 이름이지요. 눈 아래 시냇물이 흐르고, 새들이 노래하는 봄입니다!

그러나 멀고 먼 그 옛날, 이교도(язычник)는 사실 눈에 잘 띄지도 않는 아네모네에는 별로 관심이 없었습니다. 그는 자연과 싸우고, 또 자연과 친구가 되었으며, 제때 씨를 뿌리고, 곡식을 거두고, 풀을 베고, 가축을 키워야 했습니다. 짧은 여름 동안 해야 할 일들이 많았습니다. 여름(лето)은 태양의 움직임에 따랐고, 사람은 태양에 맞춰 살아갑니다. 그는 '그늘진 곳'(усолонь), '태양을 따라서'(посолонь: 동에서 서로) 같이 태양과 관련된 표현들이 많았습니다. 그의 모든 신앙과 징후들은 태양과 연결되어 있습니다. 봄이 되면 그는 태양을 닮은 둥글고 뜨거운 **콜로복**(колобок) **9)**을 구워 그것을 손으로 찢어 사람들과 나누어 먹으며 모두의 마음속에서 태양이 불타오르기를 기원했습니다. 가을이 되어 곡식을 거두면, 그는 알록달록 빛나는 깃털을 가진 수탉을 잡아 그 피로 땅을 적시며 태양이 다시 빨리 돌아오기를 기원합니다. 그리고 그는 태양을 기준으로 고된 농민의 삶에서 중요한 모든 농사일을 고려하여 자신의 달력을 만들었습니다.

그의 달력에서 3월(март)은 '아네모네의 달'(подснежничек)로 불리지 않았습니다. 3월은 '**수히이**'(**сухый**, 건조한 달)였습니다. 러시아 자연을 잘 아는 작가 미하일 프리슈빈(Михаил Пришвин)이 3월을 '물의 봄'(весна воды)이라고 불렀다는 점을 생각하면 이 계절을 '건조한 시기'라고 하는 것은 물론 이상하게 들릴 수 있습니다. 그러나 고대의 농부는 봄의 아름다움에는 무관심했고, 그의 관심은 오로지 미래의 수확(урожай)에 있었습니다. 그는 숲으로 가서, 자신이 베어낸 나무와 덤불이 태양 아래

---

9) 콜로복(колобок)은 어원상 коло(원, 둥근) + -бок(작은 덩이)로 '둥글고 작은 빵'을 뜻한다. 러시아 민속 동화 『콜로복(Колобок)』은 노인이 밀가루 반죽을 둥글게 빚어 구운 동그란 빵 〈콜로복〉이 스스로 굴러다니며 숲 속의 동물들을 피해 다니다 결국 여우에게 잡아먹히는 줄거리의 이야기이다. 주로 구어체에서 요리조리 빠지고, 잘 피하는 인물에 대한 풍자적 표현으로 사용되기도 하고, 때론 비유적으로 귀엽고 동그란 사람에게 농담 삼아 '콜로복'이라 부르기도 한다. (역자 주)

서 어떻게 마르는지 지켜보았습니다. 그리고 충분히 말랐다고 판단되면, 그는 그 자리에서 나무를 불태워, 땅을 비옥하게 하고 농사 준비를 마쳤습니다. 이 일이 끝나면 다음 달, 즉 '베레조졸'(березозол, 자작나무 재의 달)이 찾아왔습니다. 이달(4월)은 불태운 자작나무의 재가 땅을 비옥하게 하고, 그 땅에 씨앗이 뿌려지던 시기였습니다. 봄의 세 번째 달(5월)인 이 시기에는 씨앗이 싹을 틔워 작은 초록 풀들이 돋아났기에, 이달을 '트라벤'(травень, 풀의 달)이라 불렀습니다. 그다음 달(6월)은 베짱이(кузнечик)와 매미(цикада)의 명칭을 따서 '이조크'(изок, 베짱이와 매미의 달)라 불렀습니다. 그래서 "베짱이가 노래하면 풀을 베어야 할 때다."(распелись кузнечики — пора косить сено)라는 속설이 있었습니다.

그다음에는 '체르벤'(червень, 붉은 달)이 찾아옵니다. 이달(7월)에는 채소가 자라고 과일과 열매가 빨갛게 영글었습니다. 하지만 곡식은 아직 이삭 속에서 여물어 가고 있었습니다. 그리고 '체르벤'(7월) 다음 달인 '자레바'(зарева, 여명의 달)의 끝자락이 되면 사람들은 낫을 들고 들판에 나가 가장 중요한 일인 곡식 수확을 시작했습니다. 이달(8월)과 관련된 축제가 많았습니다. 봄보다도 더 많은 축제가 열렸지요. 이달이 녹색 희망의 시기가 아니라, 성숙한 결실의 시기였기 때문입니다.

첫 가을바람이 불어오고 가을비가 내리기 시작하는 이달(9월)의 이름은 '루인'(руин)입니다. 이 고대 이름을 번역하기 위해서는 '바람 부는 달'(ветреный), '거센 바람의 달'(ветрило), '울부짖는 바람의 달'(ревун) - 이 모든 단어가 가을바람이 세차게 부는 달을 지칭하는 '루인'(руин)이라는 이 고대 단어를 번역하기에 적합할 것입니다.

나무에서 잎이 무성하게 떨어지는 달(10월)은 '**리스토파드**'(листопад, **낙엽의 달**)입니다. 그리고 밤마다 땅이 얼고, 모든 것이 죽어서 무더기로 굳어져 쌓여 가는 달(11월)은 '**그루덴**'(грудень, **퇴적 더미 달**)입니다. 그다음, 첫서리가 내리고 모든 것이 얼어붙는 이달(12월)은 '**스투데니**'(студеный, **차갑게 굳은 달**)입니다. 그 다음, 그저 얼어붙는 것만이 아니라, 눈보라(мороз)가 휘몰아치고, 숲과 집, 경작지, 얼굴, 손이 얼어서 자주빛으로 빛나는 이달(1월)이 바로 '**프로시네츠**'(просинец, **푸른 서리 달**)입니다.

다음 달이 되면 추위가 약간 풀리기 시작합니다. 이달(2월)은 농사력의 마지막 달인 '**세첸**'(сечень, **숲을 베는 달**)입니다. 'сечень'(2월)은 한쪽 눈으로는 겨울을 바라봅니다. 여전히 차가운 겨울바람이 불어옵니다. 다른 눈은 이미 봄을 향해 있습니다. 농부들은 옷을 두툼하게 입고 숲으로 향합니다. 옛 밭은 메말라서 곡식을 적게 내기 때문에 새로운 밭을 준비해야 합니다. 온 가족이 숲을 베어내고, 울창한 덤불을 잘라내며, 봄을 준비합니다. 자작나무에 봄의 수액이 오르기 전에 모든 준비를 마쳐야 합니다. 그리고 다시 '**수히이**'(сухий, **건조한 달, 3월**)가 찾아옵니다.

농사의 순환 주기(крестьянский цикл)가 완성되었고, 우리의 명명 체계도 자연스러운 경계를 이루게 되었습니다. 이 체계는 단순히 내부적으로 닫혀 있을 뿐만 아니라, 농민의 삶과 매우 밀접하게 연결되어 있으며, 그 삶 속에서 탄생한 것입니다. 삶의 리듬, 의미, 내용이 변화함에 따라 달력 체계도 변화했습니다.

여기서 왜 고대 루스인의 새해가 3월에서 9월로 바뀌었으며, 왜 표트르

1세 이후엔 새해의 시작이 1월로 옮겨졌는지에 대해서는 논하지 않겠습니다. 또한, 연도의 계산법(летоисчисление)과 관련된 기상학적, 지리적, 물리적 문제들에 대해서도 논외로 하겠습니다. 대신, 우리들의 고유한 어휘 체계, 내부적으로 닫힌 개별 체계를 분석해 보려 합니다. 여기에도 충분히 복잡한 점들이 많으니까요.

   실제로, 현대 러시아어에는 앞서 언급한 고대 달력의 명칭들이 하나도 남아 있지 않습니다. 그 대신, 고대 로마의 신들과 황제들의 이름에서 유래한 라틴어 기원 단어들이 사용되고 있습니다. 이는 국제적인 용어를 지향하고자 하는 보편적인 경향으로서, 이러한 경향은 〈내부적으로 닫힌 어휘 체계〉가 특정 단계에 도달하면 나타나는 현상입니다. 즉, 단어와 그것이

가리키는 실제 삶의 요소 간의 내적 관계가 사라지는 시점에서 이러한 변화가 일어납니다.

농사의 연중 주기는 상인이나 수도사에게는 의미가 없었고, 심지어 도시의 장인들에게조차 더 이상 중요하지 않게 되었습니다. 사회가 복잡해지고, 새로운 사회 계층이 계속해서 등장함에 따라, 지역적인 명명 체계를 국제적인 체계로 대체할 가능성이 생겼습니다. 그리고 이 가능성은 18세기 초 표트르(Петр I) 대제의 개혁 이후 현실이 되었습니다.

고대 달(月)의 명칭들은 일부 슬라브어에서도 여전히 보존되었습니다. 가령, 우크라이나어에서는 '**세첸**'(січень)이 2월이 아닌 1월을 지칭했고, '**베레젠**'(березень)은 4월이 아닌 3월을 뜻했으며, '**체르벤**'(червень)은 7월이 아닌 6월을 나타내며, '**리스토파드**'(листопад)도 10월이 아니라 11월을 뜻하고, '**그루덴**'(грудень)이 11월이 아닌 12월을 의미했습니다. 또한 우크라이나 방언에서 '**프로시네츠**'(просинец)라는 단어는 1월이 아니라 12월을 의미하기도 합니다. '**트라벤**'(травень)은 여전히 5월(май)과 연결되어 있습니다. 그러나 다른 달들은 이름이 변경되었습니다. 2월은 16세기부터 '**류틔**'(лютый, 맹추위의 달)라고 불렸고, 4월은 14세기부터 '**크비텐**'(квітень, 꽃이 피는 달)으로 불렸습니다. 7월은 '**리펜**'(липень)이라 불렸는데, 이는 '보리수나무가 꽃 피우는 시기'이기 때문입니다. 8월은 '**세르펜**'(серпень)으로 불렸고, '곡식을 수확하는 시기'라는 의미입니다. 9월은 '**베레센**'(вересень)로 불렸는데 '**베레스크**'(вереск, 히스꽃)가 피는 달이기 때문입니다. 10월은 '**조브텐**'(жовтень)이라 불리는데, 이는 '잎이 노랗게 물드는 시기'이기 때문입니다. 이처럼 우크라이

나아에도 우리의 공통 조상으로부터 물려받은 고대 달(月)의 명명 체계가 변동을 겪었습니다. 우선 자주 사용되지 않은 고어들은 달(月) 이름으로도 더 이상 사용되지 않게 되었습니다. 가령, 이조크(ізок), 자레우(зарев), 루인(руїн), 그리고 2월에 대한 모호한 명칭인 '수히이'(сухий, 건조한 달)등이 그러합니다.

이러한 변화는 자연스러운 것입니다. 왜냐하면 **우크라이나어** 명명 체계의 전체적인 의미는 여전히 본래의 고유한 슬라브적 개념 체계를 유지하고 있기 때문입니다. 즉, 각 달(月)의 이름은 실제로 농업과 연관되거나, 적어도 자연 현상들과 관련되어 있어야 합니다. 따라서 오래되고 잊혀진 단어들은 그것이 어떤 체계에서든, 심지어 〈내부적으로 닫힌 체계〉에서조차도, 그것을 대신할 대체 단어가 있는 경우에만 사라집니다. 예를 들어, '**크비텐**'(квітень)은 14세기부터, '**류티이**'(лютый)는 16세기부터, 다른 달의 명칭들은 그보다 더 늦게 사용되었습니다. '**조우텐**'(жовтень)이 옛 우크라이나어 '**파즈데르니크**'(паздерник, 짚, 삼대) 대신에 사용되기 시작한 것은 불과 백 년도 채 되지 않았습니다. 현대 벨로루시어에서 10월을 '**카스트리치니크**'(кастрычник, 삼대)로 칭하는 것과 비교해 보세요.

달의 이름이 바뀌는 과정은 점진적으로 이루어졌으며, 한 세대 안에서, 또는 모든 달(月)의 명칭이 동시에 바뀌지는 않았습니다. 상상해 보세요, 만약 번역이 불가능한 슬라브어 명칭이 여전히 남아 있는 상태에서 모든 달의 이름이 한꺼번에 변경된다면 얼마나 큰 혼란이 발생했겠습니까!

그렇지만 혼란이 전혀 없었던 것은 아닙니다. 예를 들어, '**세첸**'(сечень)은 2월이 아닌 1월을 의미했습니다. 이러한 혼란에는 한 가지 일관된 특징이 있습니다. 바로 체계적이라는 점입니다. 달의 이름이 한 달씩 앞뒤로 이동했지만, 이 이동이 항상 인접한 달 사이에서만 이루어졌다는 것을 쉽게 알 수 있습니다. 예를 들어, 봄에는 달 이름이 뒤로 이동했고, 가을에는 앞으로 이동했습니다. 물론, 우크라이나에서는 과일이 러시아 북부(노브고로드 근교) 지역보다 더 빨리 익었고, 낙엽이 지고 서리가 오는 시기는 약 한 달 정도 늦었습니다. 이 체계는 여전히 실제 자연의 세계에 맞추어져 있습니다.

아마도 오래전에는 러시아의 공통 달력 체계의 기준이 남부 루시(Русь) 지역이 아니라 중앙 루시(Русь)였을 것입니다. 그러나 12세기 이후, 달 명명 체계가 〈내부적으로 닫힌〉 우크라이나만의 고유 체계로 변하면서, 현실적인 달력에 따라 자연스러운 이동과 조정이 이루진 것입니다. 예를 들어, **우크라이나어**의 '리펜'(липень, 보리수꽃이 피는 달)은 7월(июль)과 연결되어 있지만, **세르비아어**에서 '리펜'(липень)은 6월(июнь)과 연관되어 있습니다. **유고슬라비아**에서는 보리수나무가 키예프(Киев)보다 일찍 꽃을 피우기 때문입니다.

이러한 이동의 일반적인 근거는 고대 달력의 일수가 현재 달력의 구성과 일치하지 않기 때문일 수도 있습니다. 과거의 달들은 '구력'(старый стиль)에 따라 운영되었으며, 현재보다 약 반달 정도 늦었습니다. 그래서 갑자기 '세첸'(сечень)의 절반이 '수히이'(сухий)에 포함되는 등의 변화가 일어난 것입니다. 이처럼 어휘 체계는 현실 세계의 변화에 민감하게 반응했습니다.

러시아어에서는 비교적 이른 시기인 12세기부터, 민간에서 사용되는 달(月) 이름과 함께 교회 서적에도 새로운 명칭들이 등장하기 시작했습니다. 이 명칭들은 라틴어에서 유래하여 그리스어를 거쳐 도입되었고, 처음에는 발음도 완전히 낯선 외국식 표현처럼 들렸습니다. Януарий(1월), Февруар 또는 Февруарь(2월), Марот(3월), Априль(4월), Маи(5월), Иунь(6월), Иуль(7월), Аугуст(8월), Септемврий(9월), Октемврий(10월), Новембар(11월), Декембар(12월) 등 당시의 지식인들조차 이것이 정확히 어떤 달을 가리키는지 이해하지 못하는 경우도 있었습니다.

그래서 필사가들은 양피지의 귀한 공간을 아끼지 않고, 친절하게 상세한 설명을 덧붙였습니다. 가령《месяц **Януарь** рекомый просинец》(**Януарь**, 이른바 просинец),《месяц октемврий рекше листопадь》(**Октемврий**, 즉 листопад). 이러한 설명들은 17세기까지 계속되었고, 그때까지도 일반적인 단어로 재설명하는 방식은 변하지 않았습니다. '**рекомый**'(так называемый, 이른바), '**рекше**'(то есть, 즉), 그리고 나중에는 '**сиречь**'(так сказать, 말하자면)로 추가 설명하는 방식은 계속되었습니다.

그리고 이제《**сиречь**》라는 단어는 차용된 단어에 대한 새로운 태도를 보여주는 특징적인 징후입니다. 이전에는 슬라브식 명칭을 기준으로 삼아, 새로운 것을 슬라브어로 부연 설명했습니다:《декемъбар **рекомый** студеный》라는 표현은 "декабрь(12월)은 **이른바** 차가운 달(студеный)을 일컫는다"라는 의미였습니다. 그러나 15세기부터는 이러한 외래어에 대한 태도와 그 발음에 변화가 생기기 시작했습니다.《декабрь **сиречь** студеный》는 문자 그대로 "12월(декабрь)은, **말하자면**, 차가운 달

(студеный)"이라는 뜻입니다. 이것은 하나의 명명 체계에서 다른, 더 익숙한 체계로 번역하는 것이 아니라, 두 개의 동등하고 중요한 체계를 나란히 두는 것입니다.

그러는 동안 차용된 단어들의 복잡한 음절 조합들이 러시아식으로 변화했고, 일부 단어들은 짧아졌습니다(예: 《сентемврий》 대신 《сентябрь》를 사용). 이러한 단어들도 점차 러시아어 단어로 인식되기 시작했으며, 심지어 이 단어들에서 러시아어 접미사도 발견하게 되었습니다. 예를 들어, 《пах-арь》와 《янв-арь》에 동일한 접미사가 있고, 《невид-аль》과 《февр-аль》에도 동일한 접미사가 있습니다. 이처럼, 이전에는 낯설게 느껴졌던 외래어들이 이제는 러시아어의 일부로 자리 잡게 되었습니다.

이 단어들은 분명 러시아어 단어가 되었으며, 14세기부터 완전히 러시아어 어휘로 자리 잡았습니다. 그러나 이러한 단어들로 구성된 체계는 아직 완전히 러시아적인 것은 아니었습니다. 더 정확히 말하면, 러시아어만의 체계는 아니었습니다. 하나의 의미를 나타내는 두 개의 체계, 즉 옛 체계와 새로운 체계가 그 당시 동등한 권리로 공존하고 있었지만, 서로 다른 용도로 사용되었습니다. 이를 문체적 변형이라고 부르겠습니다. '**Январь**'(1월)와 그 형제들(다른 달의 명칭들)은 격식 있는, 장엄한 문체이며, '**Просинец**'(1월)과 그 형제들은 더 단순하고 이해하기 쉬운 일상적인 문체를 나타냈습니다.

17세기 말에 이르러, 러시아의 국가적 이해관계와 국제 무역 및 경제 무대에 진출할 필요성, 그리고 러시아 민족적 토대를 기반한 표준 러시아 문학어 형성의 필요성이 대두되고, 시간 개념에 대한 전통적인 농경 중심의 사고가 해체되면서, 이 모든 요인들이 얽혀 이제 모든 사람에게 공통되고, 당시 유럽 전역에서 사용되던 체계와 연결된, 하나의 통일된 명명 체계가 요구되었습니다. 여러 이유로 인해 번역된 문어체의 명명 체계가 승리하였고, 러시아 문학어 체계에서 자리 잡게 되었습니다. 덜 중요해진 두 번째 체계는 점진적으로, 그리고 어느 순간 갑자기 사라졌습니다.

'점진적으로'(постепенно)라는 것은 러시아의 여러 지역에서 동시에 이루어진 것이 아니라는 뜻입니다. 그러나 '즉각적으로'(сразу)라는 것은, 옛날 명칭들이 한꺼번에 사라졌다는 의미입니다. 예를 들어, 어떤 지역에서 **'프로시네츠'**(Просинец)가 사라지면, **'세첸'**(Сечень), **'수히이'**(Сухий), **'베레조졸'**(Березозол) 등 관련된 모든 명칭들도 함께 사라졌습니다. 이 명칭들은 달(月)을 표현하는 것이 유일한 목적이었기에 한 지역에서 특정 명칭이 사라지면 그들 '가족' 전체가 더 이상 쓸모가 없어졌던 것입니다.

'스투데니'(Студеный), **'수히이'**(Сухий), **'리스토파드'**(Листопад) 같은 단어들은 지금도 사용되고 있습니다. 하지만 이것은 그 단어들이 과거에 달 이름이었기 때문이 아니라, 그들이 여전히 폭넓은 의미를 지닌 오래된 단어들이기 때문입니다. 이 단어들은 단지 하나의 의미만 잃었을 뿐, 그 외의 의미들은 그대로 남아 있습니다.

체계(система)란 유사한 요소들 간의 상호 관계를 의미합니다. 이 요소들이 본래 어떤 특성을 가지고 있든, 또는 어떤 기원을 가지고 있든 상관없습니다. 이 요소들이 특정 기준에 따라 서로 연결되는 방식 자체가 체계를 형성합니다. 그 기준이 사라지거나 중요하지 않게 되면, 관계가 해체되고 더 이상 체계는 존재하지 않으며, 그 체계의 각 요소는 그 순간부터 서로 다른 방식으로 기능하게 됩니다. 어떤 요소는 새로운 관계에 들어가 새로운 체계를 형성하거나, 흔적 없이 사라집니다. 일면 '흔적 없이' 사라진 것처럼 보일 수도 있습니다. 그러나 어느 순간 그 요소가 다시 필요해지면, 다시 나타납니다.

《Вратарь》라는 단어는 원래 수도원의 입구를 지키는 '수도사'를 의미했습니다. 16~17세기에는 이 직책을 'Привратник'(문 앞에 서 있는 자)라는 단어로 표현하기 시작했습니다. 그 이유는 교회슬라브어에 익숙한 수도사들조차도 접미사 '-арь'가 붙은 《Вратарь》라는 단어가 구식으로 느껴졌기 때문입니다. 많은 시간이 흐른 뒤, 이 단어는 완전히 다른 체계,

즉 스포츠팀의 선수 명칭 체계에서 새로운 생명을 얻게 되었습니다. 하지만 이 단어는 오직 이 〈내부적으로 닫힌 체계〉 안에서만 사용되며, 다른 곳에서는 사용되지 않습니다. 《**Вратарь**》는 다른 많은 단어들과는 달리 오직 하나의 의미만을 가지며, 더 정확히 말하면, 단 하나의 관계만을 가지고 있습니다. 이 단어는 축구팀 선수 명칭 체계에서 '**골키퍼**'(голкипер)라는 외래어를 대체했습니다. 이 단어는 '**용어**'(термин)입니다. 어떤 단어가 다른 단어들과의 연결이 적을수록, 그 단어는 현실을 더 명확하고 일관되게 반영하며, 용어에 더 가까워집니다. 반면, 어떤 단어가 다른 단어들과의 연결이 많을수록 (삶과 텍스트 모두와의 연결 포함), 그 단어의 의미는 더욱 풍부하고 시적이며, 다양해져서 더 오랫동안 언어 속에 남아 있게 됩니다.

이제 여러분은 투르게네프(И. С. Тургенев)가 체계를 도마뱀에 비유하여 "체계는 도마뱀과 같다. 꼬리를 잡았다고 생각하면 꼬리가 떨어져 나가고, 새로운 꼬리가 자라나 새로운 체계가 시작된다"고 말한 것에 동의할 수 있을 것입니다.

요일을 나타내는 단어들도 내부적으로 닫힌 체계를 형성하지만, 달(月)의 명칭과는 달리 이 체계는 좀더 합리적으로 구성되어 있습니다. 요일들은 마치 고대 러시아 농부의 아이들처럼 첫째, 둘째, 셋째라고 불립니다. 물론, 정확하게 동일하지는 않습니다. 아이들의 이름은 'Первак'(첫째), 'Другак'(둘째), 'Третьяк'(셋째)이지만, 요일의 이름은 'Понедельник'(월요일), 'Вторник'(화요일), 'Среда'(수요일)입니다.

그렇다면 왜 한 주의 중간이 'Среда'(수요일)로 간주 될까요? 'Четверг'(목요일)이 중간의 역할에 더 적합하지 않을까요? 사실, 고대 슬라브인들에게 한 주(週)는 6일로 구성되어 있었으며, 그 순서는 다음과 같았을 것입니다. 'Неделя'(휴일), 'Понедельник'(Неделя 다음에 오는 날), 'Второкъ'(두 번째 날), 'Середа'(한주의 중간), 'Четвертокъ'(네 번째 날), 'Пятокъ'(다섯 번째 날). 당시에는 'Суббота'(토요일)는 없었습니다. 나중에 슬라브인들이 그리스인들로부터 새로운 '근로일'을 받아들였을 때, 그들은 이를 고대 히브리어 기원의 단어를 고대 그리스식 발음으로 《Суббота》라고 불렀습니다. 이 변화는 비교적 늦은 시기에 이루어졌지만, 교회 문헌에서는 이미 오래전부터 《Суббота》라는 단어를 찾아볼 수 있습니다.

교회에서는 《**Неделя**》를 그리스식으로 'Воскресенье'(휴일, 일요일)로 불렀습니다. 그러나 슬라브어의 경제적인 체계는 《Неделя》라는 단어를 포기하지 않고, 7일 주기의 '한주 전체'를 가리키는 일반 명칭으로 사용했습니다. 어원적으로 《Неделя》는 'не-дела'(일이 없는 날, 휴일)라는 뜻인데, 현대적 표현에서 《на неделе сделаем》이라고 하면 다소 이상하게 보입니다만, 실제로는 '주중 근무일에 일을 하겠다'는 뜻이 됩니다.[10]

---

10) 고대 달력의 달(月)들은 자연 현상이나 농업 활동과 관련된 고유한 이름을 가지고 있었다.
   Сухый (3월) – '건조한 달' – 자른 나무, 장작이 마르는 시기.
   Березозол (4월) – '자작나무 재의 달' – 자작나무 가지를 태워 땅을 비옥하게 하는 시기.
   Травень (5월) – '풀의 달' – 풀이 자라기 시작하는 시기.
   Червень (6월) – '붉은 달', – 과일이 붉게 익는 시기.
   Зарев (7월) – '여명의 달' – 곡물이 여명처럼 익어가는 시기.
   липень (8월) – '보리수나무 달' – 보리수나무가 꽃을 피우는 시기.
   серпень (8월) – '곡식을 베는 달' – 곡식을 베고 수확하는 시기.
   вересень (9월) – '히스꽃이 피는 달' – 'вереск'(вереск-히스꽃)가 피는 시기.
   руин (9월) – '바람 부는 달' – 가을바람이 세차게 부는 시기.
   жовтень (10월) – '노란 달' – 잎이 노랗게 물드는 시기.
   Листопад (10월) – '낙엽 달' – 나무에서 잎이 떨어지는 시기.
   Грудень (11월) – '퇴적 더미의 달' – 죽은 수목이 쌓여 퇴적되는 시기.
   Студеный (12월) – '강추위의 달' – 강한 추위가 오는 차가운 시기.
   Просинец (1월) – '푸른 서리의 달' – 서리가 내리고 추위가 절정에 이르는 시기.
   Сечень (2월) – '숲을 베는 달' – 농지 준비를 위해 숲을 베는 시기.
   이처럼 고대 슬라브인들은 달(月)을 자연의 변화와 농업 활동에 맞추어 이름을 붙였다. (역자주)

고대 루스인이
시간을 어떻게 이해했는가에 대하여

О ТОМ, КАК ПРЕДСТАВЛЯЛ СЕБЕ ВРЕМЯ ДРЕВНИЙ РУСИЧ

　아주 오래전, 고대 슬라브인들은 삶을 주(週)나 달(月)로 계산하지 않았으며, 지금 우리에게 익숙한 주간이나 연간 달력의 개념 체계는 존재하지 않았습니다. 가끔 고대 달력 기록에서 2월이나 11월이 누락된 연유를 이해하기 어렵습니다. 첫 번째 이유는 2월이 1월과 합쳐지고, 두 번째 이유는 11월이 12월과 합쳐졌기 때문이며, 따라서 각각의 두 달의 이름이 하나의 명칭으로 통합되었습니다. 그러나 우리는 시간을 주(週), 일(日), 시각(時刻)의 단위로 나누는 체계가 10세기 말에 그리스에서 슬라브인들에게 전해졌다는 사실을 분명하게 알고 있습니다. 교회 인사들과 국가 관료들에게는 이처럼 세분화된 시간 구분이 중요했습니다. 언제 어떤 예배를 드릴지, 언제 어떤 일을 할지 정하는 데 필요했기 때문입니다. 그리고 우리는 고대부터 슬라브인들이 《낮과 밤》, 《여름과 겨울》, 《1년과 1시간》, 《운명(рок)과 소명(участь)》, 《세기(век)와 시간(время)》과 같이 서로 연관된 개념들을 엄격하게 대조시켜 왔다는 사실도 알고 있습니다.

'시간'(время)이라는 단어는 '회전하다'(вертеть)라는 동사와 어원이 같으며, 원래는 공간의 변화와 관련되었습니다. 당시의 언어를 오늘날의 언어로 옮기자면, '시간'은 '회전기'(вертун)로 번역할 수 있습니다. 먼 옛날 우리 조상들은 팽이가 회전하는 것과 시간(계절)의 순환을 동일한 것으로 여겼습니다.

'세기'(век)라는 단어는 시간과 관련이 있지만, 이것은 세상이 아니라 사람과 연관된 개념입니다. 모든 관련된 슬라브어에서 이 어근은 '힘, 삶, 활동, 투쟁'을 의미합니다. 고대 슬라브어 텍스트에서 《век》은 '인간의 삶'을 뜻하며(векъ бо речеться и когождо человека житье), 이는 인간의 인생 주기, 특히 그의 정신적, 신체적 성숙과 활동적 시기를 나타냈습니다. 이에 대한 속담들도 같은 맥락을 반영합니다. 'Каковы веки, таковы и человеки' (세기와 사람은 서로 닮아있다) 또는 'Век живи — век учись' (배움은 평생이다).

'рок'(운명)과 'часть'(소명)도 서로 연결되어 있습니다. 심지어 현대 러시아어에서도 이 연관성이 인식됩니다. 《рок》과 《участь》는 모두 '운명'을 의미하지만, 사실 《участь》는 '소명' 또는 '몫'을 뜻하며, 때로는 러시아 민요에서 '달란트'(талан-доля, 주어진 몫)로 불립니다. 즉, 그것이 올지 안 올지, 그리고 인생에서 자신에게 주어진 '몫'(часть)을 선택하는 것이 바로 각 개인에게 달려 있다는 뜻을 내포합니다. 반면 《рок》은 숙명에서 비롯되어(с-рок) 자신에게 정해진 기한(срок)에 찾아오는 것이며, 때로는 혼자 존재하는 것처럼 보이기도 하지만, 그러한 경우 '운명은 머리를 찾습니다'(Рок головы ищет). 즉, 운명은 불행이나 재난을 가져다주기 위해 누군가의 머리 위로 떨어집니다. 후대에 이르러 일부 슬라브어에서는 《рок》라는 단어를 '시간'을 나타내는 개념으로 사용하기도 했습니다. 예를 들어, 우크라이나어에서 《рік》은 '시간'을 의미합니다. 그러나 러시아어에서 《рок》이라는 단어는 '인간의 통제를 벗어난 숙명'을 의미하는 단어로 남아있습니다.

《год》라는 단어는 원래 '결산의 시기'를 나타내는 단어로 사용되었습니다. 오늘날 《годится》라는 표현은 '일이 잘 되었다'는 뜻입니다. 남슬라브인과 서슬라브인들은 이 단어를 여전히 원래 의미로 사용하고 있습니다. 예컨대, 슬로베니아어에서 'god'라는 단어는 '시기'(пора), '추수절'(праздник зрелости), '결산'(итог)을 의미합니다.

《час》라는 단어도 작업 과정에서 기대되는 '결과'와 '결산'을 나타냈습니다. 《час》는 신속하고 즉각적인, 즉, 정확한 지점에서 이루어지는 행위를 수행하기에 '적절한 순간'을 의미합니다. 시간과 관련된 가장 오래된 다른 단어들이 모두 '공간적 이동'을 나타내는 것과 마찬가지로 《час》도 원래 공간적인 이동을 의미했습니다. 'Делу время — потехе час'라는 속담을 현대어로 번역하면 '일에는 시간이 필요하고 — 노는 것은 잠깐이다'라는 뜻입니다. 물론 이 번역은 어색하지만, 오래전, 이 속담을 만든 사람들이 부여한 의미를 정확하게 전달합니다. 이렇게 '시간'(время)과 '시각'(час)은 서로 매우 밀접하게 연결되어 있습니다. 《время》는 '장기간의 시간의 흐름'을 의미하고, 《час》는 '순간적인 시간의 흐름'을 의미합니다. 하지만 바로 이 때문에 《час》는 언제나 어떤 '결과'를 나타냅니다. 무한의 시간(время)과는 달리 《час》는 《век》나 《год》처럼, 어떤 구체적인 경계로 제한되고, 시작과 끝이 있습니다. 《век》은 '인생의 끝'을 나타내고, 《год》는 '노동의 끝'을 뜻하며, 《час》는 '기다림이 끝나는 순간'을 의미합니다.

낮과 밤, 겨울과 여름에 관해서는 상황이 훨씬 간단합니다. 이들은 매우 다른 현상이었으므로, 낮과 밤의 현저한 차이만큼이나 여름과 겨울을 함께 묶어 하나의 이름을 붙이는 데 시간이 걸렸습니다. 그리하여 '**сутки**'(하루)라는 단어는 16세기 말에서야 나타났으며, 'год'(년)가 현대의 의미로 사용되기 시작한 것도 그보다 조금 앞선 시기였습니다. 불과 얼마 전까지도 일부 러시아 방언에서 《**сутки**》라는 단어가 낮과 밤이 함께 얽히고, 서로 교차되는 시간, 즉, '황혼'(сумерки)을 의미하기도 했는데, 이는 낮과 밤이 만나 서로 얽히고 엮이는 시간으로 인식되었기 때문입니다. 실제로 《**сутки**》라는 단어는 'ткать'(직조하다, 엮다)라는 단어에서 유래합니다. 사실, 과거에는 '하루'(сутки)라는 개념이 없었기에, 대신에 《день》이라는 단어가 낮과 밤을 합친 시간, 즉, '하루'라는 의미로 사용되었습니다. 그 결과 《день》은 자연스럽게 다의어가 되었습니다.

'**День**'(낮)이라는 단어는 빛이 있는 시간, 노동의 시간, 여행길의 이동 시간, 그리고 남쪽(юг)을 의미합니다(한낮에는 태양이 남쪽에 위치하기 때문에). 낮과 밤의 실제적인 차이가 달력상의 형식적인 통일성보다는 훨씬 중요한 것으로 여겨졌으며, 일정한 시기까지는 달력상의 이러한 통일성이 아무런 실용적인 의미를 갖진 못했습니다.

이미 언급했듯이, 우리의 조상들, 즉 농경과 목축을 하던 사람들은 태양을 기준으로 달력을 만들었습니다. 계절의 명칭도 자연 현상과 직접적으로 연결되어 있습니다. 'Лето'(여름)라는 단어는 'лити'(붓다, 쏟아지다)라는 동사에서 유래했습니다. 여름은 비가 내리는 시기였고, 'зима'(겨울)는 눈이 내리는 시기였습니다. 이 두 단어는 여러 의미를 가지고 있었는데, 《лето》는 여름철(летнее время)만을 의미한 것이 아니라, 남쪽 방향, 삶의 특정 기간(몇 년), 그리고 год(년)을 뜻하기도 했습니다. 《Зима》는 겨울철(зимнее время)뿐만 아니라, 북쪽 방향, 눈(снег), 추위(холод), 오한(озноб) 등을 뜻했습니다. 반면에 'весна'(봄)와 'осень'(가을)은 항상 단 하나의 의미만을 가졌습니다. 봄과 가을은 이도 저도 아닌 중간 계절을 가리킵니다. 즉, 태양이 비추지만 아직 춥고, 반대로 태양이 비추지 않지만 따뜻하기도 합니다.

하루(сутки)가 빛이 있고, 노동이 가능한 낮(день)을 기준으로 명명된 것처럼, 15세기까지 러시아 연대기에서는 한해(год)를 《лето》라고 불렀습니다. **"В лето такое-то напали на Русь половцы..."**(어느 해, 폴로베츠인들이 루시를 공격했다...) 하지만 그 사건이 실제로 여름에 일어났다는 것이 아니라 '그해'에 일어났다는 뜻입니다. 겨울과 여름을 함께 포함하는 단어를 찾는 것보다, 《Лето》라는 단어로 365일의 1년 주기를 나타내는 것이 더 간단하게 여겨졌던 것이지요.

그러는 동안 《век》, 《год》, 《час》 같은 단어들의 원래 의미도 서서히 변화하고 있었습니다. 단어의 의미는 통상 변화를 하면서 다른 인접한 단어들과 서로 영향을 주고 받으면서 연결되거나, 반대로, 멀어지면서 그 의미가 확장되거나 축소되었습니다. 또한 그 단어들의 표현력과 사용 빈도도 변화했습니다. 이러한 단어들이 어떤 변화에 직면했든 간에, 그들에겐 공통된 점이 하나 있었습니다. 즉, 이 단어들은 모두 공통된 한 방향으로 의미가 변화해 왔습니다. 그 변화의 방향은 단어들이 서로 맺고 있는 관계에 의해 결정되었으며, 단 하나의 작은 변화라도 관련된 다른 단어들의 의미에 영향을 끼칠 수밖에 없었습니다. 즉, 같은 개념을 나타내거나, 혹은 정반대의 개념을 나타내는 단어들 사이에도 이러한 변화의 흐름이 반영되었습니다. 이러한 변화의 공통된 방향을 우리는 다음과 같은 표로 시각화할 수 있습니다.

время (вертун)

	век 생애 время изни	год 축제 기간, 결산 врмея раздника, итог	час 기대의 시간, 때 ожидаемое время, пора	рок 정해진 시간, 숙명 предопределенное время
1	⇩	⇩	⇩	⇩
2		일정한 기한 (определенный срок)		
	⇩	⇩	⇩	⇩
3		시간의 특정한 구획 (определенный отрезок времени)		
	⇩	⇩	⇩	⇩
4	천년, 백년	365일	하루(сутки)의 1/24	년(год)
	⇩	⇩		⇩
5	나이(возраст)	나이(возраст)		나이(возраст)　(운명)

고대 텍스트에서 각 의미에 대한 인용구를 찾을 수 있습니다. 다만, 우리 단어들의 의미 변화 시기는 서로 일치하지 않을 수 있으며, 때로는 여러 의미가 동시에 공존할 수 있습니다. 예를 들어, 《час》가 '하루의 24분의 1'이라는 의미로 사용되기 시작한 것은 《год》가 '365' 일을 의미하게 된 것보다 훨씬 이른 시기의 일이었습니다. 그리고 《год》와 《рок》은 서로 공존하며 경쟁하다가 결국 한 언어에서 하나만 남게 되었습니다. 그 결과 **우크라이나어**에서는 《рік》이 승리했고, **러시아어**에서는 《год》가 남게 되었습니다.

또한 중요한 점은 단어의 의미 변화는 항상 구체적인 것에서 추상적인 것으로 발전했다가 이후 다시 구체화 되는 과정을 거칩니다. 우선 세상에 대한 일반적인 개념 안에서는 운동(движение) 자체와 그 운동의 시간(время)이 하나의 개념으로 간주 되었고, 이 둘은 구분이 되지 않았습니다. 그러다가 시간이 사건을 규정하는 독립적이고 개별적 특징으로 인식되기 시작했고, 다양한 형태로 분화되었습니다. 이것이 바로 '생명의 시간', '축제의 시간', '기대한 시간' 이며, '신에 의해 예정된 시간' 입니다.

모든 시간은 반드시 어떤 고유한 기능을 가집니다. 즉, 일을 위한 시간, 축제를 위한 시간, 신을 위한 시간 등으로 나눕니다. 그 후, 사람들의 인식 속에서 어떤 시간적 구간의 경계성과 완결성에 대한 개념이 형성되면서, 이러한 각각의 '시간'은 일정한 구획으로 나뉘기 시작했습니다. 이러한 구획의 경계는 이후 시간적 구간을 '여기에서 저기까지' 라는 식으로 구체적으로 구분하는 데 도움을 줍니다. 여기서 더 나아가, 실제 시간의 구체적 구획의 범위를 한정하여 고대 슬라브어(가령, 'час', 'год', 'век' 와 같은)

단어들과 연결하는 데까지 이르게 됩니다. 나이(возраст)나 운명(судьба)같은 개념들은 사실상 '시간'과 관련된 단어에서 파생된 새로운 단어들에 부여된 비유적 의미입니다. 하지만 오늘날 이러한 단어들(나이, 운명)은 시간의 개념과는 관계없는 완전히 다른 체계에 속합니다. 현대인들은 이제 '운명'이라는 개념을 '시간'의 개념과 연결하지 않기 때문입니다.

옛 체계, 즉 기존의 단어 관계가 붕괴하고 새로운 체계가 형성된 것은 언제였을까요? 나는 **《век》, 《год》, 《час》, 《рок》**과 같은 어휘들이 특정한 시간의 구획을 나타내는 단어가 되었을 무렵이라고 생각합니다. 그러나 이 단어들이 정확히 어떤 시간의 단위를 의미하는지 아직 명확하지 않았던 시기였을 것입니다. 예를 들어, **《год》**가 아직 '365일'이라는 개념과 연결되지 않았고, **《час》**도 '하루의 24분의 1'이라는 의미와 연결되지 않았을 때입니다. 따라서 이 시기 이 단어들은 서로 교체되어 사용될 수 있었습니다. 고대 문헌을 보면 **《год》** 또는 **《година》**가 '시(時)'를 의미하거나, **《час》**가 '분(分)'을 의미하는 경우가 자주 나타납니다. 예컨대, 현대 우크라이나어에서는 'год-'라는 어근이 여전히 남아 있으며, **《година》**라는 단어가 '시(時)'를 의미합니다. 고대 러시아 문헌 『보리스와 글렙 이야기 (Сказание о Борисе и Глебе)』에서 **"герой проснулся рано и видел, яко год есть утренний."** (일찍 깨어나 보니 'год'가 아침이었다)라고 표현되었습니다. 이 11세기 텍스트를 현대러시아어로 어떻게 번역할까요? 아침 무렵이었다? 아침 시간이었다? 아침 때였다? 현대적인 모든 해석이 이 경우에 적합합니다. 왜냐하면 당시에는 시간에 대한 명확한 개념이 정립되지 않았기 때문입니다.

그렇다면 이제 '**пора**' (때)라는 단어에 대해 살펴봅시다. 이 단어의 본래 의미는 '**рок**' (운명)과 연관되어 있었습니다. 점차 시간이 지나면서, 특히 14세기 전까지 많은 단어들이 특정 기간, 즉 '때'를 의미했을 바로 그 무렵에 《пора》도 '시간'이라는 의미와 연결되기 시작했습니다. 《пора》와 《час》는 특히 밀접한 관계가 있었으며, 이는 많은 옛 속담들에 반영되어 있습니다. 'До поры, до часу' (때가 되기 전까지). 'Час придет и пору приведет' (시간이 되면 때가 온다), 'Придет пора — ударит час' (때가 되면 시계를 울린다). 'Часом с квасом — порою с водою' (어떤 때는 크바스와 함께, 때로는 물과 함께).

《пора》와 《час》라는 단어는 모두 '기간' (срок)을 의미했지만, 《час》는 순간적이고 빠른 움직임을, 《пора》는 더 긴 시간 동안의 지속된 움직임을 나타냈습니다. 이 차이점이 결정적인 역할을 했습니다. 결과적으로 '정확한 순간'을 나타내는 단어로 《час》가 사용되었고, 경계가 모호한, 불분명한 시간의 구획을 나타내기 위해 《пора》라는 단어가 사용되었습니다. 《пора》라는 단어는 우리 도표에서는 의미 확장의 세 번째 단계(시간의 특정한 구획)에 머물러 있습니다.

그래서 러시아어에는 '**Была та смутная пора...**' (그 혼란스러운 시기였다...)라는 표현이 남았습니다. 이는 과거의 어떤 시간의 지속성을 나타냅니다. 그리하여, 결국에는, 의미와 뉘앙스의 점차적인 변화 덕분에 우리는 현대 문학 러시아어에서 'век' (세기), 'год' (년), 'час' (시간)이라는 단어들을 얻었습니다. 보다 세분화된 시간, 즉 현대와 같은 빠른 삶의 리듬과 시계 바늘이 필수적인 시대의 시간 개념은 거의 표트르 대제 시대부터 자리 잡기 시작했습니다. 바로 이 시기에 러시아어에는 'секунда'(초)와 'минута'(분)라는 라틴어에서 유래한 단어들이 등장했습니다.

우리의 선조들이 세상과 자신에 대해 알게 된 모든 것들이 불멸의 언어를 통해 보존되었고, 우리에게 전달되었습니다. 덕분에 우리는 짧은 인생 동안 선조들이 걸어온 길을 다시 반복할 필요가 없습니다. 선조들이 터득한 지식을 이해하기 위해서는, 우리 생애의 첫 15년만으로도 충분합니다. 그리고 우리는 계속 앞으로 나아갑니다. 멀리, 매번 더욱더 멀리 전진합니다. 때로는 그것을 의식하지 못한 채.

하지만 새로운 세대가 등장할 때마다 언어는 새로운 세계에 대한 인식을 담아냅니다. 언어는 책의 지혜보다 더 경제적으로 삶에 대한 정보를 제공합니다. 언어에는 단순한 계산기의 건조한 정보가 없습니다. "세기는 100년과 같고, 1년은 12개월과 같으며, 한 달은 30일과 같고, 하루는 24시간, 1시간은 60분과 같다…" 이런 무미건조한 정보가 아닙니다! 대신에 "세기는 100년으로 이뤄져 있고, 1년은 365일로 구성되며, 하루는 24시간으로 구성된다."라고 표현합니다. 현대 러시아어에는 고대의 단어들과 그 의미들이 기묘하게 얽혀서 남아 있습니다. 《Лето》와 《год》,《день》과 《сутки》… 이 모든 단어들의 이차적인 의미들은, 고대의 원래 의미에서 현대적인 의미로 넘어가는 과정에서 생겨난 것들이며 오늘날에도 그로 인해 형성된 다양한 의미 변화의 흔적들이 여전히 남아 있습니다. 이들 중 많은 것(혹은 거의 모든 것)들이 옛 문헌이나 굳어진 관용 표현 속에서, 또는 여전히 살아있는 독립적인 단어로서 존재합니다. 언어는 더욱 정확해졌을 뿐만 아니라, 좀 더 형상적이고, 더 풍성하고, 아름다워졌습니다.

낯선 마을로 우리를 안내하는 베르스타에 대하여

О <ВЕРСТЕ>, КОТОРАЯ ПРИВОДИТ НАС В НЕВЕДОМЫЕ СЕЛА

이전 이야기들에서는 우리는 언어가, 특히 우리의 말이 아닌 일반적인 언어가 어떻게, 왜 변화하는지를 다양한 예시를 통해 살펴보았습니다. 이제 단어의 의미가 변화하는 과정을 더 잘 이해하기 위해, 다시 단어의 역사로 돌아가 보겠습니다. 이러한 변화도 나름의 일정한 순서를 가지고 있기 때문입니다.

우선, 현대에서 활발히 사용되지 않는 단어인 《верста》의 역사부터 시작해 봅시다. 이 단어에 대해 우리가 알고 있는 것은, 과거 미터법이 도입되기 전까지 **'베르스타'**(верста)가 길이의 단위로 사용되었으며, 이는

500 사젠(сажен), 즉 약 1.06km에 해당한다는 것입니다.

또한 푸시킨의 시구절 'Только вёрсты полосаты попадаются одне!' (단지 줄무늬가 있는 표지판들만 보인다)를 기억하고 있을 것입니다. 이 구절에서 《верста》는 길이의 단위로, 도로의 매 1.06km마다 세워진 줄무늬 표지판을 의미합니다. 물론, 이것은 《верста》가 500 사젠(1.06km)의 길이 단위였다는 원래의 의미가 확장된 것입니다.

반면, 《верстак》이라는 단어는 거리와는 관계가 없는 것으로 보입니다. 이 단어는 비교적 늦게 폴란드를 거쳐 독일어에서 차용된 단어로, 그 발음이 슬라브어의 《верста》와 우연히 겹쳤을 뿐입니다.

대신에 《сверстник》이라는 단어는 여전히 우리 언어에 남아 있습니다. 이 단어는 고대 《верста》와 매우 가까운 친척입니다. 《сверстник》은 '동갑내기'를 의미하며, 따라서 당신과 같은 연배, 당신과 같은 나이에 맞춰진 사람입니다.

이것이 현대 러시아어에서 우리가 수집할 수 있는 모든 정보입니다. 하지만 블라디미르 달(В. Даль)의 사전을 펼치면, 지난 세기의 러시아어 어휘적 풍부함이 축적된 것을 발견할 수 있으며, 이 단어의 수많은 의미가 여전히 러시아어에서, 혹은 일부 방언에서 보존되고 있음을 알 수 있습니다. 예를 들어,

'줄, 순서, 직선' (ряд, порядок, прямая линия)

'동갑, 친구, 한 쌍, 짝꿍' (ровня, дружок, пара, чета)

'같은 종류, 같은 부류' (одной масти)

'덩치 큰 사람, 멍청이'(верзила, болван)

과거 문헌에는 이 단어들이 여전히 살아있던 시대의 흔적을 발견할 수 있습니다. 또한 이들 중 일부는 고대 텍스트와 속담에서도 많이 찾아볼 수 있고, 블라디미르 달(В. Даль)의 사전에도 수록되어 있습니다. 예를 들어, "От млады версты возлюби ближних своих."(어린 시절부터 가까운 이들을 사랑하라.) 여기서 '**베르스타**'(верста)는 '어린 시절'이라는 의미로 사용됩니다. 고대의 작가는 동갑 친구에 대해서 "верста дивная, Ивань славный."(놀라운 친구, 멋진 이반)이라는 표현을 씁니다. 여기서 '베르스타'(верста)는 '동갑', '짝'이라는 의미를 갖습니다. 전통 민요에서 노인과 결혼하는 소녀는 "Стар добре, да не ровня мне, не под версту."(나이가 많고 착하지만, 나와 동갑도 아니고, 비슷한 연배도 아니라네) 라고 노래합니다. 이 표현에서 '베르스타'(верста)는 '동급, 같은 부류'라는 의미로 사용됩니다.

단어의 모든 의미를 순차적으로 배열하면, 우리는 단어가 지닌 역사의 외형적 윤곽을 가늠할 수 있습니다. 러시아 언어학자 포테브냐(А. Потебня)는 백여 년 전 이러한 연구를 수행했습니다. 우선, 그는 단어의 원래 형태를 복원한 후 그 초기 의미를 정의했습니다(즉, 단어의 어원을 밝혔습니다). 《Верста》라는 단어는 《лови-тва》, 《би-тва》, 《бри-тва》와 같은 접미사를 가지고 있으며, 처음에는 이 단어들과 유사하게 《верт-тва》라고 발음되었습니다. 이후 발음하기 어려운 이 단어가 음성적으로 단순화되어 《верства》, 그 후 《верста》로 변화했습니다. 슬라브어 단어 《верста》는 리투아니아어 《Barstas》와 어원이 같으며, 동일한 의미를 가지고 있었습니다. 즉, '쟁기의 방향 전환', '쟁기를 돌릴 때 만들어지는 고랑의 길이', '거리의 단위', '논밭의 측정 단위' 등을 의미했습니다. 보시다시피, 이미 고대부터 이 단어는 다의어였으며, 그 각각의 의미는 저마다의 방식으로 발전해 나갔습니다.

'쟁기의 방향 전환'(поворот плуга)이라는 의미에서 '고랑'(борозда)의 의미가 생겨났으며, 이 의미는 오늘날까지도 보존되어 있습니다. 예컨대 세르비아어의 《вpcta》는 '고랑'을 의미합니다. '고랑'이라는 의미에서 '직선', '일직선으로 늘어선 사물의 배열'이라는 의미로 확장되는 것은 자연스러운 과정입니다. 실제로 러시아 방언에서 《верста》는 '줄, 직선'을 의미합니다. В. 달(Даль) 사전에 따르면 'прогнать версту'는 '꿰매다, 실로 잇다, 연결하다'라는 의미를 가집니다. 세르비아어 단어 《врста》가 **'계급, 사회적 신분'**을 의미하게 된 것도 같은 맥락에서 이해할 수 있습니다. 그 후, 훨씬 나중에, '서로 동등하게 나란히 배열된 고랑'에서 유래하여 **'짝, 동등한 존재'**(пара, ровня)라는 의미가 생겨났습니다.

고대 러시아의 왕자 보리스(Борис)와 글레브(Глеб)는 블라디미르(Красное Солнышко, 붉은 태양) 대공의 아들들이었고, 친형제에 의해 비참하게 살해되었습니다. 사실 이들은 동갑(сверстники)이 아니었습니다. 글레브는 보리스보다 훨씬 늦게 태어났고, 공후의 가문에서 가장 아래 서열에 있었습니다. 그럼에도 불구하고 고대 러시아 문헌에서는 이들을 항상 '찬란한 한쌍'(светозарная верста)으로 불렀는데, 이것은 죽음 앞에서 이들이 '동등한 존재'로 여겨졌음을 알 수 있습니다.

시간이 흐르면서 '고랑의 길이'라는 의미에서 새로운 의미가 생겨났습니다. 《верста》는 점차 '거리 단위'를 나타내는 비유적 의미로 발전했습니다. 지역마다 차이가 있었지만, 《верста》는 항상 상당한 거리로 여겨졌으며, 500, 700 또는 1000 사젠(сажень, 다양한 길이 단위)으로 측정되었습니다.

《верста》는 **'고랑의 길이'**라는 의미에서 **'거리 단위 표지판'**(верстовой столб), **'장대'**(верзила), 즉 단순히 **'기둥'**(столб)을 뜻하게 되었습니다. 이후에 사람들의 인식 속에서 '도로의 길이'와 '인생의 길이'라는 개념이 겹쳐지면서 **'연령'**(возраст)이라는 의미도 생겨났습니다. 예컨대, 'от юны версты'(어린 나이부터), 'сверстник'(동갑내기)라는 단어에서 그 의미가 보존되고 있습니다.

이렇게 해서 동일한 단어의 의미들이 점차 분화 되었습니다. 일부 의미는 특정 슬라브어 군이나 방언 속에 남아 있지만, 다른 의미들은 완전히 사라졌습니다.

고대 러시아어에서는 동시에 여러 의미로 사용되었으며, 주요 의미와 부차적인 의미들이 공존했습니다. 그 당시 《верста》라는 단어는 다의어였습니다. 시간이 지나면서 덜 중요한 의미들은 사라지고, 그 자리는 다른 독립적인 단어들로 대체되었습니다. 그 결과, 《верста》는 점차 하나의 유일한 의미만을 가진 특정 용어(예: 19세기 문학어에서 거리 단위)가 되었습니다. 결국, 삶 자체가 이 단어의 운명에 강력하게 개입하게 된 것입니다. 도량형 체계의 변화, 미터법으로의 전환은 이 오래된 단어가 러시아어에서 완전히 사라지게 만들었습니다. 이제 우리는 이 단어를 시(詩)나 속담에서 가끔씩 떠올릴 뿐입니다.

이처럼 원래 생동감 있고 형상적이었던 단어의 의미가 변하게 됩니다. 처음에는 시적이고 표현성 있는 여러 의미들이 언어 속에서 꽃을 피우지만, 빈번하게 사용됨에 따라 예술적인 이미지는 점차 상투적인 표현으로 굳어집니다. 그러다 결국 그 단어는 용어가 되고, 결국 시간이 지나면서 그 용어조차도 필요 없어지게 되면, 흔적도 없이 사라집니다.

각 단어의 역사에서 중요한 것은 단어의 의미와 뜻이 끊임없이 점진적으로 구체화되는 과정입니다. 오래된 단어는 마치 구리 동전과 같습니다. 동전이 서서히 원래의 광택을 잃는 것처럼, 단어도 부차적이고 부가적인 의미들, 또는 우연적인 의미들을 하나씩 차례로 잃어가게 됩니다. 이런 부수적인 의미들 중 일부는 다시 말 속에서 반복적으로 나타나기도 하지만, 그때마다 매번 다시 사라지곤 합니다.

이러한 변화 양상을 이해한다면, 그 본질을 쉽게 파악할 수 있을 것입니다. 우리는 결국 가장 중요한 내면적 모순으로 다시 회귀하게 됩니다. 그것은 바로 모든 사람이 사용하는 공통의 언어(язык)와 우리 일상에서 사용하는 개인의 말(речь)사이의 내적인 모순입니다. 단어의 주요 의미, 그 본질적인 내적 의미 또는 체계화된 의미가 바로 언어(язык)의 실제입니다.

그러나 주요 의미 위에, 매일 그리고 각기 다른 상황 속에서 끊임없이 새로운 의미가 덧입혀집니다. 이 새로운 의미들은 기존의 주요 의미와 유사하거나, 비유적 의미일 수도 있고, 시적이고 형상적인 뉘앙스가 강조된 의미일 수 있습니다. 이것이 바로 우리 말(речь)의 실제입니다.

몇 가지 단어를 더 살펴보겠습니다. 이 단어들 역시 시간이 지남에 따라 매우 중요한 변화를 겪었으며, 그 변천 과정을 추적하는 것이 흥미롭습니다.

《Село》는 오늘날의 농촌 지역의 마을을 의미하는 단어입니다. 그런데 왜 'Село는 오늘날의 농촌 마을(сельское поселение)이다'라고 하지 않는 걸까요? 고대 슬라브 문자를 창제한 키릴과 메포지우스가 번역한 고대 텍스트에서는 이 단어(село)가 아직 일반적인 의미로 '들판'(поле), 즉, '숲이 아닌 곳'(то, что не лес)을 뜻했습니다. 그래서 당시(9세기)의 문헌에서는 《сельная трава》라는 표현이 충분히 가능했으며, 이는 바로

'들판에 자라는 풀'을 의미했던 것입니다.

좀 더 후대의 텍스트, 예를 들어 12세기 번역본에서는 《село》가 더 이상 일반적인 '들판'을 뜻하지 않고, 오직 들판의 경작된 구역, 즉 '경작지'(пашня)만을 의미하게 되었습니다. 이 번역본에서 《село》는 라틴어 단어 《ager-》에 대응되었는데, 이는 오늘날 여러분이 사용하는 단어들 агро-ном(농업 전문가), агри-культура(농업), аграрный(농업의)와 같은 단어들에서 찾아볼 수 있습니다. 이 단어의 의미가 점차 좁아진 것은 농업의 발전과 관련이 있으며, 농업에 유용한 들판의 특정 구역을 모든 사람이 공유할 수 있는 특별한 단어로 구분하기 위해 필요했던 것입니다.

그러나 같은 시기, 같은 문헌에는 라틴어에서 번역한 이 단어에 또 다른 의미가 부여됩니다. 가령, 12세기에 러시아 필사자가 양피지에 쓴 필사본을 보면, 여러 텍스트에서 다음과 같은 내용을 발견할 수 있습니다.

첫째, 《село》는 **'경작지'**(пашня)를 의미했습니다. 여기서 "селом токмо земльное имение оказается"(《село》는 단순히 소유지를 말한다)라고 기록하고 있습니다.

하지만 《село》는 농촌 공동체(сельская община)의 전체 '경작지'를 나타내기도 합니다. 이는 마을 공동체에 속한 모든 사람의 자산이며, 그들의 생계 수단, 즉 공동체 전체의 생사가 달린 중요한 문제였습니다. 그런데 어느 순간, 공동체의 일원이었던 누군가가 땅의 소유자가 되는데, 바로 봉건 영주입니다. 그래서 12세기 (이 시기에 러시아는 이미 충분히 발전된 봉건 국가였습니다) 번역본에서는 《село》가 라틴어 《ager》에 상응할 뿐만 아니라 《villa》와도 대응됩니다. 《Villa》는 사전 없이도 쉽게 '별장, 저택'으로 번역할 수 있습니다. 12세기 역자는 다음과 같이 기록합니다. 《один (из вассалов) просит **села**, а другой просит одежды》. 즉, "어떤 봉신(封臣)은 영지(поместье)를 원하고, 다른 이는 장신구를 원한다" 는 뜻입니다. 이처럼 농촌 생활의 사회적 조건이 변화하면서 이 단어(село)의 의미가 다시 한번 좁아졌습니다.

그러므로 두 번째 의미로, 《село》는 '**영지**'(поместье)를 뜻하게 되었습니다. 여전히 기존의 '경작지'를 함의하지만, 이제는 그 땅이 한 사람에게만 속하는 것입니다.

만약 《село》라는 단어로 영지(поместье)를 표현한다면, '경작지' 라는 단어 하나만 이 단어(село)와 연결되어야 할 이유가 있을까요? 사실 영지에는 집(дом)도 포함됩니다. 오히려 집이 경작지보다 훨씬 더 항시적인 영지의 특징입니다. 집은 항상 사람들이 거주하는 곳이지만, 경작지는 계절 농사가 이루어지는 곳이기 때문입니다.

따라서 세 번째 의미로, 같은 번역본 내에서 우리는 다음과 같은 구절도 읽게 됩니다. "(Ты) на солнце наложи **село** свое и, как жених, выходящий из чертога своего, выйди к нам." (너의 장막을 태양 아래 두고, 신랑이 자신의 방에서 나오듯이 우리에게 오라.) 여기서 《село》는 라틴어 'tabernaculum' (천막, 장막)에 해당하며, 이 문장은 '태양 아래 자신의 천막을 두라'는 뜻입니다. 실제로 《село》라는 단어는 '**집**'(дом), 즉 일반적인 '**주거지**'(жилье)를 의미하게 되었습니다.

그런데 봉건 영주는 결코 혼자 거주하지 않았으며, 항상 하인들(отроки), 친위대(дружинники), 그리고 다른 여러 수행원(челядь)이 함께했으므로, 집도 하나가 아니라 여러 채였을 것입니다. 그리하여 《село》는 오늘날의 '농촌 마을' 이라는 의미로 발전하게 되었습니다. 이 의미는 이미 12세기 필사본에서 확인할 수 있습니다. 예를 들어, "Се опустели гради и развращена **селища**" (= Вот опустели города и разрушены села. 도시들은 텅 비었고 마을을 황폐해 졌다)에서 《село》는 도시와 대조됩니다. 도시는 요새화된 정착지(이 경우 라틴어 castrum의 번역)이며,《село》는 요새화되지 않은 마을을 의미합니다. 결국, 《село》의 이 마지막 의미만이 현대 러시아어에 남았습니다. 《Село》는 점차 같은 의미의 또 다른 고대 단어 《деревня》와 의미적으로 일치하게 되었습니다.

어떤 지역에서는 《село》라는 단어를 선호했고, 다른 지역에서는 《деревня》를 선호했습니다. 예를 들어, 북부 지역에서는 15세기까지 《село》가

'영지'나 '소유지'를 의미했기 때문에 《село земли》라는 표현이 흔히 사용되었고, 이는 전혀 놀랍지 않습니다. 하지만 나중에, 모스크바 차르의 권력이 북부 지역으로 확대되면서, 《село》라는 단어는 '영지'를 뜻하는 새로운 모스크바 단어 《деревня》로 대체되었습니다. '여러 농가가 모여 사는 **농촌 마을**'이라는 현대적인 의미로서 《деревня》라는 단어가 북부 지역에서 자리 잡은 것은 불과 200년 전쯤이었는데, 실제로 이 시기에는 다가구 정착지가 이 지역에서 일반적인 현상이 되었습니다.

결국 밝혀진 것은 《село》와 《деревня》라는 이 '오래된' 단어들이 지금 우리가 알고 있는 현대적 의미로 사용되기 시작한 것도 그리 오래되지 않았다는 사실입니다.

대부분의 경우 단어의 역사는 오직 그 의미의 변화와 관련이 있습니다. 단어는 이전과 똑같은 소리로 발음되더라도, 그 의미가 전혀 다르게 변화할 수 있습니다. 이러한 변화를 추적하는 것은 쉽지 않습니다. 텍스트가 부족하거나, 있다 하더라도 그 텍스트의 의미가 모호하기 때문입니다. 이때 도움을 주는 것이 현대와 고대의 친족어 비교, 그리고 방언 속에 보존된 단어들입니다. 방언이 고대 단어의 의미를 보존할 수 있다는 사실을 우리는 이미 여러 번 확인했습니다. 여기서 저는 뛰어난 소련 언어학자 라린(Б. А. Ларин)이 그의 저서 중 하나에서 《буй》라는 단어의 역사를 어떻게 다루고 있는지를 설명하고자 합니다. 고대 텍스트를 바탕으로 그의 논의를 따라가 보겠습니다.

《буй》라는 단어의 원래 의미는 '높은'(высокий), '큰'(большой), '격렬한'(неистовый)입니다. 고대 슬라브어에서 모든 친족 슬라브어까지 이와 같은 의미로 나타납니다. 이 단어는 형용사이자 명사였습니다. 해당 의미로 사용되던 그 당시의 관점에서 형용사와 명사는 아직 동일한 것으로 간주되었습니다. 고대 사람들은 사물과 그 속성을 하나로 여겼습니다. 『이고리 원정기』에서 그 예를 찾을 수 있습니다. 《Буй тур Всеволод》에서 《буй》는 형용사로도, 명사로도 번역될 수 있습니다(예: буйный тур, буян тур). 이들 중에서 형용사가 먼저 분화되기 시작하면서, 《буй》라는 단어는 다른 많은 고대어 체언들처럼 명사(буян)와 형용사(буйный)로 분리되었습니다. 한편으로는 'буйный'(**격렬한, 맹렬한**), 다른 한편으로는 'буян'(**용자, 폭군**)이 된 것입니다.

명사 《буй》는 처음에는 '**높은 언덕**'을 의미했습니다. 언덕에는 주로 교회가 세워지고 그 주변에는 울타리와 작은 묘지가 함께 자리 잡았습니다. 시간이 지나면서, 이러한 높은 언덕의 실제 용도가 변하면서, 이 단어의 의미도 점차적으로 변화했습니다. 《буй》는 '어디서나 보이는 **높은 언덕**' → '높은 언덕 위의 **교회**' → '높은 언덕 위의 **울타리로 둘러싸인 구역**' → '언덕 위의 **마을 묘지**'로 의미가 확장되었습니다. 《буй》가 갖는 마지막 의미, 즉 '언덕 위의 마을 묘지'는 지금도 일부 오래된 러시아어 방언들에서 여전히 확인할 수 있습니다.

형용사 《буй》와 관련해서는 다른 이야기가 전개됩니다. 형용사는 다양한 사물과 사람에 결합되어, 서로 상응하며 변화하게 됩니다. 다음 예시를 봅시다. 12세기에 《Буй тур Всеволод》라는 표현에서 《буй》는 키가 크고, 몸집이 크고, 격렬한(неистовый) 사람을 뜻했습니다. 동시에 이 단어에 새로운 의미가 추가되었는데, 단순히 '격렬한' 것뿐만 아니라 (긍정적인 의미에서) '자부심이 강한'(гордый) 사람을 의미하게 되었습니다. 『이고리 원정기』에서 몇몇 인물들은 《сердца в буести закалены》, 즉 자부심이 넘치고 자유로운 정신으로 단련된 사람들로 묘사됩니다. 여기까지는 모든 것이 긍정적이고 좋습니다. 하지만 '자부심'(гордость)이라는 의미 자체에는 내재된 모순이 있습니다. 자부심이 강한 사람은 오만할 수 있고, 격렬한 사람은 모든 면에서 과격할 수도 있습니다.

이처럼 《буй》라는 단어가 지닌 자부심(гордость)의 의미 평가가 변화되면서, 13세기부터 과도하게 자만하는 사람들을 비난하는 부정적인 의미로도 사용되기 시작했습니다(예: "паче меры гордели и буяли." - 지나치게 오만하고 과격했다). 이 새로운 의미는 오랜 시간 동안 기존의 의미와 나란히 공존했습니다. 하나는 긍정적인 뉘앙스를 가지며 좋은 사람에게 적용되었고, 다른 하나는 부정적인 의미를 가졌습니다. 두 의미의 차이는 순전히 문체적인 것이고, 그 구분도 불명확했습니다. 이 단어는 상황에 따라 의미가 바뀌는 단어, 즉 **'반전 단어'** [11](слово-перевертыш)입니다.

고대 어휘에는 이와 유사한 '반전 단어'들이 많이 있었습니다. 또 하나의 예를 들면, '**победа**'라는 단어가 있습니다. 이상하게도 이 단어의 어근은 'беда'(재난)인데, 전체 단어는 그 재난의 성공적인 종결을 의미합니다. 고대 러시아어에서 이 단어는 단순히 많은 사람들에게 닥친 재난의 결과, 즉 '**전쟁의 결과**'를 의미했으며, 적을 물리쳤는지 여부와는 상관이 없었습니다. 《победа》를 기념한 것은 승자뿐만 아니라 살아남은 패자도 마찬

---

11) 여기서 '반전 단어'란 동일한 단어가 상황에 따라 반대 의미로 전환되는 것을 말한다. 이처럼 특정 단어가 시대적 맥락에 따라 (긍정적 또는 부정적) 상반된 평가 의미로 나타나는 어휘들을 언어학 용어사전(Ахманова, 2004)에서는 문체적 반대용법의 '**단어내적반의어**'(энантиосемия)라 칭한다. (역자 주)

가지였습니다. 《**победа**》는 재난에 따라서(по беде) 오는 것, 재난 이후에 오는(за бедой) 것이었습니다. 시간이 흐르면서 이 단어는 하나의 의미로 고정되었습니다. 남서부 방언에서는 전투에서의 '**패배**'를 의미하게 되었고, 북동부 방언에서는 전투에서의 '**승리**'를 의미하게 되었으며, 이 의미가 오늘날 표준 러시아어에 남아 있습니다.

《**буй**》의 경우에는 조금 양상이 다릅니다. 순전히 문체적 차이이고, 어느 정도는 관점에 따라 달라집니다. 스스로는 '**자부심**'으로 생각할 수 있지만, 다른 사람들의 눈에는 오만한 사람으로 보일 수 있습니다. 15세기 이후로는 《буй》라는 단어는 부정적인 뉘앙스만 남게 됩니다. 이제 더 이상 긍정적인 의미를 담고 있지 않기 때문에, 이 단어는 곧바로 새로운, 보다 구체적인 의미를 얻게 됩니다. 'неистовый и гордый'(맹렬하고 의기양양한)이라는 의미에서 'безумный'(비이성의, 광기)로 변하게 됩니다. '광기'는 곧 'сумасшедший'(정신이 나간, 미친)'라는 뜻입니다. 형용사가 의미를 좁히고 명확해지면, 곧 명사가 되려고 합니다. 왜냐하면 이제 이 단어는 사람의 중요한 특성을 나타내기 때문입니다.

예를 들어, 16세기 고대 러시아의 문헌에서 로마 역사 이야기를 재구성한 내용을 보면, "Брутъ же сынъ Мариевъ видѣвъ отчее неправедное заклание, сотворися буй... еже есть буйна врежень умом." (마리우스의 아들 브루투스는 부친의 부당한 살해를 본 후 **буй**가 되었으니…《буй》란 정신적 손상을 입은 자, 즉 이성을 잃은 자이다)라는 표현이 있습니다. 이미 원문 속에 포함된 설명에서 알 수 있듯이 《буй》가 '**비이성으로 행동을 하는 사람**'이라는 것은 의심할 여지가 없습니다. 이처럼 새로운 명사는 기존의 의미에서 천천히 분화되어서 '**미친 사람**' 이라는 하나의 특정 의미로 제한됩니다. 반면, 형용사 《буйный》는 여전히 다의성을 유지하는데, 특히 접미사와 결합되면서, 오늘날에는 '감탄' 이나 '분노' 의 상반된 의미를 나타낼 수 있습니다.

명사는 또 다른 전환점을 맞이하며 변화를 겪습니다. 18세기 초 사전에서 《буй》라는 단어는 '**바보**'(дурак)라는 뜻으로 설명됩니다. 이 새로운 전환점이 의미하는 바는 무엇일까요? 사회적으로 사용하기에 그다지 점잖지 못한 특정 단어를 다른 단어로 대체하는 사례입니다. "그는 바보야." 라고 직설적으로 말할 수는 없는 상황에서 "그는 부이(**буй**)야" 라고 말하면 훨씬 점잖은 표현입니다. 학자들은 이러한 표현을 '완곡어법'(эвфемизм)이라고 부르는데, 이는 '점잖게 말하다' 라는 뜻으로 그리스어에서 유래한 용어입니다. 표트르 대제 시대의 세속 사회에서 《**буй**》는 '**바보**'(дурак)를 가리키는 말로 쓰이기 시작했습니다.

그러나 단어가 완곡어법의 수준으로 내려가면, 좋은 신호는 아닙니다. 《буй》가 '바보' 라는 뜻임을 당사자인 바보가 알아차리는 순간, 그 단어의 존재 의미는 곧 사라지게 됩니다. 화자는 이제 그 단어로 '바보' 에 대한 자신의 태도를 숨길 수 없게 된 것이죠. 언어학자 라린(Б. А. Ларин)은 단어의 역사에서 결정적인 이 순간을 가리켜 '완곡어법은 단어의 역사를 종결한다' 라는 표현으로 요약합니다. 결국, 이 단어는 의미를 잃고 공허한 껍데기만 남게 된 것이지요. "풋!" 하고 그 단어는 사라져 버리는 것입니다.

우리는 몇몇 단어들의 역사를 추적해 보았습니다. 이제 러시아어 사전을 떠올려 보세요. 러시아 문학어에는 약 10만 개의 단어가 존재하고, 모든 러시아 방언을 포함하면 거의 25만 개에 이릅니다! 그리고 그 모든 단어는 제각기 자신만의 자리, 즉 특정 방언에서, 어떤 문학적 인물의 언어에서, 또는 우리의 일상 언어 속에서 다른 단어들과 결합되어 어떤 구체적인 삶의 상황을 반영하면서, 매 순간 그 형태가 변화하더라도 여전히 동일한 단어로 남아 있습니다! 일상 대화 속에서 수없이 반복해서 사용하는 단어들은 우리에게 늘 같은 의미를 지닌 동일한 단어로 인식됩니다. 그렇지 않으면 우리는 서로를 이해할 수 없었을 것입니다. 하지만 특정 단어의 현재와 과거의 용례를 비교해 보면, 그 단어의 의미가 변했거나 단어 자체가 변형된 경우를 발견할 수 있습니다. 단어가 드물게 사용되거나, 사람들이 이해하지 못하게 되거나, 고어(архаизм)가 되었을 경우입니다.

 의미의 발전은 우리가 본 것처럼 단순한 것에서 복잡한 것으로, 복잡한 것에서 다시 단순한 것으로, 구체적인 것에서 추상적인 것으로, 혹은 그 반대로 추상적인 것에서 구체적인 것으로 진행됩니다. 의미의 전이는 여러 가지 기준에 따라 이루어집니다. 예를 들어, 기능의 유사성에 따라 '탁자의 다리'와 '걸음마를 시작한 아이의 다리'는 각각 탁자와 아이를 지탱하는 기능을 합니다. 또 다른 예로, '사람의 머리'와 '책의 표제'(원래는 '제목, 헤드라인'을 의미하는)도 유사성을 기반으로 합니다. 단어의 변화나 그 의미의 변화는 사람들의 생활 변화, 언어의 어휘 체계 발전, 심지어 특정 단어의 발음에 따라서도 영향을 받습니다. 다음은 그 예시입니다.

 고대 러시아인들은 장미를 재배하지 않았지만, **들장미**(찔레꽃)를 《**лепок**》이라 불렀습니다. 《**Лепок**》은 'лепый'(예쁜)에서 유래했으며 '아름다운 꽃'이라는 뜻입니다. 훗날 장미가 등장하면서 그 외국어 이름이 사용되기 시작했으며, 초기에 러시아인들은 들리는 대로 발음하였습니다. 러시아인들은 이 꽃(장미)에 대해 폴란드인들로부터 들었고, 폴란드에서는 이 꽃을 'ruža'(루자)라 불렀는데, 그 발음이 'roža'(로자)와 비슷하게 들렸습니다. 그래서 15세기 러시아 필사본에는 《рожа》라는 단어가 등장합니다. 다음 예문을 보십시오.

(1) "Венчает нас **рожами** прежде нежели согниют."
  우리에게 장미 화관을 씌우네, 시들기 전에.
(2) "Он лицемъ красенъ **рожаенъ**."
  그의 얼굴이 아름답고 품위 있다.

오늘날 우리의 관점에서 보면, 이 예문들은 약간 이상하게 느껴집니다. '로자'(рожа)로 장식한다든지, 얼굴이 '로자'(рожа)처럼 아름답다는 표현이 혼란스럽게 들립니다. 이런 혼란이 생긴 이유는 완전히 다른 의미를

여섯 번째 이야기: 낯선 마을로 우리를 안내하는 베르스타에 대하여

가진 단어들이 동일하게 발음되기 때문입니다.

첫 번째 예문에서는 장미꽃에 관해 이야기하고 있습니다. 그런데 두 번째 인용문의 러시아어 단어 《рожен》은 오늘날까지도 일부 방언에 남아 있습니다. 이 단어(рожен)는 여러분이 잘 아는 'род-'(혈통, 근본)라는 어근에서 유래했으며, '눈에 띄고, 품위 있고, 당당하며, 위엄있는 사람'을 의미합니다. 《Красный》이라는 단어의 원래 의미를 우리는 이미 알고 있으니, 이 인용문은 "그는 얼굴이 아름답고 품위 있다."라고 이해할 수 있습니다. 한편 《рожа》는 '얼굴' 또는 '낯짝, 주둥이'(морда)라는 뜻이며 《рожен》과 매우 가까운 어휘적 친척입니다. 현대 러시아어에서 이 단어(рожа)는 구어체에서 사용되며, 다소 비하적인 뉘앙스를 담고 있습니다. 하지만 이 단어가 여전히 활발하게 사용되던 시기에, 우아한 폴란드어 단어 'рожа'(ruża, 장미)와의 충돌은 전혀 바람직하지 않았습니다. 때문에 독일어에서 차용한 또 다른 명칭인 'роза'(장미)가 러시아어로 유입되었습니다.

다른 경우, 단어의 발음은 수세기 전과 동일하게 남아 있지만, 그 의미가 바뀌고, 새로운 뉘앙스를 얻거나 기존의 의미를 잃어버리기도 합니다. 중세 작가의 글을 보면 《еже **стругати** бороды...》라는 구문이 나옵니다. 이 구절은 매우 표현력 있고 심지어 섬뜩하게 들릴 수도 있지만, 실제로는 매우 정확하고 일상적인 묘사입니다. 왜냐하면 고대에는 수염을 면도하거나 자르지 않았고, '깎아내고'(стругать) '긁어내는'(скоблить) 방식으로 다듬었기 때문입니다.

이 구절의 형상성은 사용된 단어의 다의성에서 비롯됩니다. 그 시기 《**стругать**》는 '매끄럽게 하다'(гладить), '미끄러지다'(скользить), '청소하다'(вычищать), '대패질하다'(скоблить), '고문하다'(истязать) 등의 다양한 의미를 가지고 있었습니다. 대개 마지막 의미 '고문하다'가 가장 빈번하게 사용되었습니다. 따라서 저자가 'резати бороды'(수염을 자르다) 대신 **стругати** бороды(수염을 대패질하다, 고문하다)라는 표현을 사용했다면, 그는 이 단어에 가련한 수염 소유자에 대한 연민의 뉘앙스를 담았던 것입니다. 우리가 지금 고대 텍스트에서 이 단어를 접할 때 느끼는 것과 같은 연민이겠지요. 이것은 단순히 면도하는 것이 아니라, 그로 인해 신체적 고통을 겪는 것을 암시한 것입니다.

오늘날 《строгать》 또는 《стругать》 동사에는 오직 '대패질하다'(снимать стружку)라는 의미만 남아 있습니다. 이미 네크라소프(Н. Некрасов) 시대에 이르러서는 이 단어는 '대패질하다'라는 뜻으로만 쓰였으며, 그의 시에는 이런 표현이 나타납니다. "ребята за дело — пилить и строгать!" (아이들은 일을 맡아서 – 톱질하고, 대패질하네!).

때때로 조어 과정에서 단어는 매우 독특한 방식으로 변화합니다. 짧은 단어들은 그로 인해 파생된 긴 단어들이 언어에 점차 쌓여가면서 표현력이 떨어집니다. 한때 널리 사용되었던 《коло》, 《кус》, 《пал》, 《руб》, 《руг》, 《соп》 등의 고대 단어들은 어디로 갔을까요? 이 단어들은 여전히 남아 있지만, 보통 특정 접미사를 결합한 형태로만 존재합니다. 'кол-есо' (바퀴), 'кус-ок' (조각), 'пал-ец' (손가락), 'руб-ище' (넝마), 'руг-ань' (욕설), 'соп-ка' (언덕)와 같은 단어들이 그렇습니다. 한때 단순한 어근의 짧은 단어로 전달되었던 개념들이 이제는 이렇게 길어진 단어들로 표현됩니다.

이보다 선행되었던 것은 어휘군의 급격한 확장이었습니다. 단 하나의 《кус》라는 단어 대신에, 다양한 이유와 목적을 위해 'кусок' (조각), 'кусание' (물기), 'кусище' (큰 조각), 'кусака' (무는 개), 'кусачки' (깍개), 'кусала' (깨문 자국), 'кусковой' (조각의), 'кусочник' (조각 수집가), 'закуска' (안주)와 같은 많은 단어들이 언어에 자리잡게 되면서, 원래의 《кус》라는 단어는 점차 사전에서 설 자리를 잃고 우리의 일상의 말에서 빠르게 사라집니다. 《Кус》는 이제 'кусок' (조각)이라는 단어의 단순한 변형 형태가 되었습니다. 너무나 강력한 경쟁자가 등장했기 때문에 《кус》라는 단어가 오래 살아남기는 어려울 것이 분명합니다.

《Кус》는 이제 문체적인 면에서 제한적으로 사용됩니다. 실제로 《кус》는 《кусок》과 같은 뜻이지만, 조금 더 격식을 갖춘 표현으로서 제한된 수의 어결합에서만 사용됩니다.

그러나 앞서 언급한 고대 어근 목록에서 《кус》만이 우리가 간혹 기억하는 유일한 단어입니다. 예컨대 《соп》와 《руг》는 여러분이 처음 접하는 단어일 것입니다, 그렇지 않나요? 이것이 바로 단어의 역사에서 흔히 볼 수 있는 일반적인 현상입니다. 부모는 떠나고, 자녀들은 남습니다. 하지만 얼마나 활기차고 풍성한 세대인가요! 여섯 개의 고대 어근에서 무려 200개에 달하는 새로운 단어들이 파생되었고, 이 단어들은 다양한 의미의 뉘앙스를 갖게 되었습니다.

하지만 가장 놀라운 이야기는 의성어와 관련된 단어들에서 발생합니다. 우리는 『이고리 원정기』에서 색채 표현이 얼마나 빈약한지 보았습니다. 하지만 이 작품은 소리로 가득 차 있습니다. 여기서는 모든 것이 노래하고, 소리를 내며, 말하고, 감정을 드러냅니다.

Струны **рокочут** славу, колокола **звонят**, земля **стонет**, **стучит** и **кличет**, трава **шумит**, слава **звенит**, трубы **трубят**, матери **плачут**, пахари **кикахуть**, люди и телеги **кричат** (сравните: люди просто кричат, а языческие божества Див, Карна, Жля — **кличут**); дальше: воины **свистят**, стяги **глаголют**, копья **поют** и **трещат**, сабли и мечи **гремят**. ⟨...⟩ Туры **рыкают,** кони **ржут,** лисицы **брешут,** орлы **клекочут,** соловьи **щекочут,** вороны **грают,** галки речь **говорят,** сороки **стрекочут,** дятлы **текчут**...

(현악기는 영광을 울리고, 종은 울리며, 대지는 신음하고, 울부짖고, 외칩니다. 풀은 바람에 속삭이고, 영광은 울려 퍼지며, 나팔은 소리를 냅니다. 어머니들

은 울고, 농부들은 소리치며, 사람들과 수레들도 울부짖습니다 (비교해 보세요: 사람들은 단순히 소리치지만, 이교도의 신인 지브(Див), 카르나(Карна), 즐랴(Жля)는 외칩니다). 계속됩니다. 전사들은 휘파람을 불고, 깃발은 펄럭이며 말하고, 창은 노래하며 갈라지고, 칼과 검은 울립니다. 이 오케스트라에서 각각의 새와 동물은 고유의 소리를 냅니다. 〈...〉 소들은 '음매' 하고 울고, 말들이 '히힝' 거리고, 암여우들은 울부짖고, 독수리는 울고, 종달새는 지저귀고, 까마귀는 까악거리고, 갈까마귀는 소리를 내고, 까치는 깍깍거리고, 딱따구리는 딱딱거립니다.

그리고 이 텍스트에는 그 당시의 동물군을 모두 포함하고 있지도 않습니다. 다른 텍스트에서는 "독수리의 울부짖음(рерления)조차 없다. 염소가 '블레꼬따찌(блекотати)' 하기 시작했다. 돼지는 먹으면서 '끄로찌트'(кротит) 하고, 고양이는 음식을 먹으며 '루지트'(ружит) 한다"와 같은 표현을 볼 수 있습니다. 각각의 동물은 자신만의 소리를 가지고 있습니다. 아마도 이 의성어 단어 중 절반은 여러분에게 낯설 것입니다. 예를 들어, 왜 고양이는 '루지트'(ружит)하고, 돼지는 '끄로찌트'(кротит)하는 걸까요? 오늘날 우리는 고양이가 '야옹거린다'(мяучит) 혹은 '골골거린다'(мурлычет), 그리고 돼지가 '꿀꿀거린다'(хрюкает)고 표현할 것입니다. 아마도 우리 조상들은 돼지와 고양이가 기분 좋을 때 내는 소리를 지금과 다르게 인식했을 것입니다.

고대 러시아어에서 일반적으로 《кротить》라는 동사는 '길들이다, 진정시키다' 라는 의미를 가지고 있었습니다. 하지만 우리가 본 텍스트에서는

《кротить》이 '조용하고 안정된 소리를 간헐적으로 내다' 라는 의미로 사용되고 있습니다. 《ружит》라는 단어는 더 이해하기 어렵습니다. 이 단어는 한때 '누군가를 비웃다' 또는 '조롱하다' 라는 의미를 가졌습니다. 여기에는 뭔가 이상한 점이 있지만, 한 가지 분명한 것은 여기에 제시된 이 단어들이 음성 모방적이거나, 우연히, 뜻밖의, 혹은 비유적인 의미로 사용되었다는 점입니다. 소리와 그 구체적인 의미 사이의 연결이 불안정하면 그 단어는 결국 사라지게 됩니다. 특히 단어가 고립되어 있을 때, 즉 관련 있는 단어들의 주변에 있지 않고 혼자 있을 때, 그 단어는 마치 자연의 무의미한 소리를 모방하고 흉내 낸 의성어처럼 매우 불안정해집니다.

자연만이 아닙니다. 예를 들어 'лампопо'(람포포)가 무엇인지 생각해 보세요. 이건 코르네이 추코프스키(Чуковский)가 노래한 강 이름 'Лимпопо'(림포포)가 아니라, 'лампопо'(람포포)입니다. 이것은 외래어가 아닌 러시아어 단어이지만, 어딘가 이상하게 들립니다. 러시아 작가 레스코프(Н. Лесков)의 작품에는 다음과 같은 대화가 등장합니다.

"이게 도대체 무슨 란포포(ланпопо)야?" 아킬라가 물었다.
"란포포(ланпопо)가 아니라 람포포(лампопо)야. 맥주와 꿀로 만든 음료지."

이 단어를 여러 번 연달아 빠르게 발음해보면 'по-лам-по... ам-по-пол... по-лам-по... 그렇죠, 'пополам'(포폴람, 반반씩)이라는 소리가 됩니다. 'Лампопо'(람포포)는 정확히 영어의 'fifty-fifty'(50 대 50)

에 해당하는 말입니다. 이 익살스러운 단어는 원래 기병대와 도박꾼들의 언어에서 비롯되었고, 한때 빠르게 퍼져 나가면서 집에서 만든 독한 술을 가리키게 되었습니다. 즉, 레몬과 꿀을 넣어 만든 차가운 맥주 같은 것 말입니다. 이 단어에서는 단순히 소리의 순서만 바뀐 것이 아니라, 형태소 전체가 뒤섞였습니다. 어근의 일부와 접미사가 단어의 앞부분이 되었고, 접두사와 어근의 시작 부분이 단어의 뒷부분이 되었습니다. 즉, 'лам-по-по'와 'по-пол-ам'의 음절 경계가 뒤바뀐 것입니다.

이 단어(лампопо)는 기존의 형태소 구조를 상실했습니다. 정확히 말하자면 아예 그런 구조가 존재하지 않는 셈입니다. 우리에게 익숙한 어근이나 접미사와는 전혀 연결되지 않고, 러시아어와는 전혀 닮지 않은 단어입니다. 새로운 단어가 등장하더라도 그것이 언어 체계에서 우연히 발생한 것이라면 그 수명은 짧을 수밖에 없습니다. 이와 비슷한 단어들을 우리가 얼마든지 만들어낼 수 있지만, 그것들은 결국 우리 곁에만 남을 뿐입니다. 왜냐하면 단 한 사람만으로는 언어를 만들 수 없기 때문입니다.

번거로움과 분노, 그리고 〈이디오티즘〉이 어디서 유래했는지에 대하여

СВЯЗАННЫЙ С ХЛОПОТАМИ И ЗЛОБОЙ, А ТАКЖЕ С ВОПРОСОМ О ТОМ, ОТКУДА ПОЯВЛЯЮТСЯ «ИДИОТИЗМЫ»

예전에는 관용구(idiom)를 나타내기 위해 '이디오티즘'(идиотизм)이라는 용어를 사용했습니다. 그러나 시간이 지나면서 이 용어가 부적절하다고 여겨져 다른 단어로 대체되었습니다. 예전 용어인 '이디오티즘'(идиотизм)에는, 'ничтоже сумняшеся'(주저 없이), 'ни в зуб ногой'(전혀 모른다), 'с боку припека'(불필요한 것), 'бить баклуши'(빈둥거리다)와 같은 불가분의 고정된 어결합(관용구)들이 '지적 능력이 떨어지는 사람들'(idiot)에 의해 만들어진 것이라는 어떤 암시도 없습니다. 그저 그리스어 어근 'idios'(즉, '자신의, 고유한'이란 뜻)에서 파생된 단어를 부정확하게 번역한 결과입니다. 그리스어에서 'идиотес'(idiotés)는 '개인의 특성'을 의미하며, 이 경우에는 말(речь)의 특성을 뜻합니다. 이 용어는 같은 뜻을 가진 또 다른 그리스어 단어 《идиома》로 대체되었는데, 이 단어도 '말의 독특한 표현'이라는 같은 의미를 지닙니다. 용어 《идиотизм》과 《идиома》 사이의 이러한 혼동은 우리 언어에서 가장 정확하고 명확해야 할 단어들, 즉 용어들조차도 즉각적으로 확립되지 않고, 점차적으로 조정되고 다듬어진다는 사실을 보여주는 한 가지 사례에 불과합니다.

이와 같은 이디엄(idiom)은 때때로 '**фразеологизм**'(관용구, phraseology)[12] 라는 다른 외래어로 불리기도 하는데, 러시아어에는 이러한 관용적 표현이 매우 많으며, 교육 수준이 높은 사람일수록 이렇게 형상적이고 정확한 언어적 표현의 고정된 틀을 사용합니다. 이러한 어결합들의 유형을 살펴보면, 모든 것이 사고의 완결성과 표현의 정교함의 측면에서 독특한 일관성을 유지하고 있음을 알 수 있습니다. 첫 번째 유형은 일반적 통사 구조와 매우 유사한 단순 어결합 형태입니다. 가령, 《железная лопата》는 '철로 만든 삽'을 의미합니다. 그러나 'железная дорога'(철도)는 '철로 만들어진 길'을 의미할까요? 그렇지 않습니다. 이러한 단어 조합은 특정한 하나의 개념을 나타냅니다. 이러한 유형의 어결합을 '**관용적 결합**' (фразеологические сочетания)이라고 부릅니다.[13]

---

[12] 'фразеологизм'은 그리스어에서 차용된 용어로, 'frasis'(표현, 성구)+'logos'(학문, 이론), 즉, '표현(성구)에 대한 학문'을 뜻하며, 인위적으로 조성된 학술 용어라고 할 수 있다. (저자 주)

[13] 비노그라도프의 분류에 따르면 관용구는 구성성분의 의미적 응집성, 즉, 결속 수준에 따라서 **관용적 융합**(сращение), **관용적 통일**(единство), **관용적 결합**(сочетание), **관용적 표현**(выражение) 등의 4개 유형으로 나뉜다. 관용적 결합은 해당 관용구의 전체 의미가 그것을 구성하는 성분(단어)들의 의미에 전적으로 의존하는 고정된 표현이다. 이러한 결합적 관용구의 구성성분들은 일반적으로 고정성분과 가변성분을 구분할 수 있다. 예) брать(고정성분)+тоска/злость/страх(가변성분): 우울/분노/공포가 엄습하다. 가변성분이 존재한다 해도, 관용적 결합체는 비교적 제한된 의미장의 단어들만을 구성성분으로 요구한다. 예컨대 '고독이 엄습한다'(берет одиночество) 또는 '질병

두 번째 유형은 단어들이 훨씬 더 밀접하게 서로 연결된 **'관용적 통일'** (Фразеологические единства)입니다.¹⁴⁾ 이것은 단순한 어결합이 아니라, 오직 서로 함께 결속되었을 때만이 특정한 의미, 자신만의 고유한 의미를 형성합니다. 예를 들어 'намылить голову'가 무슨 뜻일까요?

"Я **намылил голову** над тазом."
(나는 대야 위에서 머리에 비누칠을 했다.)

"За это я **намылил голову** (или шею) кому следует."
(이에 대해서 나는 ~를 질타했다.)

이 엄습한다'(берет болезнь)»같은 표현은 불가능하다. 즉, 관용적 결합체에서는 폐쇄된 범위의 유의어들이 가변성분이 될 수 있다. (역자 주)

14) **관용적 통일**(единство)은 어휘-의미적 불가분의 어결합이며, 그 전체 의미는 해당 표현을 구성하는 단어들의 비유적 의미에 의해 일정 부분 동기화되어 있다. 관용적 통일체의 특징은 그 의미를 문자 그대로도, 비유적으로도 이해할 수 있다는 가능성과, 관용구 구성성분들 사이에 다른 단어(성분)들을 삽입할 수 있다는 가능성이다. 종종 대명사나 형용사를 삽입한 형태로 사용할 수 있다. 본문에 제시된 관용구 Я намылил (ему/ей/мне...) шею (~를 질타하다)외에도 лить воду на (свою, мою, чужую) мельницу (~를 돕다)는 관용적 통일체(единство)의 대표적인 예시이다. (역자 주)

이것은 서로 다른 비유입니다! 첫 번째 문장은 일반적인 동사와 명사의 자유로운 조합입니다. 이 어결합에서는 각각의 단어를 다른 단어로 교체할 수 있습니다. 예를 들어, "Я намылил спину." (나는 등을 비누칠 했다), "Я намылил шею." (나는 목을 비누칠 했다.) 또는 "Я вымыл голову" (나는 머리를 감았다), "Я испачкал голову." (나는 머리를 더럽혔다), "Я перевязал голову." (나는 머리를 붕대로 감았다), "Я поднял голову." (나는 머리를 들었다)와 같이 바꿀 수 있습니다. 그러나 두 번째 문장에서는 그런 교체가 불가능합니다. 단어를 바꾸면 전체 의미가 달라지기 때문입니다. 그러나 'сделать выговор'(질타하다) 대신에 'намылить голову'라는 '관용적 통일체'를 사용하는 것이 얼마나 표현력이 뛰어난지 느껴지지 않나요? 의미는 같아도, 훨씬 더 생생하고 표현성이 돋보입니다!

마지막으로, 세 번째 유형의 관용구는 **'관용적 융합'**(фразеологические сращения)입니다.[15] 특정 의미 또는 유사한 의미를 갖기 위해서는 이 어결합의 어느 구성 성분도 독립적으로 사용되지 않습니다. 예를 들어, 'ничтоже сумняшеся'(주저 없이)는 **'관용적 융합'**이며, 현대 러시아어에서 사라진 두 어휘 형태로 이루어진 것입니다. 이 단어들을 따로 떼어 사용한다면 같은 의미(= не раздумывая, 주저 없이)를 얻을 수 없으며,

---

15) 관용적 융합체는 어휘-의미적 불가분의 어결합으로 그 구성성분들 사이의 최대의 결속력(응집성)을 보여주는 유형이며, '관용구', '이디엄'의 숙어적 개념을 가장 뚜렷하게 보여준다. 본 문에서 제시된 «ничтоже сумняшеся»(의심없이, 지체없이)외에도 관용적 융합체의 범주를 잘 보여주는 표현 бить баклуши (= бездельничать, 빈둥거리다)는 그 구성성분의 '문자적 의미'는 최종 의미와는 별 관계가 없다. 'баклуши'는 '나무 조각'을 뜻했으며, 이것을 자르고 다듬는 일이 '빈둥거리다'라는 최종 의미와는 아무런 연관성이 없다. 즉, 관용구의 최종 의미는 개별 구성성분의 의미로부터 도출되지 않으며, 전체의미는 개별 구성성분의 총합이 아니다. (역자 주)

단독으로도 뜻이 성립되지 않습니다. 이러한 유형의 관용구도 고유한 이디엄(идиом)입니다.

이 세 가지 '관용구' 유형을 차례로 나열해 보면, 그것들이 마치 자유로운 어결합에서 절대적인 '이디엄' 단계로의 전환 과정을 반영하는 것처럼 보입니다. 즉, 점차 다른 여러 단어들과의 연결을 잃고, 자체적으로 닫히면서(이것이 바로 '이디엄'의 본래 의미), 비유적이고 생생한 고유 의미를 얻게 됩니다. 전체 '이디엄'은 동일한 의미를 가진 다른 단어(동의어)로 대체될 수 있습니다. 예를 들어 《ничтоже сумняшеся》는 'не раздумывая' (주저 없이)로 대체될 수 있습니다.

과연 '이디엄'은 어떻게 탄생하며, 단순한 어결합이 어떻게 하나의 전체적인 의미 단위로 변모하게 되는 걸까요? 이 과정을 간단한 예시를 통해 살펴보겠습니다.

먼저, 《хлопот полон рот》 (입이 걱정으로 가득 차다)이라는 표현을 생각해 봅시다.

아마도 여러분의 삶에서 이 표현을 한 번도 사용해 본 적이 없다고 말하기는 어려울 것입니다. 그리고 이 표현이 '걱정이 태산', '골칫거리가 많다' 라는 뜻이라는 것도 잘 알고 있을 것입니다. 크릴로프의 우화 속의 원숭이를 기억하시지요? 작가는 단순히 《много забот у Мартышки》 (원숭이는 염려가 많다)라고 쓰지 않고, 《Мартышке полон рот **хлопот**》 (원숭이 입이 걱정으로 가득 차다)라고 썼습니다.

또한 주의할 점은 《**забот** полон рот》 또는 《**работы** полон рот》로 왜곡하지 않고 반드시 《**хлопот** полон рот》로 표현해야 합니다. 물

론 이 오래된 관용구의 고정성분(хлопот) 대신에 'работа'(일)이나 'забота'(염려)같은 단어로 바꿔서 말하는 경우도 간혹 있습니다. 그러나 이것은 어디까지나 원래의 관용구를 새롭게 재해석했거나 자기만의 방식에서 접근한 해석일 뿐입니다. 아마도 그 사람은 《хлопоты》라는 단어의 의미를 온전히 이해하지 못했을 것입니다.

여러분은 이해하시는지요? 아마도 그럴 것입니다. 《Хлопоты》란 곧 'забота'(걱정, 염려)이며 이로 인한 '**온갖 근심과 번거로움**'을 뜻합니다. 그러니 가끔 이 두 단어를 혼동하는 것이 놀랄 일도 아닙니다. 과연 그럴까요? 꼭 그렇지는 않습니다.

현대인 중에서도 언어적 감각이 뛰어난 사람들은 이 두 단어, 즉 《заботы》와 《хлопоты》의 차이를 느낄 수 있습니다. 모든 《забота》가 《хлопоты》인 것은 아닙니다. 《Хлопоты》는 특정 일을 하면서 생기는 끊임없는 '**부산함**', 그것과 관련된 '**불안**'을 의미합니다. 이는 하나의 크고 중요한 일이라기보다는 끊임없이 반복되는 말다툼이나 논쟁, 설전에 뒤따르는 일련의 행동을 가리킵니다. 얼마 전까지만 해도 《хлопоты》는 '**다툼, 언쟁**'(брань, ссора)을 의미하기도 했습니다. 여러 가지 귀찮은 일이 한꺼번에 몰려들면 누군가와 말다툼을 하게 되는 상황이 생기는 것은 자연스런 일이겠지요. 그리고 주목해야 할 것은 이 단어는 이제 단수형으로는 절대 사용되지 않습니다.

이제 문제가 분명해지는 것 같군요. 그렇다면 《Хлопот полон рот》이 '입안 가득한 다툼'을 의미할까요?

서두르지 말고, 먼저 이 단어가 다른 슬라브어 및 러시아 방언에서 존재하는지 살펴봅시다. 다른 슬라브어에도 이 단어는 존재하지만 《хлопоты》가 아니라 《клопоты》로 발음됩니다. 러시아 방언에는 《клопотать》라는 동사도 있는데, 이는 문어체 동사 《хлопотать》와 같은 의미로, '**어떤 일을 하면서 부산하게 움직이고, 시끄럽게 소란을 피우다**'를 뜻합니다. 우크라이나어, 불가리아어, 세르비아어, 슬로베니아어, 체코어, 폴란드어에서도 이와 유사한 단어들이 [k]로 시작합니다. 게다가 슬라브어와 가까운 리투아니아어에서도 이러한 형태가 나타납니다. 러시아 문학어 《хлопоты》는 12세기부터 문헌에서 등장했고, 다소 고립된 형태로 남아있었습니다. 러시아어에서 [x]-[k]의 교체는 자음 'р' 또는 'л' 앞에서 흔히 발생하는 일반적 현상입니다. 예를 들어, '**кр**естьянин'(농부) ⇌ '**хр**истианин'(기독교인)에서, '**кл**обук'(수도승의 모자) ⇌ 'на**хл**обучить'(모자를 푹 눌러 쓰다)에서, '**кр**упа'(낟알) ⇌ '**хр**упкий'(부서지기 쉬운)에서 교체를 볼 수 있습니다. 더구나 16세기까지도 《клопоты》라는 고대어 형태가 여전히 사용되었습니다. 예를 들어, 1076년에 키예프 대공 스뱌토슬라프를 위해 쓰인 문헌에는 "шум и **клопот** уши наполняет."(소음과 소란이 귀를 채운다)라는 표현을 찾을 수 있습니다.

매우 흥미롭습니다. 《клопот》과 《шум》은 어떤 면에서는 비슷하지만, 여전히 다른 점이 있습니다. 무엇이 다를까요?

고대 텍스트에서 그 실마리를 찾을 수 있습니다. [x]로 시작하는 형태가 처음으로 등장한 사례는 12세기의 한 문헌에서 볼 수 있습니다.

И се слышаша глас **хлопота** в пещере от множества бесов.

그리고 그들은 동굴 안에서 수많은 악마의 소란스러운 목소리를 들었다.

'**목소리**'(глас)라는 단어와 결합된 것으로 보아,《клопот》, 즉《хлопот》는 다수의 사람들이 한꺼번에 그리고 시시각각 떠들며 내는 무질서한 '소음'임을 추측할 수 있습니다. 여러 사람들이 모두 동시에 함께 말하며, 그 수가 많을 때 생기는 소리, 즉《клопот》는 목소리의 **소란함**입니다. 그리고 그 안에는 '**걱정과 불안**'이라는 의미소가 포함되어 있습니다.

이러한 뜻은 이제 사라졌지만, 19세기까지 잘 알려져 있던 다른 관용구 'держать в **хл**опочках'(온갖 근심 상황에서 지탱하다)에서도 분명히 드러납니다. 이 표현은 '모든 것들로부터, 특히 모든 불안 요소와 의심으로부터 지켜내다'라는 뜻입니다. 아마도 이 단어의 본래 의미를 가장 잘 보여 주는 것은 제멋대로 뛰노는 병아리들 주변을 지키며 안절부절 부산하게 돌아다니는 암탉의 모습일 것입니다. 따라서《хлопоты》란 '**어떤 일을 해결하고 어려움을 극복하는 과정에서 발생하는 소란스럽고 분주한 상황**'이라고 할 수 있습니다.

이 단어와 관련된 다른 어휘들도 있습니다. 예를 들어 'клепать'(때리다, 두들기다)와 같은 어근을 가진 단어입니다. 이 단어에서 'поклеп'(모함, 비방)이라는 단어가 파생되었습니다.

그렇다면 '**ссор** полон рот'(입안 가득한 다툼), '**шума** полон рот'(입안 가득한 소음)이 이 표현의 본래 의미일까요? 충분히 가능성이 있습니다. 그러나 사실 현대의 우리가 이 표현을 이해하는 방식과 본래 의미는 너무나 멀리 동떨어져 있습니다! 여기서 우리에게 중요한 점은 다음과 같습니다. 우리의 이디엄(idiom)이 지닌 본래 의미는 쉽게 설명될 수 있습니다. 누구나 알다시피 '걱정'을 입안에 넣고 다닐 수는 없지만, 상황에 맞는 표현들을 입에 가득 담고 있는 것은 충분히 가능하기 때문입니다.

하지만 이것이 전부는 아닙니다. 다행스럽고 우연하게도, 17세기 한 문헌에서 이 표현의 완전한 형태가 발견되었습니다. "Хлопот полон рот, а перекусить нечево"(입안 가득 걱정이 있지만, 정작 먹을 게 없다). 비슷한 표현으로 "Полный рот брани, а не съешь!" (입안에 욕이 가득 찼지만 삼킬 수 없다)와 같은 표현도 매우 형상적으로 생생하게 표현된 것입니다.

처음에 우리 앞에 놓인 것은 모두가 이해할 수 있는 평범한 문장이었습니다. 그러나 모든 비유적 표현이 그렇듯, 이 문장에는 어떤 암시가 담겨 있으며, 이 경우에는 상당히 신랄한 뉘앙스를 담고 있습니다.

그 후 언어에서 특정 단어가 사라지거나 그 의미가 변하는 경우가 발생합니다. 우리의 경우, 이는 《хлопоты》라는 단어의 의미 변화와 관련이 있습니다. 한편으로는 전체 표현의 의미 변화를 초래하고, 다른 한편으로는 (이것이 더 중요합니다만) 그 의미적 관계를 풍부하게 만들어 하나의 은유로 탈바꿈합니다. 이 은유는 한 사람의 시적 발상에서 비롯되어 결국 모두의 공동자산이 되고, 마치 통용되는 화폐처럼 널리 세상에 퍼지게 됩니다. 이 비유적 표현이야말로 단순히 어떤 다변가의 사적인 수다에만 국한 되지 않고, 매우 많은 상황들에 적용할 수 있는 암시를 담은 속담(пословица)이 됩니다.

빈번한 사용으로 인해 이러한 표현은 세부 사항은 생략되고, 가장 핵심적인 부분, 즉 구문의 시작 부분만 남게 됩니다. 예를 들어 《Хлопот полон рот, а перекусить нечего》라는 표현이 《Хлопот полон рот...》로 생략되고, (생략된 그 다음 구절은 여러분도 잘 아실 겁니다!) 현명한 사람은 나머지 구문을 스스로 완성할 수 있습니다. 자주 쓰이면서 닳는 것은 동전만이 아닙니다. 언어도 동전처럼 자주 쓰이면 닳아 없어지고, 생략되는 부분이 생기기도 합니다.

이러한 관용구들 속에 고어적인 문법 형태가 포함되어 있는 경우, 그 본래 의미는 특히 더 이해하기 어렵습니다. 앞서 언급한 'ничтоже сумняшеся'(주저 없이)라는 표현도 그런 예에 속합니다. 여기에는 현대 러시아어에서 더 이상 사용되지 않는 고어적 과거 시제 형태가 포함되어 있습니다.

이렇게 해서 점차적으로, 생생한 문장(통사적 단위)에서 이해하기 어려운 불가분의 고정된 어결합(어휘적 단위)으로 바뀌게 됩니다. 결국 문장이

하나의 단어와 같아진 것입니다.

이런 예는 수없이 많습니다. 우리가 지금 사용하는 관용적 표현들은 사실 먼 옛날 우리의 조상들이 우리를 위해서 다듬고 두드려 만든 묵직한 말의 틀들(штампы)을 그저 사용하고 있는 것입니다. 그리고 우리 역시 지금 이 순간, 우리의 후손들을 위해서 새로운 유형의 고정된 말의 틀들을 만들어 내고 있는 중입니다. 물론 우리는 스스로 그것을 의식하지는 못합니다. 바라건대, 우리가 후대에 남길 언어적 유산이 단지 사무적이고 상투적인 문구들 뿐만은 아니기를 진심으로 기대해 봅니다.

어떤 경우에는 문장을 구성하는 단어들이 그 본래의 어휘적, 문법적 의미에서 너무나 멀어져 버려서, 그 표현의 원래 의미가 완전히 사라진 경우도 있습니다. 우리가 그런 표현들을 들으면, 거기에 우리가 아는 현대적인 단어의 의미를 투영하여 그 의미를 재구성하게 됩니다. 그렇지 않으면 의미를 이해할 수 없거나, 이해하더라도 잘못된 해석을 하게 됩니다.

예를 들어 '**сказка про белого бычка**'(하얀 송아지에 관한 이야기)라는 표현을 생각해 봅시다. 《сказка》라는 단어는 18세기까지만 해도 지금과는 전혀 다른 의미를 가지고 있었습니다. 지소형 접미사 '**-к-**'가 결합되어 형성된 《сказка》라는 단어는 본래 《сказ》에서 파생되었습니다 (예: 'рыбка' 작은 물고기, 'берёзка' 어린 자작나무).

《сказ》는 '**이야기, 상세한 서술**'을 의미하며, 《сказка》는 '짧은 이야기', 즉 어떤 일, 연구의 결과를 간략하게 정리한 보고서나 결과물, 즉 '개요'(резюме)[16]을 의미했습니다. 《сказ》와 《сказка》는 항상 실제로 발생한 사

---

16) 이 단어는 프랑스에서 유래했으며, 연설, 기사 등의 핵심 내용을 간략하게 정리한 것을 의미합니다. 또는 연설, 발표, 학술 보고서 등의 결론적 요약을 의미합니다. (저자 주)

실적인 사건을 다루는 이야기였습니다. 이 단어들은 '증명', '논거', '설명'을 의미하는 '**-каз-**' 라는 어근과 관련이 있습니다.

《Съказати》는 '무엇인가 이해하기 어렵거나, 알려지지 않았지만 실재하는 것을 설명하다' 라는 뜻이었습니다. 예컨대, 17세기 시베리아 개척자들이 자신들의 원정을 기록한 보고서를 《сказка》라고 불렀습니다. 가령, "Скаска Володимера Отласова о земляхъ..." (블라디미르 오틀라소프의 OO 지역에 관한 보고서)와 같은 것입니다. 이 단어가 지금의 '동화' 라는 현대적 의미를 가지게 된 것은 꽤 늦은 시기인 17세기 말에 이르러서였으며, 그 변화의 원인은 여러 가지가 있습니다 (그 복잡한 과정에 대해서는 여기서 다루지는 않겠습니다).

'Сказка про белого бычка' (하얀 송아지에 관한 이야기)는 '**처음부터 끝까지 같은 말을 끊임없이 반복하는 것**' 을 의미합니다. 때때로 《сказка о белом бычке》라고도 말합니다. 하지만 여러분이 전치사 'о' 와 'про' 를 혼동했다 하더라도 별로 문제가 되지 않습니다. 우리의 일상적인 대화에서 이런 혼용은 흔한 일입니다. 심지어 매우 학식있는 사람들조차도 "Я рассказал про это им..." (나는 그들에게 이것에 대해 이야기했다)라고 말합니다. 이러한 용법은 구어체에서 전적으로 허용될 수 있는 표현이지만, 《про》라는 전치사의 '~를 위해서' (для, ради)라는 본래의 의미가 일부 표현들에서 여전히 남아있습니다. 예컨대 "Этот квас не про вас." (이 음료는 당신을 위한 것이 아니다)와 같이 말이죠. 푸시킨 이전 시대의 러시아 문헌에서는 《про》가 오직 이 오래된 의미, 즉 '**для, ради**' (~를 위해서)로만 사용되었습니다. 예를 들어, **도모스트로이**

(Домострой, 고대러시아의 가정 생활 지침서)[17])에 나타난 《насолити про гость》라는 표현은 '손님에 대해 험담하다'(насолить о гостях) 또는 '손님에게 소금을 뿌리다'(насолить гостям)라는 의미가 아니라, '손님을 위해 가장 좋은 버섯을 소금에 절이다'라는 뜻으로, 버섯 절임에 관한 이야기입니다.

우리 눈앞에서 단어의 본래 의미가 변화하고 있습니다. 우리는 아직 그 의미를 이해하고 현대적인 표현으로 번역할 수는 있지만, 이미 고어적인 표현으로 간주됩니다. 시간이 지나면, 모두가 'про'라는 전치사에서 오직 'о'(~관하여)라는 의미만을 떠올릴 것이고, 그 이전의 '~를 위해'(ради, для)라는 'про'의 원래 의미에 대해서 완전히 잊어버릴 것입니다. 그러니 이 모든 전치사들을 우리가 혼동하는 것도 당연한 것입니다.

사실 이 이야기는 '하얀 송아지에 대한 것'이 아니라 '하얀 송아지를 위한 이야기'입니다.

그리고 이 점이 모든 상황을 바꿉니다.

하얀 송아지(белый бычок)는 데이지 꽃이 핀 초원의 순한 송아지를 말하는 것이 아닙니다. 일부 사람들은 이 속담의 '하얀 송아지'와 실제 소 떼에 있는 송아지가 단지 같은 어원을 지닌 친척일 뿐, 동일한 존재를 가리키는 것이 아니라고 생각합니다. 그러나 이것을 이해하려면, 이제는 서로 관련이 없어 보이는 몇몇 같은 어원의 단어들을 살펴볼 필요가 있습니다.

소(Бык)와 《бука》는 친척 어휘입니다. 《бука》는 《букать》라는 동사에

---

17) '도모스트로이'(Домострой)는 16세기 러시아의 가정생활, 종교적 규범, 사회적 행위에 관한 지침서이다. 이 책은 러시아의 가정과 사회생활에 대한 규칙과 조언을 담고 있으며, 가정 내 질서와 기강, 가정 경제 관리, 종교적 의무, 부부 관계, 자녀 교육 등에 관한 내용을 다루고 있다. (역자 주)

서 온 단어로, 이는 모든 슬라브어에서 공통적으로 '울부짖다, 소리치다' 라는 의미를 지닙니다. 러시아어에서는 《бучать》라는 단어가 더 자주 사용되며, 이는 'букать' (울부짖다)와 동일한 의미를 가집니다. 그리고 《бука》라는 단어로 말을 안 듣는 아이들을 겁주곤 했습니다. "숲속 어딘가에서 누군가가 울부짖고 있어. 눈에 보이지도 않는 무시무시한 존재야. 혹시라도 그가 오면 어떻게 하지?" 무섭겠지요.

한때 슬라브족에게는 **–бук–** 라는 어근이 있었고, 그 안의 'y' (우) 소리는 길게 발음되었으며, 다른 모음들과 교체되기도 했습니다. 때로는 짧은 'y' (우)와 교체되어 《бук》가 되고, [оу]가 결합된 형태와 교체되어 《боук》이 되기도 했습니다. 이후에 여러 음 변화가 일어나면서, 이 어근과 관련된 모든 의미가 서로 다른 방향으로 갈라지게 되었습니다. 긴 'y' (우) 소리를 가진 《бук》는 결국 '황소' (бык)의 기원이 되었고, 《боук》 형태는 다양한 슬라브어에서 《букать》와 《бучать》 등의 단어로 발전했습니다. 하지만 《бук》는 단 하나의 어근에만 남아 있는데, 여러분은 결코 그 단어가 무엇인지 추측하지 못할 겁니다!

바로 '**пчела**' (꿀벌)라는 단어에 있는 어근이 '**бык**' (황소)와 같은 어근입니다. 8세기 전에는 이 단어(пчела)가 [бучела]로 다르게 발음되었고, 《бъчела》로 표기되었습니다. 이 단어(бъчела)의 어근의 철자 '**ъ**' 는 《быкъ》라는 단어의 끝에 있는 철자(ъ)와 동일했습니다. 두 경우 모두에서 [ъ] (매우 짧은 'y' 소리)가 소실되면서, 《бчела》라는 조합이 생겼습니다. 이는 발음하기 어려운 조합으로, 제대로 발음하려고 해도 잘되지 않습니다. 시도조차 하지 마세요. 절대 성공하기 힘들 것입니다.

따라서 이 조합을 단순화할 필요가 있었는데, 두 자음 모두 유성음이 되거나 무성음이 되도록 해야 했습니다. 그리하여 《бджела》또는 《пчела》라는 단어가 탄생했습니다. 둘 다 발음하기에 꽤 편리합니다. 그래서 현재 우크라이나 사람들은 이 단어를 《бджола》로 발음하고, 러시아 사람들은 《пчела》로 발음합니다.

우리가 결국 '황소'(бык)와 '꿀벌'(пчела)의 연관성을 완전히 잃어버리기까지 얼마나 많은 변화가 필요했는지 생각해 보세요. 사실, 이 둘은 참 비슷합니다! 친척과도 같죠. 통통하게 살이 오른(упитанные) 꿀벌들이 울부짖습니다. 정확히 말해 윙윙(бучат)거립니다. 육중한 저음이 지속적으로 위협적인 소리를 냅니다.

그렇다면 우리의 '송아지'(бычок)는 어떤 존재일까요?

이 '송아지'(бычок)가 반드시 소의 새끼일 필요는 없습니다. 아주 작은 존재일 수도 있고, 어쩌면 눈에는 보이지 않지만 소리는 분명하게 들리는 존재일 수도 있습니다. 우리 주변과 우리 머리 위에서, 우리 자신들 속에서 윙윙거리는, 그리고 그들을 위해, 지치지 않고 끝없이 이야기를 만들어야만 하는 그런 존재 말입니다. 하지만 이제 우리는 알고 있습니다. 그건 '창작하는 것'(сочинять)이 아니라는 걸.

속담 속의 그 유명한 '송아지'(бычок)가 실제로 소의 새끼가 아니라는 사실을 암시하는 단서는 바로 '흰색'(белый)이라는 단어입니다. 물론, 세상에 흰색 송아지도 있겠지만, 여기서 중요한 점은 '흰색'이라는 단어의 가장 오래된 의미가 '무색'(бесцветный)을 나타낸다는 것입니다. 흰색은 보이지 않는, 색도 윤곽도 없는 것을 뜻합니다.

그래서 우리의 '송아지'는 안개 속에서 울부짖지만, 보이지 않는 존재입니다. 마치 언어적 제물을 요구하는 동화 속의 '송아지'(бычок)입니다. 그렇다면 어떻게 된 것일까요? 이 표현(Сказка про белого бычка)을 이루는 네 단어 중 어느 하나도 본래의 의미를 유지하지 못했습니다! 원래의 의미가 모두 바뀌었고, 결과적으로 어결함 전체 의미가 바뀌었습니다. 가령 여러분이 이 표현에 부여하는 의미와 제가 담는 의미가 완전히 다를 수 있으며, 우리는 모두 이 관용구(idiom)의 원래 의미와는 매우 멀어졌습니다.

아마도 이 표현은 원래 '보이지 않는 상대에게 어떤 것을 설명하려고 애쓰다'라는 의미였을 것입니다. 현실의 상대와도 대화가 어려운 상황에서, 보이지 않는 상대와 대화를 이어간다는 것은 얼마나 더 어려운 일이겠습니까?

관용구(idiom)의 표현성과 형상성은 시간이 흐르면서 오히려 그 자체가 소멸되는 원인을 제공하게 되었습니다. 이와 관련된 슬픈 이야기를 여러분께 하나 들려드리겠습니다.

블라디미르 모노마흐(Владимир Мономах)는 죽음을 준비하면서, 늙고 쇠약해진 몸으로 자신의 생이 끝나가고 있음을 아들들에게 전하면서 유훈을 남깁니다. 그는 자연스럽게 죽음(смерть)에 대한 직접적인 언급을 피합니다. '죽음'이라는 단어는 부적절하게 여겨졌고, 금기시되었기 때문입니다. 그럼에도 불구하고 그는 '죽음'을 이야기합니다. 그는 당시 사람들에게 잘 알려진 표현을 사용했습니다. "**сидя на санех**, помыслил в душе своей..." (썰매에 앉아, 자신의 영혼에 대해 생각하였노라...)

'**썰매에 앉아**(**сидя на санех**)라는 표현은 '**죽음**'을 암시하는 완곡한 표현이었습니다. 고대 루시에서는 오래전부터 망자를 썰매에 실어 장사지냈습니다. 심지어 여름철에도 마찬가지였습니다. 사람들은 손으로 직접 넓고 평평한 썰매에 시신을 싣고 언덕 위로 끌고 올라가, 생전에 아끼던 물건들과 마른 나무가지들로 시신을 둘러싸고, 뜨거운 수탉의 피를 뿌린 뒤 불태웠습니다. 이교도였던 루스인(русич)은 죽으면 땅에 묻히는 것이 아니라, 불로 돌아가 태양(Солнце)과 다시 연결된다고 믿었습니다. 그래서 이 '썰매'는 죽음의 상징이 되었습니다.

숲의 정령 역시 그의 본래 이름을 부르는 것이 금기였습니다. (그 이름이 무엇이었는지 논란이 많습니다). 그래서 사람들은 그에게 '꿀을 먹는 자'라는 뜻의 '**медведь**'(곰)라는 별명을 지어주었습니다. 마찬가지로 '죽음' 역시 본래 이름을 감히 입에 올리지 않았고, 괜히 재앙을 불러오지 않기 위해서 '**들창코**'(курносая)[18]... '**불상사**'(лихое дело)... '**썰매에 앉아**'(сидя на санех)와 같이 에둘러서 표현했습니다. 이렇게 해서 하나의 관용구(idiom)가 탄생하게 되었고, 시간이 지나면서 더 넓은 의미를 갖게 되었습니다.

16세기에 이르러 오랜 장례 풍습은 이미 잊혀졌지만, 연대기 작가들은 여전히 '**전사(戰死)의 썰매**'(воинские сани)라는 표현을 사용하여, 전장에서 조기에 생을 마감할 가능성을 말했습니다. 즉, 전쟁터에서의 죽음을 '**전장에서 썰매를 타는 것**'(в санех и в воинстве)으로 표현했던 것입니다. 이것은 오래된 관용구의 의미가 좁혀진 사례입니다. 이 표현은 이제 군인에게, 혹은 일반적으로 폭력적 죽음을 맞이한 이들에게만 한정적으로 사용하게 되었습니다.

좀 더 시간이 흘러, 처음에는 비유적 의미로 사용되었던 이 관용구는 본질적으로 매우 형상적이었지만 결국 의미가 지나치게 좁아지면서 더욱 이해할 수 없는 표현이 되었고 마침내 언어에서 완전히 사라지게 되었습니다. 이것은 관용구가 단순히 표현의 형상성과 간결성만을 잃었기 때문이 아니라, 그 관용구 자체가 그 의미를 잃어버렸기 때문입니다.

이처럼 관용구(idiom)는 한편으로는 어결합(словосочетание)처럼 보이며 형식상 통사론과 연관되어 있습니다. 다른 한편으로, 관용구는 넓은 의미에서 단어라고 할 수 있는데, 이는 관용구-어결합이 의미상 단어와 동등하고, 항상 하나의 개념을 나타내기 때문입니다. 관용구(idiom)를

---

18) 'Курносая'는 러시아어로 '들창코', 또는 '코가 납작한'이라는 뜻을 가진 형용사 'курносый'의 여성형이다. 긴 낫을 든 사신(死神)의 코가 마치 '닭의 코'(курносый)를 연상시키기에, 여기서 'Курносая'(사신, 닭의 코)는 '죽음'을 상징하는 단어로 사용된다. (역자 주)

구성하는 개별 단어들의 독립적인 의미는 점차 서로 맞물려 마모되었고 (притерлись), 서로 간에 많은 부분을 양보한 끝에, 결국 본래의 의미를 상실해 버렸으며, 이제는 따로 떼어 놓고 보면 아무런 뜻도 갖지 않게 되었습니다. 이런 이유로 관용구(idiom)에서, 때때로 오직 관용구에서만, 지금은 이해되지 않는 오래된 단어들이 많이 등장하며, 그것들을 버린다면 관용구(idiom) 자체도 사라지게 됩니다.

이반 안토노비치 쿱신노예 릴로 (주전자 주둥이) 와 그의 조상들에 대하여

ОБ ИВАНЕ АНТОНОВИЧЕ КУВШИННОЕ РЫЛО И ЕГО ПРЕДКАХ

『죽은 영혼들』의 등장인물 중 하나인 뇌물 수수 및 공금 횡령자인 이반 안토노비치(Иван Антонович)에 대해 고골은 다음과 같이 묘사합니다.

Иван Антонович, казалось, имел уже далеко за сорок лет, волос на нем был черный, густой; вся середина лица выступала у него вперед и пошла в нос, — словом, это было то лицо, которое называют в общежитье кувшинным рылом.
이반 안토노비치는 이미 40세를 훌쩍 넘긴 듯 보였으며, 머리카락은 검고 풍성했다. 그의 얼굴 중간 부분은 앞으로 튀어나와 코로 이어졌다. 한마디로 말해서, 사람들이 소위 '주전자 주둥이'(кувшинное рыло)라고 부르는 바로 그런 얼굴이었다.

사실, 고골은 욕설이나 비속어를 직접적으로 쓰지 않는 작가입니다. 그런데 갑자기 'рыло'(낯짝, 면상)라는 단어를 사용했습니다. 현대 러시아어 사전에서 이 단어(рыло)는 사람의 얼굴을 지칭할 경우 비속어이자 심지어 욕설로 간주됩니다. 그러나 19세기에는 이 단어가 문학어에서 그리 드물지 않게 등장합니다. 푸시킨, 오스트롭스키, 살티코프-셰드린 등 여러 작가들도 이 단어를 사용했습니다.

하지만 현대 문학에서는 이 단어가 예전처럼 활발히 사용되지 않습니다. 아마도 이 단어가 너무 무례한 표현으로 인식되었거나, 아니면 이보다 더 거친 표현들이 등장했기 때문일 수도 있습니다. 이것이 바로 현대 문학에서 이 단어가 걸어온 역사입니다.

고대 필사본을 뒤져보면, 이 단어가 가장 어원에 충실하게 사용된 올바른 예시를 찾을 수 있습니다. "...повелел мниху (монаху) ископати рылом сад."(수도사에게 괭이로 정원을 파도록 명령했다). 이 문장에서 《рыло》는 땅을 파는 도구, 즉 괭이나 삽을 가리킵니다. 이 단어는 동사 어근에서 파생된, 중성명사형 접미사 '-л-'을 가진 어휘군에 속합니다. 가령 《ры-л-о》는 동사 'рыть'(파다)에서 파생되어 땅을 '파는 도구'를 의미하고, 《кры-л-о》는 동사 'крыть'(덮다)에서 파생된 '덮는 도구'를 뜻하며, 《соли-л-о》도 '소금을 치는 도구' 또는 '소금 절이는 용기'를 의미합니다.

그리고 좀 더 정확히 말하자면, 《ры-ти》라는 동사의 원래 의미도 현대 러시아어의 의미와 완전히 일치하지는 않습니다. 이 동사의 어근 'ры-'는 동사 《реяти》에서 어근 'рея-'와 동일한 어근이며, 당시의 동사 《ры-ти》는 '땅속을 파는 것'이 아니라 땅을 파면서 흙을 퍼내고 흩뿌리는 행위를 의미했습니다. 즉, 《рыть землю》는 '땅을 파는 과정에서 흙을 퍼서 던지는 행위'를 뜻합니다. 북부 방언에서는 이 단어의 원래 의미가 여전히 남아 있어서, 'Рой сено'(건초를 흩뿌려라!)라고 말하거나, 공놀이 하는 아이에게 'Рой мячик'(공을 던져라!)라는 표현이 있습니다.

그리하여 《рыло》라는 단어의 본래 의미는 '땅을 파는 도구'였고, 오랜 세월 동안 오직 한 가지 의미로만 사용되었습니다. 그러나 시간이 지나면서 여러 가지 이유로 '땅을 파는 도구'를 의미하는 다양한 다른 단어들이 생겨났습니다. 예를 들어, 구체적인 작업 도구를 의미하는 'лопата'(삽)라는 단어가 나타났고, 그 후 'заступ'(가래), 'мотыга'(괭이), 'кирка'(곡괭이) 등과 같은 단어들이 사전에 추가되었습니다. 하지만 《рыло》는 여전히 '땅을 파는 모든 도구'를 의미할 수 있었습니다.

이러한 의미의 광범위함이, 그리고 특정 농기구를 가리키는 다른 구체적인 단어들의 등장이 오히려 《рыло》라는 단어의 지속적인 사용에 위험 요소로 작용했습니다.

다양한 텍스트 목록들을 비교해 보면 하나의 흥미로운 법칙성을 발견할 수 있습니다. 바로 《рыло》라는 단어는 일반적으로 주인공(대개 성인과 관련된 이야기)의 개인적 삶의 구체적인 세부적 특징이 거의 없는 텍스트의 판본에서만 사용된다는 것입니다. 마치 전래 동화(народная сказка)처럼 구체적인 정보도, 명확한 세부 사항도 없는 것입니다.

저자에게는 이야기 속 주인공이 무언가로 '땅을 팠다'(рыл землю)는 사실을 언급하는 것이 중요하지, 구체적으로 무엇으로 팠는지는 중요하지 않았습니다. 왜냐하면 그것이 영웅의 숭고한 이미지를 손상시킬 수도 있었기 때문입니다. 가령 'рыл лопатой'(삽으로 팠다)라고 말한다면, 삽으로 땅을 파는 사람이 어디 한둘이겠습니까? 《рыло》라는 단어는 훨씬 더 중요하고, 장엄한 단어로서, 성인(святой)에 대해 사용할 수 있을 만큼 적절합니다.

그리고 저자와 가까운 동시대 농민들의 일상적인 구어체 담화(речь)의 다양한 특징들이 나타나는 판본들에서는 《рыло》라는 단어 대신에 구체적 '삽'(лопата)이나, '괭이'(мотыга)라는 단어들을 더 자주 발견하게 됩니다.

따라서 고대 러시아에서도 《рыло》라는 단어는 일상적인 대화에서 널리 사용되는 구체적 의미의 단어들에 상응하는 문체적인 변형이었습니다. 이것이 《рыло》라는 단어가 점진적인 변화를 겪게 된 두 번째 이유입니다.

그렇다면 이 단어의 의미는 어떻게 변했을까요? 《рыло》가 땅을 파는 모든 도구를 의미한다면, 사용 방식의 유사성에 따라 그 의미를 다른 대상에 옮기기가 쉽습니다. 사람이 무엇으로 땅을 파는지 간에, 그것을 《рыло》라고 할 수 있겠죠. 그렇다면 땅을 파는 데 전문가인 돼지가 사용하는 도구는 무엇일까요? 주둥이(рыло)? 네, 바로 주둥이입니다. 즉 돼지가 땅을 파는 데 사용하는 '주둥이(코)'도 《рыло》라고 부르게 된 것입니다.

결국, 시간이 흐르면서 러시아 일상 언어에서 《рыло》는 오직 하나의 구체적인 의미만 남게 되었는데, 그것이 바로 '돼지의 코'(свиной пятачок)라는 뜻입니다.

17세기와 18세기에는 이 의미가 유일한 의미였으며, 현대 러시아어 사전에서도 이 의미만을 유일한 문어적 의미로 간주합니다. 즉, 《рыло》의 문어적 의미는 '땅을 파는 데 적합한 특정 동물의 코의 앞쪽 끝부분'이라고 설명되어 있습니다. 학술적으로 길게 설명했지만, 그 의미는 명확합니다. 다만 여기서 말하는 것은 단지 돼지만이 아니라 이런 종류의 모든 동물을 포괄하고 있습니다. 어쨌든 《рыло》라는 단어는 가장 먼저 돼지(свинья)에 적용되었고, 이것만은 어쩔 수 없는 사실이었지요. 이와 관련하여 "И по рылу знать, что не простых свиней."(주둥이를 보면, 보통 돼지가 아니라는 것을 알 수 있다)라는 풍자적 속담도 생겨났습니다. 이 속담은 널리 사용되었으며, 문학작품에서도 등장합니다. 니콜라이 레스코프(N. S. Лесков)의 예를 봅시다.

— Вон какой! — произнес под ухом Розанова Помада. — Да, и по рылу **видать**, что не из простых свиней, — заметил Розанов.
"저기 좀 봐!" 로자노프의 귀에 대고 포마다가 말했다. "그래, 주둥이만 봐도 보통 돼지가 아닌 게 분명해." 로자노프가 말했다.

속담과 비교했을 때 이 문장에는 사소하지만, 새로운 사실이 있습니다. 주절의 동사가 현대적으로 변형되어 기존의 동사 'знать'(알다) 대신에 'видать'(보이다)가 사용된 것이지요. 이제 《знать》동사가 더 이상 기존의 의미만으로 사용되지 않기 때문입니다(예: 《Я, **знать**, не нужен》 = 《Я, **видно**, не нужен》, 난, 분명, 필요 없는 거 같아). 또한 종속절에서는 전치사 'из'가 추가되어 뒤따르는 생격의 의미를 강조합니다.

19세기 초반까지 《рыло》는 분명히 돼지뿐만 아니라 코(нос)로 무언가를 파는 모든 동물의 튀어나온 주둥이(морда) 앞부분을 의미했습니다. 이를 확인하기 위해서는 크릴로프(И. А. Крылов)의 두 개의 우화를 떠올려 보면 충분합니다.

Хавронья хрюкает... "А, кажется, уж, не жалея рыла, Я там изрыла Весь задний двор."
하브로니야가 꿀꿀거리며 말했다. "아, 보아하니, 내가 'рыло'(코, 주둥이)를 아끼지 않고, 이미 거기 뒤뜰을 전부 파버렸었더군."

또 다른 우화에서 늑대가 새끼 양에게 외칩니다.

"Как смеешь ты, наглец, нечистым рылом. Здесь чистое мутить питье Моё С песком и с илом?"
"이 뻔뻔스런 녀석아, 어찌 네가 감히 여기서 더러운 'рыло'(주둥이, 코)로 내 맑은 물을 모래와 진흙으로 혼탁하게 하는 것이냐!"

이제 새끼 양도 《рыло》를 가질 수 있습니다. 이는 정당합니다. 이 경우 새끼 양도 모래와 진흙을 파헤친다(рыть)는 혐의를 받을 수 있기 때문입니다. 또는 코(нос)로 파헤친다고 말이죠. 그런데 코일까요, 아니면 주둥이(морда)일까요? 새로운 갈림길에 서게 됩니다.

실제로, 단어의 명확하고 특정한 의미가 유사성을 기준으로 다른 대상에도 적용되기 시작하면 기존 의미에 대한 새로운 해석이나 단순히 의미의 변화를 가져올 가능성이 생깁니다. 《рыло》가 '돼지의 코'로 사용되는 동안에는 모든 것이 제자리에 있었습니다. 하지만 《рыло》라는 단어가 다른 동물의 '코끝'을 지칭하기 시작하면, 화자도 인식하지 못한 사이에 상황은 확연하게 바뀝니다.

첫째, 모든 동물의 코가 전체 주둥이에서 뚜렷하게 구분되지 않기 때문에 의미 변화가 발생합니다. 'Видит кот молоко, да рыло коротко' (고양이가 우유를 보고 있지만 'рыло'가 짧다)라는 표현에서 《рыло》는 이미 고양이의 전체 '주둥이'(морда)를 의미합니다.

둘째, 《рыло》라는 단어가 동물뿐만 아니라 사람의 코끝과 코 전체를 지칭하는 데 사용될 수도 있습니다. 어떤 인상적인 코끝을 《рыло》로 부르는 것이 꽤 적절할 수 있습니다. 적어도, 무엇을 말하는지 명확합니다.

그리고 코끝뿐만 아니라 코 전체를 《рыло》라고 부른다면 아주 간단해집니다. 바로 고골이 그렇게 한 것입니다. 고골이 이반 안토노비치를 소개하면서 그를 'Кувшинное рыло'(주전자 주둥이/코)라고 부를 때, 우리는 즉시 그 관료의 얼굴 전체가 하나의 두드러진 코로 모여있음을 이해하게 됩니다. 작가는 단 한 가지 특징만으로 인물을 묘사하지만, 그 특징이 얼마나 강렬한지 알 수 있습니다.

처음에는 'морда'(주둥이)와 'рыло'(코)가 여전히 구분되었습니다. 예로 들면, "Разобью тебе морду и рыло, да и скажу, что так было."(네 놈의 주둥이와 코를 부숴버리고, 그게 원래 그랬다고 말해 주마)라는 속담에서 알 수 있습니다. 그러나 다른 속담에서는 명확한 구분이 없습니다.

"Отворотил рыло – да и мимо." (낯짝을 돌리고 그냥 지나쳤다.) 여기서는 전혀 다른 《рыло》에 대해서, 즉 'морда' (낯짝) 전체에 대해 이야기하고 있습니다. 두 속담 모두 실제로는 사람에 관계된 것이기 때문에 이 경우 《морда》는 사람의 얼굴(лицо)을 뜻하는 거친 표현입니다. 이것은 동물에 대해 'рыло' (코)와 'морда' (주둥이)가 동일시된 것과 같은 방식으로 사람의 경우 'рыло' (코)와 'лицо' (얼굴)이 동일시된 것입니다.

현대 러시아 문학어에서 사람의 얼굴을 전체적으로 'рыло' (면상, 낯짝)라고 지칭하는 것은 모욕적인 표현입니다. 《Рылом не вышел》는 '낯짝이 추하다'는 의미입니다. 차피긴(А. Чапыгин)의 이야기 『마지막 길(Последний путь)』에서 우리는 작가의 인물 묘사와 다른 등장인물이 그에 대해 하는 말을 나란히 비교해 볼 수 있습니다. 작가는 이렇게 말합니다.

Впереди всех шел Васька с хитрым безбородым, бабьим лицом...
(맨 앞에는 교활한, 수염 없는, 여자 같은 얼굴의 바시카가 걸어가고 있었다).

반면에 작품 속 인물의 동행자 중 한 명은 이렇게 말합니다.

"Врет, точеное рыло!"
("거짓말하고 있네, 뻔뻔스러운 낯짝!").

작가(Чапыгин)가 자세하고 섬세하게 얼굴을 묘사했다면, 거친 숙련공

(мастеровой)은 간단명료하게 표현합니다. 이러한 문체적 비교를 통해 《рыло》가 여기서는 얼굴 전체(все лицо)를 의미하며, 비정상적인 얼굴 (수염도 없는 남자가 무슨 남자야)이기에 명백한 반감을 불러일으킨다는 것을 알 수 있습니다.

비록 《рыло》라는 단어의 이러한 의미가 비속어로 여겨질 수 있지만, 여전히 문학어의 경계 안에 있습니다. 이것이 단순히 문학어의 문체적 변형 중의 하나인 이유는 무엇보다도 대부분의 러시아어 방언에서는 이러한 속어적 의미가 전혀 알려지지 않았기 때문입니다. 북부 방언에서는 《рыло》는 수염이 자라는 부위, 즉 턱(подбородок)을 의미합니다. (한편, 턱은 얼굴의 아래쪽 부분, 수염 아래, 목젖까지를 나타냅니다.) 방언에서 《рыло》는 완전히 점잖은 단어이며 가장 존경받는 사람에게도 사용할 수 있습니다. 남부 방언에서는 《рыло》는 보통 '크게 벌어진 입'이나 '일그러진 입'을 나타내는 데 사용됩니다. 이러한 입(рот)에 대해 속담도 있습니다. 'Рыло порото по самое ухо — ласточкин роток!' (입이 귀까지 찢어진 것이 마치 제비의 작은 입 같다!).

남부 출신인 이반 부닌은 자신의 작품에서 민중 언어의 문체로 바보 이반(Иван Дурак)에 대해 이렇게 썼습니다.

> …а он опять играет песню 《Ой, вы, очи, мои ясные очи》, на печке лежит и песню кричит во всё **рыло**.
>
> 그는 난로 위에 누워서 온 입을 벌려 「오, 그대, 나의 맑은 눈이여」라는 노래를 목청껏 부른다.

그가 실제로 코(нос)로 노래를 부른 것은 아닐 것이고, 코끝만으로 부른 것도 더더욱 아닐 것입니다! 남부 지역에서도 이 단어는 비속어가 아니며, 북부와 마찬가지로 단지 특정 상황에서 다른 의미로 어떤 특별한 개념을 표현하는 데 사용됩니다.

어떤 단어가 점잖지 못하거나 부적절한 의미로 변화되는 것은 그것이 더 많이 알려지고, 좀 더 편한 다른 단어들과 이웃하여 함께 쓰일 때에 일어난다는 점은 분명합니다.

모든 것은 상대적이므로 오히려 《лицо》가 점잖지 못한 단어가 되고, 《рыло》라는 단어가 매우 훌륭하고 문학적인 단어가 될 수도 있다는 것을 충분히 상상할 수 있습니다.

이제 같은 단어(рыло)를 예로 들어, 단어의 변화에서 또 다른 중요한 특징을 지적할 수 있습니다. 단어의 의미가 단순히 더 넓은 의미의 단어로 이동하거나, 반대로 더 좁은 의미로 이동하는 것이 아니라는 사실이 드러납니다. 이러한 의미 변화는 항상 해당 단어가 새로운 것이든 오래된 것이든, 의미가 유사한 다른 단어들과의 관계 속에서 결정됩니다. 만약 승객들로 가득 찬 버스에서 옆 사람을 밀면, 멀리 떨어진 승객도 그 충격을 느낄 것입니다 — 아주 약하게 느끼겠지만, 그래도 느낄 것입니다. 단어의 변화는 물론 이보다 복잡하지만, 원리는 같습니다. 한 단어의 의미가 변하면, 그 단어의 이웃 단어들의 의미도 변하게 됩니다. 이뿐만이 아닙니다. 문학어와 방언에서의 《рыло》라는 단어를 비교해 보면, 오직 문학어에서만 이 단어가 두 가지 의미를 가지며 그중 하나는 전혀 문학적이지 않다는 것을 알 수 있습니다! 문학어에서 단어의 역사를 연구할 때 고려해야 할 사항은 의미의 내부 이동뿐만 아니라 오랫동안 보존된 옛 단어들의 문체적 변용 가능성입니다.

《рыло》는 푸쉬킨 시대까지 인간의 '코'를 지칭하는 매우 적절한 단어였습니다. 왜냐하면 당시에는 사실상 2개의 문학어, 즉 러시아어와 교회슬라브어가 존재했으며, 이들 언어는 많은 단어들로 상호 대립했기 때문입니다. 예를 들어, 한 언어에서는 лоб(이마), глаз(눈), щека(뺨), шея(목) 등의 단어가 사용되었고, 다른 언어에서는 이에 대응하여 чело(이마), око(눈), ланита(뺨), выя(목) 등의 단어가 사용되었습니다. 두 언어가 서로 명료하게 대립했고(더 나아가, 모든 텍스트에서 항상 독립된 언어로 인식되었기 때문에), 이러한 조건에서는 두 언어 모두에 공통적인 단어들도 궁극에는 어느 한쪽, 즉 러시아어 또는 교회 슬라브어에 속해야 했습니다. 두 문어(文語)는 모두 '코'(нос)라는 단어를 가지고 있었으며, 이것은 우리의 2번째 언어, 즉 교회슬라브어에서 чело(이마), око(눈)... нос(코)와 같은 어휘군에 그대로 유지되었습니다. 반면, 러시아어 어휘군에서는 лоб(이마), глаз(눈)... 그리고 'рыло'(코, 주둥이)라는 단어가 존재했지요. 즉 러시아어에서는 《рыло》가 'нос'(코)라는 단어를 완전히 대체하지는 않았지만 점차적으로 확산되었습니다.

그 후, 로모노소프와 푸시킨의 문학어 개혁으로 2개 문학어가 통합되었고, 이전에 서로 다른 문학어에 속했던 단어들이 모두 보존되어 동일한 개념을 나타내게 되었습니다: 예컨대, 목을 뜻하는 《выя》와 《шея》, 뺨을 뜻하는 《щека》와 《ланита》 등이 동시에 존재했습니다.

그러나 우리가 알고 있는 언어 발달의 원리에 의하면 이들 중 일부 단어들은 사라지고, 일부 단어들은 남아야 했습니다. 얼굴의 특정 부분을 'щека'(뺨)라고 부른다면, 왜 또 다른 단어인 'ланита'(뺨)가 필요하겠습니까?

그러나 문학어(문어)의 발달 논리는 민중 언어(구어)의 발달 과정과는 전혀 다르게 전개됩니다. 그 이유는 문학어가 실제 '언어'(язык)라기보다는 오히려 말(речь)에 가까운 것이며, 자체적인 변화의 원칙을 따르기 때문입니다.

문학어의 주요 원칙 중 하나는 유의어(синонимы)를 폭넓게 발전시키는 것입니다. 어떤 단어는 일상의 대화에서 특정 정보를 전달하기에 적합하고, 다른 단어는 어떤 것에 대한 부정적인 태도를 표현할 때 필요하며, 또 다른 단어는 구체적 상황에서 감탄을 표현하는 데 유용합니다. 이를 위해 특별한 억양이나 문장 부호에 의존하지 않아도 됩니다. 모든 경우에서 이러한 단어들의 의미는 동일하지만 문체적 차이를 보입니다: 예를 들어, 'идти'(가다), 'ступать'(내딛다), 'шествовать'(행진하다) 그리고 'переться'(느릿느릿 걷다)와 같은 단어들이 있습니다.

이런 이유로 문학어는 매우 신중하게 모든 단어 목록을 분류하되, 특별한 이유 없이 어떤 단어도 쉽게 버리지 않습니다. 언제든 누군가에게 필요할 수도 있기 때문입니다! 어떤 단어들은 문체적으로 중립적인 단어로 일상적인 대화에서 사용됩니다. 예컨대, 러시아 문학어에서 лоб(이마), глаз(눈), щека(뺨), шея(목)과 같은 단어들이 이에 속합니다. 반면, 교회슬라브어 단어들은 매우 오랫동안 이러한 러시아어 단어들의 변형으로 존재했고, 시적이거나 격식있는 말(речь)에서 문체적 강조 수단으로 사용되었습니다.

И сладкая слеза **ланиту** орошает. (Батюшков.)
달콤한 눈물이 뺨을 적신다.

Но только цвет ее **чела** был страшно бледен. (Лермонтов.)
그러나 그녀의 안색은 너무나 창백했다.

Взглянет он тебе в **очи** и полонит твою душу. (Горький.)
그가 너의 눈을 바라보며 너의 영혼을 사로잡을 것이다.

이런 텍스트에서 순간의 숭고함, 비극성, 또는 주인공의 충격을 전달해야 할 때, 시인들은 종종 일상과는 동떨어진 장엄하고 울림 있는 단어들을 사용했습니다. 작가 고리키(Горький) 도 그의 낭만주의적 작품에서 이러한 어휘들을 간과하지 않았습니다. 바로 이러한 단어로 이제르길(Изергиль) 할멈은 아름다운 집시를 묘사할 수 있었던 것입니다.

특히 상문체 단어들이 동일한 텍스트에서 연속적으로 많이 사용될 때 유난히 강렬한 표현력을 갖습니다. 그들은 낯선 단어들(слова-чужаки) 사이에서 서로를 지지해 주는 것처럼 보이며, 그 결과 주변의 다른 단어들까지도 고상하고 장엄한 분위기를 띠게 됩니다. 푸시킨의 다음 구절을 보십시오.

Его чело, его **ланиты**
그의 이마와 그의 뺨은

Мгновенным пламенем горят;

순간의 불꽃처럼 타오르고

Его **уста** полуоткрыты...

그의 입은 반쯤 열려 있습니다...

네, 바로 그렇습니다. 라트미르(Ратмир)의 '뺨이 순간의 불꽃처럼 타오르고 있다' 고 표현되었지만, 그의 '얼굴이 붉어졌다'(покраснел)거나 (문체적으로 더 낮은 표현으로) '그가 땀에 젖었다'(взопрел)라고 하지 않았습니다. 의미상으로는 '순간의 불꽃처럼 타오른다'(мгновенным пламенем горят ланиты)라는 표현이 가장 적합합니다. 이런 고상한 어휘들로 둘러싸인 환경에서 전혀 다른 표현들이 사용된다면 그것들은 모두 반어법으로 들리거나 부자연스럽게 인식될 것입니다. 이런 연유로 언어학자들이 텍스트를 분석할 때 각각의 구체적인 텍스트를 '주변-맥락'(контекст-окружение)이라 부르는 것입니다. 노래에서 가사를 떼어낼 수 없는 것처럼 말입니다!

점차적으로 많은 교회슬라브어 단어들이 언어에서 사라졌습니다. 어떤 단어들이 사전에서 먼저 사라졌으며, 어떤 단어들이 나중에 사라졌는지 추적할 수 있습니다. 일부 단어들의 의미는 이제 학자들만이 알고 있습니다(예: перси '가슴', выя '목덜미'). 다른 단어들은 여러분에게도 이해되지만, 일상적으로는 거의 사용되지 않습니다. 예컨대 'очи'(눈)이나 'чело'(이마)와 같은 단어들은 일반적인 단어의 장엄한 문체적 변형이며, 문학적인 표현에서 사용됩니다. 화려하고, 웅장하고 공식적인 자리에서 쓰이는 단어들입니다. 방금 살펴본 단어의 변화 유형은 특별합니다. 이런 변화에서 단어의 의미나 발음은 그대로이며 실질적 변화가 없습니다. 단지 단어의 문체적 특성과 유의어 체계에서 위상만 변합니다. 이러한 변화는 문학어에서 가장 특징적인 현상입니다.

그렇다면 다시 《рыло》로 돌아가 보겠습니다. 문어체적이고 장엄한 뉘앙스의 단어(чело, око, ланита)와 일반적인 단어(лоб, глаз, щека) 사이의 상호 배제적 관계는 이해가 갑니다. 그렇다면 왜 《рыло》는 러시아 문학어에서 중립적 단어로 자리 잡지 못했을까요? 그것은 нос(코)와 лицо(얼굴)이 러시아어와 교회슬라브어 모두에서 공통으로 사용되는 단어였기 때문입니다. 모든 공통 단어들은, 기억하시겠지만, 로모노소프가 정의한 '중문체'(средний штиль)에 포함되었고, 이 중문체가 나중에 문학어의 기초가 되었습니다.

바로 이 지점에서 《рыло》는 운이 좋지 않았습니다. 다양한 문맥에서 《рыло》는 'нос'(코)보다 사용 빈도가 낮았습니다. 결과적으로 《рыло》는 격식있는 언어가 아닌, 일상적인 언어에서 사용되는 문체적 변종이 되었습니다. 이 단어는 사실 교회슬라브어에서 유래한 것이 아닙니다. 교회슬라브어에서 《рыло》는 '땅을 파는 도구'를 의미했을 뿐, 새로운 비유적 의미로 발전하지 못했습니다. 《рыло》의 '코'라는 의미는 러시아어 구어체에서 발달하여 문학어로 들어온 것입니다.

로모노소프는 단어들을 이렇게 '문체'(штиль)에 따라 분류했습니다. 예컨대, '얼굴'을 뜻하는 단어로 상문체의 'лик'(존안, 교회슬라브어), 중문체의 'лицо'(얼굴, 공통어), 하문체의 'рыло'(낯짝, 러시아어)가 사용되었습니다.

세부적으로 살펴보면 중문체 단어가 러시아어에서 문학어로 자리 잡은 것은 이유가 있습니다. 첫째, 중문체에는 문체적으로 가장 중립적인 공통 단어들이 포함되었기 때문입니다. 둘째, '목'을 뜻하는 단어로 상문체에는 《выя》, 중문체에는 《шея》가 있었습니다. 하문체의 《рыло》에 해당하는 중문체 단어로는 'лицо'(얼굴) 또는 'нос'(코)가 있었습니다. 그렇지만 상문체에는 '코'를 지칭하는 특별한 단어가 없었고, 마찬가지로 '목'(шея)에 해당하는 하문체 단어가 없었습니다. 오직 중문체만이 모든 필수적인 개념을 전달하기 위해 필요한 중립적인 단어들을 포함하고 있습니다. 이 두 가지 이유로 '중문체'가 현대 러시아 문학어의 근간이 된 것입니다.

이렇게 해서 상당히 점잖은 단어 《рыло》가 문학어 사전에 진입하려는 시도는 결국 실패로 끝났습니다. 이웃 단어들이 이를 받아들이지 않았던 것입니다.

각각의 단어 변화 사례는 그 본질을 더욱 명확하게 하여 새로운 결론을 도출할 수 있는 자료를 제공합니다. 단어마다 고유한 운명이 있습니다. 그러나 변화의 가장 일반적인 원칙들은 일치합니다. 이러한 원칙들이 바로 언어 변화의 법칙이며, 이는 러시아어뿐만 아니라 다른 언어에서도 대체로 유사합니다.

단어의 문체적 변화는 의미적 변화보다 개인, 특히 작가나 학자의 의지에 더 크게 영향을 받습니다. 특히 러시아 문학어의 초기, 푸쉬킨 이전 시기에는 이러한 변화가 많았습니다. 당시에는 풍부한 어휘 선택지가 있었고, 작가들은 폭넓은 가능성을 자유롭게 활용했습니다. 18세기 작품들, 특히 희극과 패러디에서는 푸쉬킨 이후에는 결코 문학어로 인정받을 수 없었던 단어들과 표현들이 등장했습니다. 오늘날에도 개별 단어의 문체적 변화가 진행 중이지만, 이 과정은 더 이상 단어 체계 자체의 내적 법칙성과 관련된 것이 아니라, 이는 종종 유행, 간섭, 모방의 문제로 나타난 것입니다.

아홉 번째 이야기

단어가 어떻게 얇아지고 사전은 어떻게 두꺼워지는지, 그리고 부부와 향기에 대하여

О ТОМ, КАК ИСТОНЧАЮТСЯ СЛОВА И ТОЛСТЕЮТ СЛОВАРИ, А ТАКЖЕ О СУПРУГАХ И БЛАГОВОНИЯХ

단어들의 변화 과정은 기묘하고 다양합니다.

따뜻한 7월 저녁 모기가 춤추듯 날아다니는 것을 본 적이 있나요? 마치 구름처럼 정처 없이 떠다니는 투명한 생명체 모기가 어디로, 어떻게 날아가 버릴지 전혀 알 수가 없습니다. 그 비행경로는 수천 가지의 예측 불가능한 조건들에 의해 결정됩니다. 단어들도 그런 가벼운 구름과 같습니다. 단어들은 모두 함께 존재하지만, 동시에 각자 독립적인 완전성을 지닙니다. 단어가 발음되는 것은 음성학적 측면입니다. 단어가 다른 단어들의 결합으로 구성되는 것은 조어론적 측면이며, 단어가 문장 속에서 다른 단어와 연결되고 변화하는 것은 문법적인 형식입니다. 단어는 만약 주변에 비슷하거나 동일한 단어가 전혀 없다면 자신의 모든 의미를 활짝 펼쳐 보이지만, 더 정확하고 유연한 단어가 옆에 있으면 자신의 내적 빛을 조용히 감춥니다. 이를 두고 우리는 단어의 어휘적 의미(лексическое значение), 더 넓게는 단어의 의미적 관계(семантические связи)라고 부릅니다. '의미론'(семантика)이라는 용어는 고대 그리스어의 《семантикос》('의미하는, 나타내는')에서 유래했습니다. 실제로 단어는 대상을 직접적으로 반영하는 것이 아니라 단지 그것을 특정한 기호로 나타낼 뿐입니다. 단어들은 어떤 언어에서나 복잡하고, 분화된 '기호 체계'를 형성합니다.

단어는 형태와 의미의 두 가지 측면을 가진 기호입니다. 문법과 음성학은 단어의 형태를 연구하고, 의미론에서는 단어의 의미를 연구합니다. 단어의 형태와 의미의 관계는 임의적입니다. 왜 우리는 특정 대상과 그 개념을 나타내기 위해 《стол》이라고 발음할까요? 왜 우리는 체코인과 폴란드인처럼 《стул》이나 우크라이나인처럼 《стіл》처럼 다른 소리의 조합으로 발음하지 않는 걸까요?

왜냐하면 현대 러시아어 사용자에게는 《стол》이라는 소리의 조합이 '탁자'라는 특정 개념과 연결되어 있기 때문입니다. 반면, 동일 개념을 나타내기 위해 폴란드인은 《стул》, 우크라이나인은 《стіл》이라는 소리의 조합을 사용합니다.

결국, 단어의 소리와 의미의 관계는 매우 임의적이며, 그 자체도 변할 수 있습니다. 실제로 폴란드어와 우크라이나어에서는 이러한 변화가 일어났습니다. 본래 공통슬라브어 단어 《стол》이 시간이 지나면서 폴란드어에서는 《стул》로, 우크라이나어에서는 《стіл》로 변형된 것입니다. 단어의 소리 형태는 각 언어에서 다르게 변화했지만, 그 공통 의미는 유지되었습니다. 그러나 특정 언어 내에서 특정 역사적 시기에서 단어의 형태와 의미의 관계는 변하지 않으며, 그 언어를 사용하는 모든 사람에게 일관되고 필연적인 것입니다.

언어의 변화는 다양한 이유로 발생할 수 있습니다. 단어라는 복잡한 전체의 다양한 측면이 변화할 수 있습니다. 단어의 발음, 형태적 구성, 다른 단어와의 결합 및 문장에서의 위치와 지위, 그리고 그 의미도 변할 수 있습니다.

대부분의 경우 단어의 의미는 좁아집니다. 그 단어가 사용될 수 있는 어 결합의 수가 점차 제한됩니다. 이것은 언어가 항상 가장 정확한 표현을 지향하고, 궁극적으로 사고의 표현 수단을 좀더 명확하고 정교하게 다듬기 때문입니다.

여기서 우리는 다시 고대 러시아어 텍스트로 돌아가 다음과 같은 표현들을 살펴봅시다.

Имамъ же два **супруга** воловъ...
(나는 두 마리의 소를 가지고 있다...)

Вы в напастехъ утеха и в темниши освобождение, **супруго** Борисе и Глебе!..
(고난에서 위안이 되고 감옥 속에서 해방이 되는 영혼의 동반자, 보리스와 글렙이여!)

Повелевають нам гонити десять **супругъ**.
(우리는 10쌍을 몰고 가라는 명령을 받았다.)

멍에를 함께 지는 소들도 《супруги》, 형제들도 《супруги》입니다. 이상하게 들릴 수 있지만, 현대 러시아어에서는 이 단어가 결혼한 부부, 즉 남편과 아내를 의미합니다. 하지만 과거의 문헌에서의 이 단어의 본래 의미는 '한 멍에에 묶인 쌍'(пара в одной упряжке)이라는 것입니다. 같은 멍에에 묶인 두 마리의 소, 같은 목적을 위해 함께 목숨을 잃은 두 형제, 그리고 마구에 묶여 함께 몰려가는 20마리의 가축이 모두가 《супруги》입니다. 이들은 순전히 어떤 외적인 방식으로 영원히 연결되어 있습니다.

《Супругъ》라는 단어는 'упряжка'(멍에)와 같은 어원에서 유래했으며, 이 두 단어의 어근은 단지 소리의 교체로 구분됩니다. 고대에는 《упряжка》라는 단어가 없었기에, 《супругъ》가 그 역할을 했습니다. 그러나 시간이 흘러 《упряжъ》에서 《упряжка》라는 단어가 새롭게 생겨나면서, 《супруг》는 권좌에서 물러나게 되었습니다. 그 결과, 《супруги》라는 단어는 단 하나의 비유적인 의미, 즉 '남편과 아내'라는 뜻만 남았습니다. 그러나 이마저도 시간이 지나면서 일상적인 대화에서 거의 사용하지 않게 되었습니다. 왜냐하면 이 단어는 점차 원치 않는 어조, 즉, 지나치게 격식을 차리거나, 반어적인 뉘앙스를 띠게 되었기 때문입니다. 아마도 모두가 이 의견에 동의하지 않을 수도 있겠지만, 어쨌든 《супруг》라는 단어는 점점 '늙어가고', 마치 물기 없는 꽃처럼 시들어가고 있습니다. 사람들은 점점 더 'семейная пара'(부부)나 다른 표현을 선호하고, 《супруги》라는 단어를 피하는 경향이 있습니다. 이것은 단 하나의 유일하고 좁은 의미만 유지하다가, 그 의미마저도 갑자기 별로 중요하지 않게 된 모든 단어가 필연적으로 겪게 되는 자연스런 변화입니다.

현대의 가족 관계에서는 부모(아버지와 어머니)를 가족구성원들, 즉 가솔들(домочадцы)과 대비하여 구분하는 방식이 사라졌고, 언어도 이 변화에 민감하게 반응했습니다. 오래되고 좋은 단어가 더 이상 제 역할을 하지 못하게 된 것이지요. 우리가 그 단어를 대하는 태도 자체가 바뀌었고, 사전에서는 이 단어에 'устар'(구식, 고어)이라는 표기를 붙이게 됩니다.

이제 완전히 다른 어휘로 넘어가 보겠습니다. 그것은 바로 'укроп'(dill, 회향풀)입니다. 고대 그리스인들은 회향풀(укроп)과 파슬리(петрушка)

로 만든 화관을 영웅과 시인들에게 씌워주었지만, 우리는 이 허브풀을 수프에 넣습니다. 그렇다면 고대 러시아인들은 《укроп》을 어떻게 생각했을까요?

고대 러시아인들은 《укроп》이라는 단어를 지금과는 다른 의미로 이해했습니다. 11세기 말의 한 문헌에는, 수도사들이 큰 잔에 《укроп》을 부었는데, 갑자기 그 안에는 난데없이 두꺼비(жаба)가 있었다고 전합니다. 물론 이 두꺼비는 《укроп》으로 채워진 그 그릇 안에서 이미 익어버린 상태로 말입니다. 두꺼비에 대한 것은 매우 불가사의하지만, 《укроп》에 대해서는 명확합니다. 여기서 《укроп》은 '끓는 물'(кипяченая вода), 즉 '뜨거운 물'(кипяток)을 의미합니다. 그러므로 두꺼비가 어쩌다 뜨거운 물 속에서 정신이 들었다손 치더라도 당연히 익을 수 밖에 없었을 것입니다. 'кропить'(뿌리다), 'кропать'(휘갈기다), 'накрыпывать'(흩뿌리다)는 옛 단어 《укроп》와 어원이 같습니다. 이 단어들의 본래 어원은 무언가

'진하고 축축한 액체가 빠르게 분출되는 것'을 의미한다고 할 수 있습니다. 끓는 물은 넘치면서 거품, 즉 'кропки'(기포, 물방울)을 내뿜습니다. 이것이 바로 《укроп》입니다.

현대의 회향풀(укроп)도 레이스 패턴의 꽃다발(кружева соцветий)을 이루며 무수히 향기를 내뿜습니다. 이러한 유사성 때문에 이 허브는 러시아에 들어오자마자 'укроп'(dill, 회향풀)이라는 이름을 얻게 되었습니다. 그러나 '딜'(회향풀)과 '끓는 물'을 같은 단어(укроп)로 부르는 것이 불편해지자, 'кыпети'(끓다)라는 동사에서 파생된 새로운 단어가 등장했습니다. 1382년경의 연대기에는 적들에게 포위된 도시 주민들에 대해 이렇게 기록하고 있습니다.

Граждане же воду въ котлахъ варяще, **кыпятню**, и льяху на врагов варъ..
(시민들은 솥에 물을 끓여, 끓는 물을 적들에게 쏟아부었다.)

지소형 접미사 -ок을 지닌 현대러시아어의 'кипяток'(끓는 물)이라는 단어는 좀 더 나중에 등장했습니다. 하지만 17세기까지도 《укроп》은 옛 방식대로 여전히 '끓는 물'을 뜻하는 말로 사용되었습니다.
16세기 연대기의 또 다른 발췌문에서, 우리는 접미사를 결합하여 형성된 단어와 마주합니다.

...поставил **ключницу** хлебную камену.
(곡물 저장고를 세웠다.)

《Ключница》. 이 단어는 지난 세기의 소설들에서 여러 번 등장했습니다. 예를 들어, "오네긴(Онегин)의 삼촌이 40년 동안 《ключница》와 다투었다…"라는 표현이 있지요. 우리가 알고 있는 'ключница'(또는 ключник)는 가정의 식량이나 재산을 관리하는 사람, 즉 '집사'나 '관리자'를 의미합니다. 그러나 연대기에서 발췌한 부분에서는 《ключница》가 전혀 다른 의미를 가지고 있습니다. 바로 곡물을 저장하는 창고, 즉 '곳간'(амбар)을 의미합니다. 즉, 발음은 완전히 똑같지만, 뜻은 전혀 다른 두 단어가 존재했던 것입니다. 이 두 단어 모두 '열쇠'(ключ)라는 단어에서 유래되었습니다.

먼저 《ключница》라는 단어의 역사, 즉 '곡물 창고'라는 의미에 대해 살펴봅시다.

새로 형성된 단어의 의미는 언제나 그것을 파생시킨 '파생 모어'의 의미에 의해 결정됩니다. 그러나 그 단어가 원래의 단어에서 분리되어 독립적인 어휘로 자리 잡고, 의미와 형태가 유사한 단어 집단에 편입되게 되면, 그 단어는 즉시 '자기만의 자리'를 고유한 의미와 용법 속에서 갖게 됩니다.

'ключ'(열쇠)에서 파생된 단어 《ключница》는 처음에는 매우 광범위한 의미를 지니고 있었습니다. 즉, '열쇠로 잠글 수 있는 모든 장소'를 의미했습니다. 그러나 시간이 지나면서 원래 단어에서 점점 더 멀어지고, 같은 유형의 다른 단어들(예: Храмина, Изба, Дом, Хижа, Гридница, Комара 등[19])에 의해 밀려나면서, 《ключница》는 점차 '곡물 창고'만을 의미하게 되었습니다.

그러나 동시에 《ключница》라는 또 다른 단어가 존재했는데, 이는 중세의 가장 중요한 양식인 곡물(хлеб)을 책임지고 관리하는 사람을 가리켰습니다. 예컨대, 블라디미르(Красно Солнышко, 붉은 태양) 대공의 어머니는 올가(Ольга) 공녀의 《ключница》였습니다. 그러나 '곡물 창고'와 그것의 '열쇠를 보관하는 여성'이 동일하게 《ключница》로 불리는 것은 불편한 점이 있었습니다. 그래서 타타르어 'амбара'(창고)가 등장하면서 《ключница》라는 단어는 다시 한번 자리를 내주게 되었습니다. 이때부터 《ключница》는 의미가 좁아져서 오직 '곳간의 열쇠를 맡길 수 있는 여성'을 의미하게 되었습니다.

단어 《ключница》의 이후 운명은 《супруг》와 유사합니다. 점차적으로 언어에서 사용되지 않게 됩니다. 우리는 이 단어를 책에서 여전히 접할 수 있고, 단어의 뜻도 설명할 수는 있지만, 실제 우리의 삶에서는 그다지 필요하지 않게 되었습니다.

이처럼 극단적으로 구체적인 의미를 가진 단어는 마치 여러 사람의 손

---

19) Храмина(성당이나 교회 같은 큰 건물), Изба(러시아 전통 농가), Дом(집), Хижа(오두막, 시골집), Гридница(중세 러시아의 큰 홀, 주로 연회나 공식 행사를 위한 공간), Комара(작은 오두막집) (역자 주).

을 거친 낡은 동전처럼 점점 마모되어 결국에는 언어에서 사라집니다.

사라지기도 하지만, 언제나 그런 것은 아닙니다. 사라진 것처럼 보였던 단어가 다시 나타나기도 하고, 어느 순간 정반대의 의미로 돌아오기도 합니다. 물론 그 단어가 저절로 그렇게 되는 것은 아닙니다. 항상 단어 체계 속에서 그것과 유사한 다른 단어들과의 상호 작용 덕분에 그렇게 변화하는 것입니다. 이러한 변화의 사례를 몇 가지 살펴보겠습니다.

러시아어와 친족 관계에 있는 여러 언어에서는 'сосать соску'(젖꼭지를 빨다)라는 표현은 거의 같은 방식으로 이해되고 있습니다. 즉 '아기가 입으로 소리를 내며 젖을 빨아들이는 것'을 말합니다. 《Сосать молоко》란 '젖을 빨아들이는 행위'를 말합니다.

그렇다면 《доить молоко》는 어떤가요? 《Доить молоко》는 '소의 젖에서 우유를 짜내는 것'을 의미합니다. 적어도 현대 사전에서는 이렇게 정의되어 있습니다.

하지만 모든 러시아어와 친족 관계에 있는 고대 언어들에서 《доить》라는 동사는 《сосать》와 동일한 의미를 지니고 있었습니다. 즉 《сосать соску》와 《доить соску》는 같은 뜻이었습니다. 그렇지만 여기에 중요한 점이 하나 있습니다. 그 당시의 젖꼭지(соска)에 대해서는 거의 알려진 바가 없지만, 아기들은 어머니의 젖가슴(грудь)을 빨았고(сосать) 또 짜내었습니다(доить). 이 두 동사들이 등장하는 고대 문헌들도 상당수 남아 있습니다. 그러나 그중 일부는 매우 이상하고 이해하기 어려운 것들도 있는데, 예컨대, 다음과 같은 표현이 있습니다.

Женщина **доит** дитя молоком.

(여자가 아이에게 젖을 물리다.)

《доить》의 이러한 의미는 《сосать》라는 동사와의 충돌로 인해 발생한 것입니다. 실제로 두 단어는 동일한 과정을 나타냈지만, 이 과정의 행위자는 둘이었습니다. 젖을 물리는 어머니와 젖을 빠는 아기. 이 두 단어 사이에서 역할 분담이 이루어졌습니다. 즉 《доить》는 '젖을 먹이다', 《сосать》는 '젖을 먹다' 라는 뜻을 담당하게 되었습니다. 남슬라브어들에서는 두 단어의 관계가 지금까지도 유지되었지만, 러시아어에서는 이 관계가 다시 변화했습니다.

낙농업의 발전으로 새로운 명칭과 용어를 필요로 했고, 그 결과 《доить》는 새로운 어휘 범주로 이동하여 지금 우리가 아는 현대적 의미(젖을 짜다)를 갖게 되었습니다. 아마도 한동안은 《доить》라는 단어가 다양한 의미로 사용되었을 가능성이 높습니다. 왜냐하면 본래의 뜻이 여러 상황에 모두 적용될 수 있었기 때문입니다. 그 후 단어와 그 의미의 발전 법칙에 따라, 이 단어는 오직 현대의 의미만을 보존하게 되었습니다.

보시다시피, 설령 어떤 단어가 유사한 의미를 가진 다른 단어들과의 경쟁 체계에서 밀려났다 하더라도 단어는 그렇게 순순히 사라지지는 않습니다. 단어가 사라지는 것을 늦추거나 보존할 수 있는 다양한 방법이 존재합니다. 만일의 경우를 대비해서, 비록 어휘집의 구석진 곳이라 할지라도, 문체적 주석을 붙여서더라도 남겨둘 수 있다면 어쨌든 그 단어는 보존되는 것입니다.

가령, 《вонь》이라는 단어는 현대 사전에서는 '구어체'라는 문체적 주석과 함께 '불쾌한 냄새'(дурной запах)를 뜻한다고 기술합니다. 문체적 주석도 있고, 의미도 좁아져서 오직 '악취'만을 뜻하게 되었습니다. 이 이야기를 주의 깊게 읽으셨다면, 굳이 제가 설명하지 않아도 쉽게 짐작하실 수 있을 것입니다. 단어가 좁은 의미를 얻게 되어 문체적으로 궁지에 몰리게 되었다면, 그것은 아마도 한때는 그 단어가 지나치게 폭넓은 의미를 지녔었고, 모든 사람이 항상 사용했었던 단어였을 가능성이 큽니다. 물론, 실제로도 그러했지요.

이 단어(вонь)는 불가리아어의 'воня'(악취), 세르비아어와 우크라이나어의 'вонь'(냄새), 체코어의 'вуне'(향기)라는 단어들과 같은 어원을 갖습니다. 그리고 러시아어에는 교회슬라브어에서 차용된 단어 'благовоние'(향기)도 여전히 보존되어 있었습니다. 그렇다면 이것(вонь)을 어떻게 번역할 수 있을까요? 좋은 악취? 슬라브인들에게 있어서 《вонь》의 원래 의미는 '냄새', 즉 모든 종류의 냄새였습니다. 그러나 교회슬라브어의 영향으로 '좋은 냄새', '향기'라는 의미가 인위적이지만 절묘하게 조어된 단어 《благовоние》에 연결되기 시작했을 때, 이에 대립되는 의미(불쾌한 냄새, 악취)는 원래의 단어 《вонь》에 결합 되어 점차 자리 잡기 시작했습니다. 상황이 그렇게 될 수밖에 없었지요. 이미 '좋은 냄새, 향기'를 가리키는 단어(благовоние)가 생겨난 이상, 《вонь》은 사전에서 축출당하지 않기 위해서라도 '나쁜 냄새, 악취'라는 의미라도 유지하며 살아남을 수밖에 없었습니다.

다른 슬라브어계 언어들에서도 상황은 비슷합니다. 가령, 세르비아어에서는 'благовоние'(향기)라는 단어가 자리를 잡지 못했고, 대신, '나쁜 냄새, 악취'를 뜻하는 공통슬라브어 단어 'смрад'(악취)가 정착했습니다. 그래서 세르비아어에서는 옛 슬라브어 단어 《вонь》이 본래의 '냄새'라는 의미를 그대로 유지했습니다. 친족 관계에 있는 언어들을 연구할 때 가장 어려운 점은 동일한 발음의 단어가 때로는 완전히 상반된 의미를 갖는 경우입니다.

러시아어에서 《вонь》의 역사는 여러 단계를 거쳤습니다. 가장 오래된 12세기 문헌에서는 《воня》이 항상 일반적인 '냄새'를 뜻했습니다. 예를 들어, "откуда же сладость в овощи и **добры вони** — ничто же не **воняет** (кроме самого овоща)."(채소의 단맛과 좋은 냄새는 어디서 오는가? 채소 자체를 제외하고 아무런 냄새도 나지 않는다.) 여기서 강조된 단어들은 모두 '냄새', 심지어 '좋은 냄새'를 뜻합니다. 구체적으로 좋은 냄새를 표현하기 위해 특별히 'добрый'(좋은)라는 단어를 추가해야 했습니다.

그러나 17세기의 문헌에는 모든 것이 뒤섞여 있습니다. 한 단어가 같은 문헌에서 조차도 서로 다른 의미로 사용되는 것을 볼 수 있습니다. 예컨대, 'яко воздуху наполнится от **воня** мускусныя,'(공기가 사향의 향기로 가득 차다)에서 《воня》는 당시의 '향수' 같은 좋은 냄새를 뜻합니다. 하지만 'вепрь бо **смрадом воняя** и весь сквернен'(멧돼지가 악취를 풍기고, 온통 지저분하다)라는 다른 문장에서는 'смрад'(악취)라는 명사와 결합된 'воняти'가 이제 '악취를 풍기다'라는 새로운 의미, 그리고 더욱 일반적인 의미로 사용되었음을 보여줍니다. 더구나 여기서 본격적으로 다루고 있는 것은 'вонь'(냄새)가 아니라 'смрад'(악취)에 대한 것입니다.

오늘날 우리가 사용하는 'вонь'(악취)라는 단어는 동사 'вонять'(악취를 풍기다)에서 파생된 것일 가능성이 크며, 그 어원조차도 이미 2차적인 것입니다. 동사의 결합 규칙에 변화가 생기면서 그 의미도 변하게 된 것입니다. 'воняти мускусом'(사향 냄새를 풍기다) → 'воняти смрадом'(악취를 풍기다). 처음에는 가벼운 의미 이동, 약간의 시적 자유나 은유에 불과했지만, 결국 그것이 단어의 비극적인 결말을 초래했습니다. 비록 이 결말은 해당 단어가 친척 어휘군(цепь родственных слов) 속에서 차지하는 위상에 의해 어느 정도 예견되었지만 말입니다.

이와 같은 사례를 통해서 우리는 단어의 의미 변화가 일어나는 조건들을 알 수 있습니다.

모든 친척 어휘군의 의미 체계는 특정 단어가 어느 방향으로든 의미를 바꾸는 것을 방해하지는 않습니다. 의미 변화 그 자체는 항상 다양한 가능성을 지니고 있으며, 어느 방향이든, 이리저리 원하는 방향으로도 의미가 이동할 수 있습니다. 그 결과가 아름다울지, 어색할지, 사람들의 마음에 들지, 새로운 의미의 단어가 다른 단어들과 잘 어울릴지, 그렇지 않을지, 텍스트와 맥락이 허락하는 대로 변하는 것이지요.

이러한 변화는 단지 '개별 단어'에만 국한된 것이 아닙니다. 개별 단어가 스스로 변하는 일은 결코 없으며, 사실상 변화할 수도 없습니다. 단어란 결국 약속된 기호이기 때문입니다. 변화하는 것은 개별 기호가 아니라 공통된 체계로 연결된 기호들의 전체 집단(целые группы)입니다. 실제로, 고대에는 《доить》라는 단어가 특정 어휘군에 속했으나 이제는 약간의 의미 변화 및 다른 단어와의 결합 방식의 변화로 인해 완전히 다른 어휘군과 연결된 것을 보면, 단어가 지닌 이전의, 고대의 관계가 해체되고 변형되어 다른 관계가 되었음을 알 수 있습니다.

우리는 현대 사전의 어휘의 바다에서 외롭게 떠다니는 단어들, 우연한 소리의 조합인 듯 보이면서, 거의 사용되지 않는 고립된 단어들을 다수 발견합니다. 그중 하나가 바로 'кляп'(재갈)입니다.

울림이 있고 좋은 단어지만 우리가 자주 사용하지는 않습니다. 단어는 짧지만 러시아어 대사전에서는 매우 길게 설명됩니다. 즉 '물어뜯거나 소리 지르는 것을 막기 위해서 강제로 입안에 넣는 나무 조각이나 헝겊 조각'을 뜻합니다. 말하자면, 물지 못하게 하려고 입에 넣는 나무 조각입니다. 그렇다면 이때 'кляп'(재갈)이 빠지지 않게 하려면 당연히 손을 묶거나 머리채를 붙잡을 필요가 있겠지요. 그러나 사전은 이러한 세세한 사항까지 담고 있지 않습니다. 물론 이해가 됩니다. 사전은 어디까지나 사전일 뿐, 사용 설명서는 아니기 때문이죠. 그렇지만 사실 우리에게 필요한 것은 그보다도 적습니다. 바로 사전적 정의의 핵심적인 부분 몇 가지만 알면 됩니다. 즉, '나무조각'(кусок дерева)... '강제로'(насильно).. '틈으로' (в отверстие)... '막다'(закрыть)입니다.

만약 여러분이 점선으로 그려진 이 미완성 스케치(набросок)를 유심히 들여다보면, 그 무수한 점선들 너머로 단어의 복잡한 역사를 볼 수 있을 것입니다. 그 단어의 옛 의미들, 그리고 지금의 짧은 단어 'кляп'(재갈)에 이르기까지, 점차적이고 꾸준했던 변화의 과정이 드러납니다. 만약 단어가 점차 그 방대한 자신의 어휘 가족을 모두 잃고 고립된 채 남게 되면,

그 단어 속에는 마치 스프링이 수축하듯이 과거의 모든 의미와 뉘앙스가 더 좋은 시기가 올 때까지 압축되어 저장됩니다. 그리고 마침내 그때가 되면 압축되었던 스프링은 다시 새로운 단어의 꽃다발로 활짝 펼쳐질 수 있습니다. 이런 어근들을 '어휘 보존자'(лексические консерваты)라고 부른다면 (어쨌든 '통조림'보다는 낫겠지요) 정확한 표현일 것입니다.

바로 이런 방식으로 그 스프링은 수축되어 있었습니다. 《-кляп-》과 《-кляч-》라는 어근들 사이에는 어떤 연관성이 있습니다. 많은 슬라브어(러시아어 포함)에서 이 어근들은 비슷한 의미의 어휘군을 형성합니다. 예를 들어, 러시아어의 'кляча'(비쩍 마르고 힘없는 늙은 말)는 폴란드어로는 'кленпа'(klępa)인데 《кляпа》와 발음이 꽤 유사합니다. 이 어근들의 공통된 의미는 '(강제로) 구부러진'입니다. 이 의미는 러시아 방언에서도 확인할 수 있습니다. 일례로, 『일리야 무로메츠』(Илья Муромец)에서 영웅 일리야(Илья)가 자신의 적들 중 하나와 맞닥뜨린 곳이 바로 '그 구부러지고 뒤틀린 자작나무 근처'(у тое у березы у покляпыя)입니다. 여기서 《покляпыя》는 '구부러진, 휘어진 자작나무'를 뜻합니다. 결국 'кляпа'(구부러짐)와 'кляча'(늙은 말)는 같은 어원을 공유하며, 의미 면에서도 연결되어 있습니다.

방언에서, 그리고 고대 문헌에는 《кляпа》의 가까운 어휘적 친척들이 존재합니다. 예컨대, 《кляпец》는 '덫, 함정'이라는 뜻인데, 이 단어도 역시 '나무 조각'(кусок дерева)... '구멍으로'(в отверстие)... '닫다'(закрыть)라는 동일한 의미 구조를 갖고 있습니다.

《кляпыш》는 고대의 카프탄(전통 긴 상의)에 달린 '나무 단추'를 뜻했고, 그 어근의 공통 의미 역시 동일합니다. 예전에는 **《кляпыш》**가 '아몬드 열매'를 지칭하기도 했는데, 그 열매 모양이 '나무 단추'와 비슷하게 생겼기 때문입니다. 또한 '휘어진 나무'를 가리켜 《кляпина》라고 부르기도 했습니다.

이처럼 단어들은 점차 변화를 거듭하며 의미가 극단적으로 축소되면, 결국 언어에서 사라지게 됩니다. 비슷한 방식으로 그 단어들과 함께 사용되던 전형적인 문맥들도 사라집니다. 단어가 낡은 고어가 되면서, 그 의미들도 하나둘씩 천천히, 그러나 분명히 사라질 것입니다.

러시아어 단어의 수, 그리고 어떤 단어가 순수 러시아어 단어인가에 대하여

О ТОМ, СКОЛЬКО РУССКИХ СЛОВ И КАКИЕ ИЗ НИХ РУССКИЕ

많은 사람에게 단어란 곧 언어입니다. 단어 수가 많다면 언어가 풍부하고 좋은 것이며, 단어가 적다면 그 반대일 것입니다. 그렇다면 러시아어에는 얼마나 많은 단어가 있을까요? 이는 어떻게 계산하느냐에 달려 있습니다. 어떤 사람들에겐 200개의 단어만으로도 평생 충분하지만, 다른 사람들에게는 더 많은 단어가 필요할 수도 있습니다. 만약 지금까지 러시아어 어휘집(лексикон)에 축적된 모든 단어를 합산하면 약 100만 개가 될 것입니다. 생각해 보십시오. 현대 러시아 문학어(литературный язык)에는 약 15만 개의 단어가 있고, 이 외에도 방언(диалекты)에 약 20만 개의 단어(또는 문학어의 새로운 의미)가 있습니다. 또한 약 3만 개의 외래어가 있고, 새로운 단어와 의미도 약 5천 개나 되고, 그 수는 계속해서 증가하고 있습니다. 여기에 학술 용어(термины), 은어(жаргоны)를 포함한 전문 용어가 약 1만 개 더해집니다. 그리고 우리가 다양한 경우에 사용하는 교회슬라브어의 오래된 단어들도 몇천 개 더해집니다. 역사적으로 사라지고 잊혀진 단어들이 약 3만 개나 있으며, 고유명사나 별명까지 모두 합치면 약 2만 5천 개의 단어가 추가됩니다. 또한 매일 대화 중에 우리가 만들고 곧바로 잊어버리는 여러 즉흥적 단어와 지소형(축소형, 애칭)과 지대형, 경멸형 등의 단어들, 그리고 일반 사전에 포함되지 않는 접미사를 가진 다른 단어들도 있습니다. 이처럼 우리가 사용할 수 있는 단어는 거의 100만 개 또는 단어마다 매번 새로운, 특별한 의미의 단어들이 생깁니다. 물론, 이 방대한 양을 체계적으로 정리하여 러시아어의 완전한 사전을 만든다면 100만 개가 되지 않을 수도 있습니다. 그렇다 하더라도 여전히 매우 많은 어휘량이며, 『전쟁과 평화』나 『푸시킨 전집』을 쓰기에 충분한 양입니다.

지금은 거의 백만 개의 단어가 있지만, 학자들에 따르면 우리가 역사적 자료에서 처음 만나게 된 천 년 전의 슬라브인들은 약 2만 개의 단어를 가지고 있었습니다. 어떤 학자들은 4만 개로 추정하기도 합니다. 이 숫자들을 깊이 생각해 보면, 천 년 동안 우리의 어휘집(лексикон)은 25배로 증가했으며, 매년 평균 거의 1000개의 새로운 단어 또는 그 의미가 생겼음을 알 수 있습니다. 이 단어들 중 일부는 우연히 생겨났다가 오래 지속되지 못하고 흔적없이 사라졌을 수도 있지만, 그 당시 슬라브족들에게는 새롭고, 항상 중요한 의미를 지닌 단어들도 있었습니다. 이것은 큰 언어적 자산이었지만, 일부는 잃어버리기도 했습니다. 너무 늦게 기록이 시작되었고, 사전이 만들어지기까지 시간이 오래 걸렸기 때문입니다. 초기에는 슬라브어가 아닌, 특이하고 낯선 외국어 단어들을 기록하려고 노력했습니다. 1596년 라브렌티 지자니(Лаврентий Зизаний)의 첫 판본 어휘집(Лексис)에는 1061개의 단어가 있었는데, 이는 당시로서는 매우 많은 숫자였습니다.[20] 1627년 팜바 베린다(Памва Берында)의 사전에는 거의 7000개의 단어가 포함되어 있었으며, 이는 믿기 힘들 정도로 많은 수입니다. 18세기 말, 러시아 학술원 사전(Словарь Академии Российской)에는 42,257개의 단어가 등재되었고, 1806년에 출판된 두 번째 판에는 51,388개의 단어로 늘어났습니다. 1834년 소콜로프(П. Соколов)의 학습용 사전에는 약 8만 개의 단어가 수록되었으며, 1847년 학술원 사전(академический словарь)에는 114,749개의 단어로 증가했습니다. 1863년부터 발행된 블라디미르 달(В. И. Даль)의 해설 사전(Толковый словарь)에는 20만 개 이상의 단어가 등재되었습니다. 이렇게 점점 더 많은 단어들이 수집되었고, 이에 따라 자신의 모국어, 즉 러시아어에 대한 관심도 커졌습니다.

이 모든 기간 동안 새로운 단어의 수도 계속 증가했습니다. 그러나 그 새로운 단어들이 어딘지도 알 수 없는 곳에서 갑자기 우연하게 만들어지

---

[20] 라브렌티 지자니(Лаврентий Зизаний, 1596년경 활동)는 16세기 말에서 17세기 초에 활동한 우크라이나-벨라루스 출신의 교육자, 언어학자, 정교회 신학자, 번역가다. 그는 주로 러시아어와 우크라이나어, 벨라루스어 발전 과정에서 중요한 역할을 한 인물로 평가된다. 벨라루스 혹은 우크라이나 지역(당시 폴란드-리투아니아 연방)에 태어난 것으로 알려져 있다. 그는 정교회 신학을 연구하면서 교육 활동을 펼쳤으며, 이후 키예프 형제학교(Киевское братское училище)에서 교사로 활동했다. 또한 동방 정교회의 전통을 보호하고, 가톨릭 및 개신교의 영향을 견제하기 위해 여러 저술을 남겼다. 그의 저작들은 슬라브 정교회의 종교 논쟁에서 중요한 역할을 하였으며, 당대의 정교회 신학자들과 폴란드-리투아니아 연방 내 예수회 신학자들 사이의 논쟁에서도 적극적으로 참여했다. (역자 주)

는 경우는 거의 없습니다. 새롭게 생겨난 단어들이 사람들에게 이해가 되지 않았다면, 보존되지도 않았을 것입니다.

종종 단어는 단순히 다른 언어에서 직접 차용되거나, 외국어에서 자국어로 '번역'하여 그대로 옮기는 방식으로 만들어집니다. 이러한 단어들은 'калька'(직역어, 프랑스어 'caique'에서 유래)라고 불리며, 이것은 외국어 단어의 구조를 모국어로 정확히 복제하여 만든 단어를 의미합니다. 예를 들어, 고대 러시아에서 совесть(양심)라는 단어는 그리스어 συνείδησις (syn-eidē-sis)라는 단어의 유형에 따라 형성되었습니다. 여기서 그리스어 접두사 *syn-는 슬라브어의 –съ와 정확히 대응됩니다. 그리스어 어근 *-eid-는 슬라브어의 вѣд-(알다, 인식하다)와 같은 의미이며, 이 그리스어 어근은 'идея'(아이디어)라는 단어에서도 찾아볼 수 있습니다. 즉, 단어의 구성 요소뿐만 아니라 전체적인 의미도 그리스어에서 슬라브어로 번역된 것입니다. 원래 의미는 '공동의 인식', 심지어 '의식'(сознание)에 가까운 개념입니다. 그러나 이 번역에서는 아직 'совесть'(양심)의 현대적 의미인 '자신의 행동에 대한 도덕적 책임감'과는 거리가 멀었습니다. 이러한 현대적 의미는 나중에 새로운 문화적 환경 속에서 인간관계가 발전하면서 정착된 것입니다. 하지만 이런 '의미 차용'은 종종 문어체보다는 구어체에서 더 자주 발생합니다. 이에 대한 흥미로운 사례를 소개하겠습니다.

젊은 시절의 막심 고리끼(М. Горький)는 러시아어를 거칠게 사용한다는 이유로 많은 비판을 받았습니다. 그중 하나가 바로 'выглядеть'(보이다)라는 단어를 '어떤 인상을 주다'라는 의미로 사용한 것이었습니다. 특히 그의 문장에서 사용된 'лошади **выглядели** уродливыми'(말들이 흉측해 보였다)라는 표현이 비판의 대상이 되었습니다. 당시 잡지들은 이것을 언어 파괴의 대표적인 예로 꼽으며 "막심 고리키의 이러한 표현은 도저히 용납할 수 없다"라고 주장했습니다. "러시아 문학의 어떤 고전 작가도 페테르부르크의 독일계 관리들이 만들어낸 이 흉측한 표현을 사용하지 않았다"며 비난했습니다. 여기서 'выглядеть'(보이다)는 독일어 'aussehen'에서 차용된 직역어(калька)였기 때문입니다.

투르게네프(Тургенев)였다면 "она была собою некрасива"(말은 아름답지 않았다)라고 표현했을 것입니다. 심지어 그 당시의 언론인들조차도 'он **выглядит** бодрым'(그는 활기차게 보인다)라고 하지 않고, 'он **смотрит** бодро'라는 표현을 사용했습니다.

1935년 우샤코프(Д.Н. Ушаков)가 편집한 사전에서만 《выглядеть》라는 단어를 '점점 더 확산되는 독일식 표현'이라고 언급하고 있습니다. 오늘날 이 표현은 우리에게 익숙하지만, 문학어로 정착되기까지 오랜 과정을 거쳤습니다. 이것은 '직역어'(калька)가 쉽사리 러시아어에 정착한 것은 아니며, 러시아어 단어로 자리 잡기까지 반대 세력에 부딪히곤 했다는 것을 보여줍니다.

때때로 외국에서 차용된 단어는 기본적 의미뿐만 아니라 비유적 의미까지도 함께 러시아어로 들어왔습니다. 그러나 우리는 그것을 의식하지 못한 채 외국어의 은유를 그대로 사용하고 있습니다. 예를 들어 《душа》는 슬라브인들에게는 단순히 인간의 몸속에 머물다가 그의 죽음과 함께 떠나는 '영혼'을 의미했습니다. 하지만 영혼(душа)에 해당하는 그리스어

psyxē(ψυχή)는 '영혼' 뿐만 아니라 '개별적인 인간(살아있는 사람)'이라는 의미도 있었습니다.

이러한 그리스어의 2번째 의미가 결국 슬라브어에 영향을 미쳐, 러시아어에서 《душа》는 '영혼'과 '사람'이라는 뜻으로 사용되게 되었습니다. 예를 들어 《мёртвая душа》라는 표현에서도 《душа》는 '영혼'이 아니라 '사람'을 의미합니다.

《супруг》는 여러분도 아시다시피, '한쌍의 소'를 의미하는데, 그리스어(su-dzug-os)에서는 '한쌍의 소' 뿐만 아니라 '결혼한 남자'라는 의미도 갖고 있었습니다. 러시아 서기(문헌 기록자)들은 이 그리스어식 은유를 자신들의 필요에 맞게 활용했고, 결국 《супруги》라는 단어가 '부부'(брачная пара)를 일컫는 세련된 명칭으로 러시아어에 자리 잡았습니다.

《Голова》라는 단어 역시 그리스어(kefalē)에서 유래한 것으로, '머리' 뿐만 아니라 '책의 장(章)'을 의미하기도 합니다. 마찬가지로 러시아어에서도 'голова'(머리)와 'глава'(章)라는 의미를 갖게 되었습니다. 주목해야 할 점은, 2번째 단어는 러시아어 발음이 아니라 교회슬라브어 발음이라는 것입니다. 새로운 단어의 기원은 명백합니다. 이 단어는 문어체적 환경에서 도입되었기 때문에 그 발음도 구어체 발음이 아닙니다.

그러나 러시아어에는 단순 차용어가 특별히 많습니다.

어떤 시기에는 이러한 단어들이 마치 해일처럼 러시아어를 뒤덮었다가 러시아말의 해변에 도달하여 수십 개 또는 수백 개의 어휘를 남겼고, 그 단어들이 살아남고 정착하여 우리 말, 러시아어가 되었습니다.

슬라브인들은 그리스인들로부터 많은 단어를 차용했으며, 그 수는 약 1200개 이상에 달했으나, 현재까지 남아있는 것은 약 400개 정도입니다. 일부 그리스어 단어는 교회슬라브어를 통해 유입되었습니다. 예컨대, алфавит(알파벳), варвар(야만인), високосный(윤년의), диафрагма(횡격막), дракон(용), климат(기후), лента(리본), литр(리터), мастика(접합제), куролесить(소동을 피우다), мрамор(대리석), плита(판, 열판), тигр(호랑이), стих(시), хор(합창단), плазма(플라즈마)와 같은 단어들이 있습니다.

또 다른 단어들은 인접 언어들을 거쳐 러시아에 도입되었으며, 이러한 단어들은 우리 선조들이 흔쾌히 받아들이지 않았고, 때로는 점잖지 않은 표현으로 여겨져 드물게 사용되었습니다. 예컨대, 'сквалыга'(구두쇠)와 같은 단어가 그 예입니다. 그러나 'нефть'(석유)라는 단어는 시간이 지나면서 중요한 단어가 되었습니다.

그 밖에도 슬라브족이 그리스인들과의 대화 속에서 직접 구어체에서 빌려온 단어들도 있었습니다. 이런 단어들은 발음에 약간 변화가 있었지만 지금까지도 우리 언어에서 흔하게 사용됩니다. 우리는 러시아어라고 생각하지만, 사실 예전에 그리스어에서 차용된 단어들을 자주 사용하고 있습니다. 가령, блин(블린), бумага(종이), василек(수레국화), вишня(체리), мак(양귀비), мята(박하), миндаль(아몬드), огурец(오이), свекла(사탕무), оладья(팬케이크) 등이 그 예입니다.

처음에는 이 모든 단어가 슬라브어처럼 보이겠지만, 사실은 그렇지 않습니다. 예를 들어, камора(창고), терем(망루), клетка(작은 방),

кровать(침대), миса(사발), лохань(대야), фитиль(심지), кукла(인형), баня(목욕탕) 등은 모두 차용된 단어들입니다.

고대 차용어들이 슬라브어로 유입된 원인을 쉽사리 추론할 수 있습니다. 고대 차용어들은 일반적으로 새로운 현상이나 대상과 관련이 있습니다. 슬라브인들이 이웃 민족들로부터 받아들인 새로운 현상이나 사물을 어떻게든 명명할 필요가 있었기 때문입니다.

슬라브인들은 종교적 의식과 관련된 단어들을 이란어 계열에서 차용했습니다. 예를 들면, бог(신), господь (주님), болван(우상), кур(수탉), курган(무덤), чертог(저택), ирей(사후 세계) 등이 그 예입니다. 또한 топор(도끼), собака(개), хата(집)과 같은 단어들도 이란어에서 차용되었습니다.

4세기에 슬라브인들은 게르만어에서 전쟁과 관련된 용어들을 차용했습니다. 예컨대, шлем (헬멧), броня (갑옷), стрела (화살), меч (검), брадовь (전투용 도끼), тесала (목공용 칼), скрада (병영에서 사용되는 가마솥), луща (창), чужой (적, 이방인), котел (솥), серьга (철 장식, 전사의 용맹을 기리는 일종의 훈장), полк (군대), князь (공작), король (왕)과 같은 단어들입니다.

게르만족-고트족은 슬라브족보다 먼저 기독교를 받아들였으며, 이들을 통해 슬라브족은 буква(글자), поп(사제), пост(금식), церковь(교회)와 같은 단어들을 접하게 되었습니다. 또한, 당시 슬라브족에게는 아직 없었던 цата(돈), щеляг(실링), пенязь(페니)와 같이 영국의 '실링'이나 독일의 '페니히'에 해당하는 화폐 단위도 이들을 통해 전해졌습니다.

약 1500년 전, 고트족은 슬라브족의 땅을 지나 남쪽으로 이동하면서, 슬라브인들에게 철(железо)을 소개했습니다. 고트족 자신들도 이제 막 로마인들로부터 철에 대해 배웠던 것이었죠. шлем(투구), меч(검), броня(갑옷) 등 모든 것이 철로 만들어졌는데, 당시 슬라브인에게 철은 매우 새로운 것이었습니다. 슬라브인들은 새로운 물질문화를 받아들이는 동시에 몇몇 용어를 차용했고, 경우에 따라서는 이미 존재하던 단어들의 의미를 변화시키기도 했습니다. 예를 들어, 'нож'(칼)이라는 단어는 프로이센어 '**nagis**'와 리투아니아어 'nagis'와 같은 어원을 가지고 있으며, 원래 '부싯돌'을 의미했습니다. 이 단어는 석기시대에서 유래한 것입니다. 5세기에 이르러 청동제 검이 철제로 바뀌었지만, 그 명칭은 그대로 유지되었습니다. 또한 'щит'(방패)는 본래 '무두질되지 않은 가죽'(недубленая шкура)을 의미했습니다. 고대 전사들은 원정에 나설 때 나무 틀에 가죽을 덧씌워 방패로 사용했습니다. 나중에는 철로 만들어진 방패가 등장했지만, 15세기까지도 가죽을 덧씌운 방패가 사용되었고, 철제든 가죽이든 동일하게 '방패'(щит)라고 불렀습니다. 왜냐하면 그 목적은 방어였기 때문입니다.

훈족(Гунны), 아바르족(Авары) 및 기타 튀르크족들도 이번에는 동쪽에서 서쪽으로 슬라브 영토를 지나갔으며, 그 과정에서 вьюк(짐), армяк(털 코트), орда(군대), деньга(돈), жемчуг(진주), клобук(수도사 모자), колымага(대형 마차), лошадь(말), слон(코끼리), табор(유랑민), ковчег(방주), телега(수레), япанча(울코트), хоругвь(깃발), товар(상품), кум(대부) 등의 단어들을 남겼습니다.

18세기 초, 서유럽어로부터 3500개 이상의 단어가 러시아어로 유입되었고, 그중 절반 정도만 러시아어에 남아있습니다. 많은 단어가 특정 분야에서만 드물게 사용되었습니다. 그러나 гармонь(아코디언), кастрюля(냄비), лимонад(레모네이드), класс(학급), касса(금고), линия(선), магазин(가게), гол(골), квиты(무승부) 등의 외래 단어들이 오늘날 모두가 아는 러시아어 단어로 정착했습니다.

어떻게 이러한 외래어가 차용되었을까요? 외래어가 완전히 자국어로 자리 잡으려면, 먼저 그 발음을 자국어의 발음 체계에 맞게 조정해야 했습니다. 당시 고대 슬라브인들에게는 'ф' [f] 소리가 없었기 때문에, 그리스어 단어 'faros'의 [f] 소리가 [p] 소리처럼 들렸고, 그렇게 해서 그리스어

'faros'(직물)가 러시아어에서 'парус'(돛)으로 변했습니다. 이렇게 외국어가 우리말이 되는 것이지요.

외래어의 강세가 어색할 경우 러시아어에 맞추기 위해 단어의 강세를 변경하는 경우도 있었습니다. 예를 들어, '공후의 조력자'를 뜻하는 단어 《тиу́нъ》을 스칸디나비아의 바랴그족 언어에서 차용했을 때, 외래어의 강세가 생소하게 느껴져 《ти́унъ》으로 바꾸어 발음하게 되었습니다. 예컨대 초기에는 《гетма́н, деспо́т, евну́х, жемчу́г, ротми́стр》로 발음했던 여러 단어들이 이미 오래전부터 각각 ге́тман(게트만), де́спот(폭군), е́внух(환관), же́мчуг(진주), ро́тмистр(기병 대위)로 강세를 바꿔서 발음되기 시작했습니다. 왜냐면 러시아어에서는 낯선 외래어를 차용할 때 강세를 첫음절에 두는 것을 선호했기 때문입니다. 반면에 сило́с(사일로), кварта́л(분기), парте́р(객석)과 같은 단어들은 지금도 《си́лос, ква́ртал, па́ртер》처럼 바뀌려는 움직임 속에 있습니다. 우리는 이러한 강세 변화에 반대하고 교정하려 들지만, 어쩌면 그것은 부질없는 일일 수 있습니다. 수천 년의 전통을 가진, 살아있는 언어의 물줄기를 막을 수는 없기 때문입니다.

어떤 경우에는 단어의 형태를 바꿔야 할 필요도 있었습니다. 이것은 많은 단어에서 나타났는데, 때로는 어떤 형태를 선택할지 오래도록 망설였습니다. 예컨대, 《зал, зала, зало》 중에서 오랜 고민 끝에 결국 《зал》로 결정되었습니다. 특정 단음절 명사가 구체적인 의미를 가질 때 대개 남성형을 선택하는 것이 일반적이었습니다. 가령 'све́тлый зал'(밝은 홀)과 같이 사용됩니다.

만약 어떤 단어에 러시아어 접미사가 붙게 되면, 그 단어는 러시아어처럼 보입니다. 《ágouros》는 무엇일까요? 그리스어 단어입니다. 그렇다면 《огурец》는요? 러시아어 단어입니다. 마찬가지로 우크라이나어에서는 《огірок》이 있습니다. 그리스어 어근에 어떤 지소형 접미사(-ок, -ец)를 붙이든지 간에, 중요한 것은 단어가 친숙하고 익숙한 형태를 갖추게 되어, 이를 통해 러시아어에서 자연스럽게 사용할 수 있도록 하는 것입니다. 때로는 러시아어 단어와 외래어가 발음이 너무 유사해서 구분하기 힘들 때도 있습니다. 그리스인 정원사가 《arypoc》라고 말하는 것을 들으면, 마치 러시아어 'огурец'(오이)라고 하는 것처럼 들립니다.

형태를 바꾸고 러시아어에 맞게 적응하면서, 이해하기 힘든 낯선 외래어(варваризм)는 차츰 '차용어'(заимствование)가 됩니다. 그 후 우리가 이 단어에 익숙해지고 자주 사용하게 되면, 우리는 과거에 그것이 낯선 외래어였다는 사실조차 잊어버리게 됩니다. 이렇게 차용된 단어는 러시아어에 마치 처음부터 존재했던 단어처럼, 다른 단어들과 마찬가지로 변화하고 노화됩니다. 그리고 세월이 지나면 고어(архаизм)가 되어 잊혀질 수도 있습니다. 그런데 어떤 단어들은 끝내 완전한 러시아어가 되지 못하고, 곧바로 고어(архаизм)로 전락해 버린 경우도 있습니다. 예를 들어, 'вокабула'(어휘)와 'виктория'(승리)라는 단어는 표트르 대제 시대에 유입되었지만, 지금은 역사 소설에서나 간혹 볼 수 있는 단어들입니다. 이러한 단어들 대신에 러시아어로 각각 'слово'(단어)와 'победа'(승리)라고 말하는 것이 더 자연스럽습니다.

그리고 일반적으로도, 모국어로 대화할 때는 외래어를 사용하는 것보다 러시아어로 말하는 것이 언제나 더 좋습니다. 외래어 뒤에는 외국식 사고 방식과 감정이 숨겨져 있다면, 러시아어 단어로는 더 이해하기 쉽고, 감정도 러시아적인 방식으로 전달됩니다. 언어는 단지 사고의 의미를 반영할 뿐만 아니라 감정까지도 전달하며, 이는 의사소통의 상황에서 매우 중요한 요소입니다.

사람들은 점점 더 자주 "Привет!"(안녕!) "Пока!"(잘 가)라고 인사하며, 심지어 "Адью!"(Adieu!), "Туд бай!"(Goodbye!), "Чао!"(Ciao!)와 같은 완전히 이해하기 어려운 표현도 추가합니다. 이런 외래어 단어들은 어떤 의미를 지니고 있을까요? 러시아인의 입에서 이 표현들은 단순한 작별인사, 의례적인 표현일 뿐 그 이상도 이하도 아닙니다. 그리고 "Привет"(안녕), "Пока"(잘 가)는 겉모양은 러시아어 단어처럼 보일지라도 본래는 외국어 표현을 그대로 번역한 것에 불과합니다. 러시아식 인사말은 그렇게 가볍지 않습니다. 그것은 수 세기 걸쳐 민족정신의 깊은 곳에서 솟아올라서, 17세기에 이르러 존중과 진중함을 담아 "Здравствуй"(안녕하세요)와 "Прощай"(안녕 - 작별 인사)라는 형태로 응결되었습니다. 그리고 이 표현들 속에는 얼마나 많은 감정과 의미가 담겨 있습니까! 호의와 존중, 그리고 삶 자체가 담겨 있습니다. 따라서 이런 말을 사용하는 사람이 어떤 사람인지, 그의 말 속에 그 사람의 본질이 드러나는 법입니다.

바로 이것이, 러시아어 단어를 대체하는 것이 쉽지 않은 이유입니다.

열한 번째 이야기

단어가 어디서 생겨나며, 왜 우리는 새로운 단어가 필요한가에 대하여

О ТОМ, ОТКУДА БЕРУТСЯ СЛОВА И ЗАЧЕМ НАМ НУЖНЫ ВСЕ НОВЫЕ

언어에서 단어 수를 늘리는 가장 중요한 방법은 당연히 조어(словообразование)입니다. 새로운 단어들은 이미 알려진 단어들에서 다양한 접두사와 접미사를 사용해서 만들어지는데, 현대에 이르러 우리는 이 방법을 더 폭넓게, 더 적극적으로 활용하게 됩니다.

고대에 형성된 많은 단어의 경우, 원래의 어근(корень)을 찾기가 어려울 정도로 변형되었습니다. 마치 부모와 자녀가 완전히 독립적인 존재가 된 것처럼 말입니다. 예를 들어, 'гореть'(타다)라는 동사는 'горе'(슬픔)라는 명사와 관계가 없다고 생각되지만, 사실 이 두 단어는 부모와 자식 관계입니다.

다른 단어들은 오랜 세월 동안 점점 더 많은 새로운 접미사들이 추가되어 지금은 어근과 접미사를 분리하기가 어려운 경우도 있습니다. 학교에서 사용하는 조어 사전에는 수천 개의 단어가 등재되어 있는데, 그 단어들은 겉보기에는 독립적인 단어처럼 보이지만 실제로는 여전히 살아 있는 '부모' 단어에서 파생된 '자식' 단어들일 뿐입니다. 예를 들어, 《действительность》라는 복잡한 단어를 보세요. 사전에서는 이 단어는 어근 《действительн-》과 접미사 《-ость》로 구분하여 설명합니다. 겉으로 보기에는 타당해 보입니다.

그러나 우리는 접미사 '-тель'도 알고 있고, 'действи-'라는 어간도 분리할 수 있으며, 접미사 '-ств'가 있다는 것도, 어근 **дей-**(행위)도 구분할 수 있습니다. 오늘날 《действительность》라는 단어는 《дело》와 관련이 없지만, 몇백 년 전 'действие'(행위), 'дело'(일), 그리고 'действительность'(현실)이 모두 동일한 어근에서 파생되었습니다. 이 어근은 지금도 **두다**(де-ть), **입히다**(о-де-ть), **벗기다**(раз-де-ть)와 같은 동사들에서 보존되고 있습니다. 이 어근의 본래 의미와 발음을 밝혀내기 위해서는 특별한 연구가 필요합니다. 현재는 이 모든 단어들이 각각 다른 단어로 간주됩니다.

슬라브인들에게 가장 잘 알려진 것은 지소형 접미사가 붙은 명사들입니다. 이러한 접미사는 아주 먼 옛날, 슬라브인이 아직 독립된 민족으로 분화되기 전부터 나타났습니다. 단어의 어근에 접미사 **-к**가 결합되었으며, 어간이 어떤 모음으로 끝나는지에 따라 새로운 접미사의 형태가 결정되었습니다. 예를 들어, хорь(담비)+ к (접미사) + 어미 ъ 가 결합되어, -ьк 접미사를 가진 'хорёк'(담비)라는 단어가 탄생했습니다. 또 다른 예로는 земь(땅)+ к + ъ가 결합되면서 고대 슬라브어의 필수적인 음운현상의 결과 접미사 -ьц 가 발생했습니다. 그리하여 《земьць》라는 단어에 우리에게 익숙한 부사 ту가 결합되어 현대의 'туземец'(원주민, 토착민)이 되었습니다.

오랫동안 이러한 방식으로 형성된 접미사 **-ик, -ок, -ък, -ьц, -ьк** 들은 의미상 아무런 차이가 없었고, 단지 주변의 모음과 자음에 따라 형태가 달라졌습니다. 예를 들어, 어근이 자음 **г, к, х** (예: **рог, орех**)로 끝나는 경우, 접미사는 강세에 따라 **-ок** 또는 **-ек** 일 수 있습니다(**рожок, орешек**). 어근이 치찰음(예: **нож**)으로 끝나는 경우, 접미사는 -ик 형태만 가능합니다(**ножик**). 이렇게 보면 마치 새로운 단어의 의미가 발음에 종속되어 결정되는 것 같은 인상을 줍니다. 그러나 언어는 같은 의미를 가진 비슷한 형태의 접미사들이 오랫동안 유지되는 것을 용납하지 않습니다. 언어는 반드시 각 접미사들에게 새로운, 그들만의 고유한 의미를 부여하고, 그 의미를 모든 단어들에 필수적으로 적용시킵니다. 만약 그렇게 되지 않는다면, 언어는 시간이 지나면서 불필요한 이중 형태(중복 접미사)를 제거할 것입니다. 위에서 언급한 모든 접미사는 비록 처음에는 유사한 의미를 가졌고, 심지어 동일한 기원을 가지고 있었음에도 불구하고 보존되어 있습니다. 각각 어떤 이유로든 필요했기 때문입니다.

고대 어휘 사전을 살펴보면, 이러한 접미사들이 특정 시대마다 그 중요도가 달랐다는 것을 알 수 있습니다. 시간이 지날수록 **-ьц** 접미사를 가진 단어가 더 많았고, **-ък** 접미사를 가진 단어는 점점 적어졌고, **-ик** 접미사를 가진 단어는 거의 존재하지 않게 됩니다.

많은 단어가 지소의 의미를 지녔습니다. 예를 들어, столььь(작은 탁자), дворььь(작은 마당), возььь(작은 수레), гвоздььь(작은 못) 등이 있습니다. 하지만 단순히 작은 것만을 의미하지 않고, 질적으로도 무언가를 나타내는 다른 의미가 있었습니다. 새로운 단어는 반드시 크기 외에도 다른 어떤 속성을 표현해야 했습니다. 예를 들어, 《**стольць**》는 탁자(стол)나 왕좌(пре-стол)와 구별되는 의자(стул), 좌석(сиденье)을 의미했습니다. 《**дворьць**》는 초라하고 작은 마당이 아니라, 오히려 화려하고 아름답게 구며진 마당(двор)을 뜻합니다. 《**возьць**》도 단순히 작은 수레가 아니라, 'извозчик' (운송업자, 마부)를 의미하기도 했습니다. 《**корабльць**》는 그냥 작은 선박(корабль)이 아니라 '작은 나룻배' (лодка)를 의미했고 《**хлевьь**》는 작은 외양간이 아니라 가축을 풀어 놓고 기르는 방목장, 즉 들판(поле)이나 초원(луг)을 뜻했습니다. 《**гвоздьь**》는 '작은 못' 이 아닙니다. 왜냐하면 옛말에서 《**гвоздь**》는 '못' 이 아니라 '숲' 또는 '침엽수의 뾰족한 꼭대기' 를 뜻했기 때문입니다. 그래서 《**гвоздьь**》는 오늘날 우리가 아는 '못' 이 되었는데, 그 끝이 침엽수의 꼭대기처럼 뾰족하게 생긴 모양 때문입니다. 한때 гвоздыы(못)는 나무로 만들어졌고, 훨씬 후대에 이르러서야 금속으로 제작되기 시작했습니다.

여기 고대의 어근을 완전히 잃어버린 많은 다른 단어들이 있습니다. 가령 **-ьц** 접미사를 가진 단어들, 즉 **отьць**(아버지), **пальць**(손가락), **пьрьць**(후추)와 같은 단어들은 어떤 어근에서 비롯되었는지조차 알 수 없습니다.

첫 번째 단어는 말을 배우기 시작한 아기들이 내뱉는 소리(та-ат-та-тата)에서 유래한 것일 수 있습니다. 두 번째 단어는 **ше-сти-пал-ый**(여섯 손가락을 가진)와 같은 특이한 단어에서 그 흔적을 어렵사리 찾아볼 수 있습니다. 세 번째 단어는 외국어에서 차용되면서 완전히 변형되었다고 할 수 있습니다. 우리의 **перец**(고추)는 사실 **паприка**(파프리카)이며, 이 단어는 원래 4음절(**пь-пь-рь-оь**)로 이루어져 있었지만, 마지막 음절(**пь-рь-оь**)만이 슬라브어적 요소가 반영되었습니다.

시간이 지나면서 동사 어근이나 형용사에 **-ьц** 접미사가 붙어서 조성된 이름들이 생겨났습니다. 이들은 지소의 의미를 갖지 않았고, 주로 '행위자'를 지칭하는 데 사용되었습니다. 예를 들어, **борьць**(조세 징수자), **дѣльць**(일꾼, 장인), **жильць**(소작농, 세입자), **жрьць**(제사장), **слѣпьць**(맹인), **синьць**(에티오피아인, 악마)가 있었습니다. 이 단어들은 오늘날 우리가 알고 있는 **борцы**(투사), **дельцы**(사업가), **жильцы**(거주자), **слепцы**(눈뜬 장님)과는 아무런 공통점이 없습니다. 이 단어들은 지소형 의미나 경멸적 의미가 포함된 것이 아닌 항상 명확하고 구체적인 의미를 가지고 있었습니다.

15세기 이전까지 러시아어에는 사람의 개인적 특성을 평가하는 단어가 전혀 존재하지 않았습니다. 우리 조상들은 누군가를 'глупец'(바보)라고 부르는 것조차 결코 감히 하지 않았습니다. 따라서 《нѣмьць》라는 단어도 오늘날 우리가 아는 '독일인'을 뜻한 것이 아니라, 단순히 말을 명확하게 하지 못하는 사람, 즉 '벙어리'를 의미했습니다. 이 단어에는 비하적이거나 불쾌감을 주려는 경멸적 의미가 전혀 없었습니다. 단순히 '말을 못하는 사람'이라는 의미였을 뿐입니다.

따라서 이 단어에는 외국인을 가리켜 깎아내리거나 어떤 경멸적인 뉘앙스가 없었으므로 단어의 의미가 점차 확대되어 '외국인'을 지칭하게 되었으며, 나중에는 독일인(германец)만을 뜻하게 되었습니다. 반면, '벙어리'를 지칭하는 용도로는 다른 단어가 사용되었는데, 이는 같은 접미사를 가지고 있지만, 남성형이 아닌 중성형 어미를 사용하는 《немко́》입니다. 이 단어에는 비하적이고 경멸적인 의미가 담겨 있는 것으로 보입니다.

지금까지 우리는 고대 슬라브인들과 15세기 이전의 고대 러시아인들에 대해 이야기했습니다. 그러나 15세기에는 상황이 바뀌었습니다. 이전에는 접미사 -ьц가 특정 상황에서 지소형 애칭의 의미를 가졌으나(예: столььь), 이 의미는 부차적인 것이 되었습니다. 이제 이 역할은 -ък 접미사로 넘어갔으며, 《немко́》와 같은 단어에서도 그것을 확인할 수 있습니다. 이전 접미사 -ьц 와는 달리, 접미사 -ък 는 불완전하긴 하지만 확실히 지소형의 독립적인 의미가 확연하게 느껴집니다. 이것이 사실이라는 것은 다음과 같은 단어들을 비교해 보면 오늘날에도 쉽게 이해할 수 있습니다.

《возьь》 → 그 다음은 《возькъ》 → 그리고 마침내 《возикъ》
(작은 마차, 수레)

《гвоздьь》 → 그 다음은 《гвоздькъ》 → 그리고 마침내 《гвоздикъ》
(작은 못)

《дворьць》→ 그 다음은《дворъкъ》→ 그리고 마침내《дворикъ》
(작은 마당)

《снопьць》→ 그 다음은《снопъкъ》→ 그리고 마침내《снопикъ》
(작은 곡식 묶음)

접미사 -ик를 포함하는 단어들은 현대 러시아어, 특히 문어체에서 흔히 사용됩니다. 18세기부터 이 접미사(-ик)는 축소의 의미를 가진 고대 접미사 -ьц 나 -ък 를 거의 완전하게 대체했습니다. 이는 새로운 접미사 -ик의 유일한 의미가 바로 '축소'의 의미였기 때문입니다. 순수한 축소 의미로, 다른 의미와 섞이지 않고 오직 축소의 의미만을 명확하게 전달합니다.

실제로《возьль》는 '작은 짐수레' 뿐만 아니라 'возчик'(마부)처럼 '행위자'를 뜻하기도 했습니다.《возъкъ》는 단순히 '작은 짐수레' 뿐만 아니라 작은 마차(карета)와 같은 운송수단(экипаж)을 의미하기도 했습니다. 반면《возик》는 단지 '작은 짐수레'를 의미할 뿐, 그 이상의 의미는 없습니다.

이처럼 접사들이 지속적으로 변화하면서 서로 다른 접미사들이 다양한 의미들을 분담하게 되었습니다. 어떤 접미사는 새로운 단어를 형성하고, 또 다른 접미사는 지소형이나 애칭의 새로운 의미를 나타내게 된 것이지요. 예전에는 단어의 여러 부차적 의미들이 하나의 접미사에 결합되어 있었지만, 시간이 지나면서 이 의미들은 분리되어 독립적인 의미 체계를 가지게 되었으며, 이제는 각 접미사가 자신만의 고유한 의미를 더욱 분명하게 나타내게 되었습니다. 이전에는 의미가 혼재되어 있었다면, 이제는 보다 명확한 평가적 속성을 가진 체계로 변화했습니다.

구전 민속 문학작품들을 읽다 보면, 다양한 장르 간에 약간의 차이가 있음을 발견할 수 있습니다. 15세기에서 18세기 사이에 만들어진 서정적 민요에는 축소-애칭의 개념이 주로 접미사 **-ok**를 통해 전달되었습니다. 예컨대, **милок, соколок** 또는 **соколик** 같은 형태가 그 예입니다. 하지만 서정적 민요보다 훨씬 이전에 고대 루스 시대에 형성된 영웅서사시(**былина**)에서는 이러한 접미사가 드물게 나타납니다. 대신에 영웅서사시에서는 오래된 접미사 **-ьц**를 선호했습니다. 예를 들어 добрый **мо́лодец**, удалой **соко́лец** 같은 표현을 떠올려 보세요. 영웅서사시가 만들어질 당시의 러시아인들의 언어 습관이 그대로 보존되어 있고, 그 표현은 영원히 그 고대 텍스트에 박제되어 있습니다.

우리는 지금 영웅서사시를 읽으면서 단어의 시적 아름다움에 놀라지만, 사실 서사시에 나오는 《молодец》는 후대의 《молоденький》처럼 축소 의미를 담은 단어가 단어가 아니라, 그저 단순한 사실의 진술입니다. 즉, 《молодец》는 단순히 '젊은이'를 뜻하며, '노인'이나 '백발이 성성한 늙은이'가 아니라는 것을 강조하는 표현일 뿐입니다. 또한 **-ък** (현재의 -ок) 접미사가 붙은 단어들이 축소 의미를 갖게 된 것도 단번에 이루어진 것은 아니었습니다.

지금은 사용되지 않지만 오래전 주방용기를 가리키는 단어들이 많이 남아있습니다. 가령 **дельвы**(항아리), **кобелъ**(작은 통), **лукно**(바구니), **уборокъ**(작은 용기), **око́въ**(금속으로 된 그릇), **капь**(작은 물통), **ночва**

(큰 물통), **съпудъ**(곡물 저장 용기), **дежа**(반죽 그릇), **укня**(밀가루 담는 통), **чумъ**(주전자), **кърчагъ**(병), **латъва**(작은 바구니), **чъванъ**(작은 통), **плоскы**(납작한 접시), **скудель**(도자기 그릇), **удоробь**(용기) 등이 그 예입니다.

하지만 **бочка**(나무통), **кадка**(통), **корец**(작은 바가지), **чашка**(컵), **ковшик**(작은 국자), **сковородка**(프라이팬), **ложка**(숟가락), **миска**(사발), **кубок**(컵) 그리고 **чарка**(작은 술잔) 등의 어휘는 남아있습니다. 남아 있긴 하지만, 지소형 접미사가 붙은 형태로만 남아있는 것이지요. 예를 들어, 《бочва》가 아니라 《бочка》, 《кадь》가 아니라 《кадка》로 남게 된 것이지요.

심지어 **ковш**(국자)와 **сковорода**(프라이팬)도 **ковшик**(작은 국자)와 **сковородка**(작은 프라이팬)이 되기를 선호합니다. 또한 **ложица**(국자), **миса**(사발), **чара**(잔)과 같은 외래어들도 시간이 지나면서 **ложка**(숟가락), **миска**(작은 사발), **чарка**(작은 술잔)과 같은 지소형 형태를 선호하게 되었습니다.

이 단어들은 실제로 시간이 흐르면서 사람들의 의식 속에서 점점 축소되었고, 일상생활과 삶의 전반적인 관점에서 그리 중요한 존재가 아니게 되었습니다. 그리고 주변의 다른 사물들 사이에서 자신들에게 적절한 위치를 차지하게 되었습니다. 바로 여기에 핵심이 있습니다. 서사시에 등장하는 영웅들이 음식을 먹고 마셨던 거대한 술잔(чары)과 대접(мисы)들이 실제로 작아진 것이 아닙니다. 단지 사람들이 그것을 일상생활과 삶의 전체적인 조망 속에서 그다지 중요한 것으로 여기지 않게 되었을 뿐입니다. 그들에겐 더 중요한 일들이 생긴 것입니다.

현대 러시아어 어휘에는 -ец 접미사가 포함된 단어가 1000개가 넘으며, 그중에는 **обломовец**(오블로모프적인 사람)와 같은 아주 새로운 단어들도 있습니다. 대개 이러한 단어들은 사람을 지칭합니다. 따라서 현재 이러한 접미사들은 원래 가지고 있던 지소형 의미를 완전히 상실하였습니다.

가장 중요한 것은 다음과 같습니다. '축소'의 개념은 우리 조상들의 의식 속에서 점차적으로 생겨난 것입니다. 그들의 힘과 지식이 성장하고 언어가 발전함에 따라 축소 개념도 서서히 형성된 것입니다. '축소' 의미의 부정적 측면, 즉 '경멸'의 의미는 축소에서 비롯된 것이 아니라 '애정' 표현에서 비롯된 것이며, 정확히 언제, 그리고 어떤 연유로 이런 변화가 일어났는지 알 수 없습니다. 작은 것은 항상 연민을 불러일으키고, 그 연민이 때로는 부정적인 감정을 유발합니다. 연민이 경멸로 바뀌는 그 경계가 어디일까요?

예를 들어, река (강) → речка (작은 강) → реченька (작고 귀여운

강) → речонка (더 작고 귀여운 강) → речоночка (더 작고 더 귀여운 강) → речонушка (더욱 더 작고 더욱 더 귀여운 강)과 같이, 각각의 새로운 접미사가 추가될 때마다 좋은 의미와 나쁜 의미가 동시에 나타납니다. 이 두 측면은 같은 접미사에 의해 너무나도 긴밀하게 연결되고 얽혀 있어서 명확하게 구분하기 어렵습니다. 접미사가 오래될수록, 구어에 가까울수록, 우리는 그 접미사에 더 강하게 '지소'의 의미를 부여하고자 하는 경향이 있습니다.

여기에는 일종의 관점의 법칙이 작용합니다. 즉, 익숙할수록 더 작아 보인다는 것입니다. 특히, 과거에 자음 -к-가 포함된 접미사들에는 흥미로운 특징이 보입니다. 하나가 붙으면 '축소'의 의미를 가지며, 두 개가 붙으면 '애정 표현', 세 개가 붙으면 '경멸'의 의미를 띠게 됩니다. 예컨대, 고대 접미사 체계를 따른 단어들에서 **лод-ия** (배) → **лод-ък-а** (작은 배) → **лод-ъч-ък-а** (작고 귀여운 배) → **лод-ъч-ън-ък-а** (아주 작고 볼품없는 배)와 같은 변화를 볼 수 있듯이요. 러시아어 접미사들의 의미도 비슷한 순서로 발전한 것 같습니다. 처음에는 단순히 '작다'라는 의미였고, 그다음에는 '귀엽다'(작아서 귀엽다는 의미에서), 그리고 마지막에는 '형편없다'(너무 작아서 '볼품없다'는 의미 겠지요)라는 뜻이 된 것입니다. 예를 들어, лодка (배) → лодочка (작은 배) → лодчонка (너무 작아서 볼품없는 배)와 같은 식입니다.

어떤 사전을 펼쳐보아도, 같은 어근에 다양한 접미사를 붙여서 형성된 단어들이 마치 수십, 수백 개의 효모처럼 불어나 있습니다. 이제는 -к- 접미사의 여러 변형태뿐만 아니라, 의미도 다르고, 기원도 다양한 수십 개의 접미사들이 존재합니다.

특히 오래된 단어들, 수천 년 동안 사용된 단어들은 어근이 같은 어휘군을 풍부하게 형성하고 있습니다. 새로운 접미사가 등장할 때마다 기존 어근의 의미가 약간씩 이동하고 변화하며, 그 어근의 의미적 가능성은 확장됩니다. 이를 설명하기 위해 《дуб》의 어근을 예로 들어보겠습니다. 수천 년 전, 고대 인도유럽계 부족들에게 이 어근(дуб)은 일반적인 '나무'를 의미했고, 모든 종류의 나무를 지칭했습니다. 그들은 특별히 дуб(참나무)를 신성한 나무로 여겨 숭배했기 때문에, 결국 이 오래된 고귀한 단어는 '참나무'(дуб)를 가리키는 고유명사로 굳어졌습니다. 이교도의 천둥과 번개의 신이 지상에 내려올 때 머문 곳이 바로 《дуб》였고 이러한 믿음이 의미적 연관성을 강화했지요.

페룬(천둥과 번개의 신)이 깃든 《дуб》로 가장 견고한 집과 배가 만들어졌기 때문에 고대 게르만어와 고대 그리스어에서는 이 어근이 '건축용 목재' 또는 '거처, 방'을 의미하는 단어들과 연결되어 있습니다. 유럽의 다른 끝인 북쪽의 러시아 방언에서 '통나무 배'(лодка-однодеревка)를 뜻하는 《дуб》의 고대 의미가 그대로 보존되어 있습니다. 그리고 최근까지도 사용되다가 사라진 것으로 의례적 '거처'라는 의미가 있었습니다. 전투에서 전사한 슬라브 전사는 한 그루의 나무를 통째로 깎아 만든 배에 눕혀져, 높은 장작더미 위에서 불타오르면서 불의 신 페룬에게로 가는 긴 항해를 떠나야 했습니다. 그 배도 역시 《дуб》라고 불렸습니다.

《дуб》가 아직 '모든 나무'를 의미하던 시절, 그로부터 유래한 가장 오래된 파생어인 《дубрава》라는 단어가 생겨났습니다. 이것은 특정 참나무 숲을 뜻한 것이 아니라 모든 종류의 숲을 의미했지요. 또한 현대 러시아어에서는 더 이상 쓰이지 않는 다른 단어들도 있습니다. 예를 들어, 폴라비아어의 《дубрянка》는 '먹물 열매'를 의미했습니다. (예전에는 이 열매로 검은 잉크를 만들었습니다). 발트어 《думбис》는 '무두질용 나무껍질'을 뜻했는데, 그 당시 이 껍질이 가죽을 무두질하는 중요한 도구였기 때문입니다. 그리고 《дупло》라는 단어도 등장했는데, 이것은 어떤 나무에서든 생길 수 있는 구멍을 의미합니다. 고대의 접미사들과 변형된 어근의 형태들은 이 모든 단어들의 태고성(древность)을 보여줍니다.

세월이 흐르면서 사람들은 다양한 나무들의 종(種)의 차이를 인식하게 되었고, 새로운 접미사를 가진 단어들이 등장하면서, 기존의 오래된 단어를 특정 나무, 즉 가장 신성하게 여겼던 나무와 연결하게 됩니다. 당연히 모든 신성하고 의례적인 의미는 고대 루시의 참나무(дуб)와 연관지어졌습니다. 사람들이 소나무나 자작나무로 дубок(통나무배)나 дубовина(곤봉)을 만들었을지라도, 으레 참나무를 연상하게 된 것입니다. 변한 것은 없었습니다. 나무 자체도, 그것으로 만든 물건들도, 모든 것이 예전 그대로였습니다. 다만 어근의 의미만이 부분적으로 변했을 뿐입니다. 이제 《дуб》는 '참나무'가 된 것이지요.

그리고 다른 접미사를 가진 새로운 단어들이 언어 속에 들어왔지만, 이들은 더 이상 본래의 '참나무'(дуб)만을 가리키지는 않게 되었습니다. **дубок** (작은 참나무), **дубочек** (아주 작은 참나무), **дубняк** (참나무 숲), **дубьё** (참나무 목재), **дубец** (잔가지), **дубина** (굵은 막대) 등과 같은 단어가 생겼습니다. 이후로는 **дубовый** (참나무의)와 **дубоватый** (참나무 같은), 그리고 동사 **дубасить** (때리다)와 **дубить** (무두질하다)와 같은 단어들이 등장했고, 각각 고유한 의미 영역과 파생어들을 생성했습니다. 예컨대, **дубоватость**(딱딱함), **дубовато**(거칠게), **дубильный**(무두질에 관련된), **дубленка**(무두질한 가죽), 그리고 수십 개의 다른 단어들이 생겨났습니다. 이들 중에는 축소-애칭형 단어인 **дубнячок** (작은 참나무 숲), **дубинушка** (작은 막대)와 같은 단어들도 있으며, **дубоносик**(콩새), **дуботолк**(멍청이) 같은 복합어들도 있습니다. 또한 **дубовик**(참나무 버섯)같은 2차 파생어까지 포함하면, 총 50여 개에 달하는 단어가 됩니다. 러시아 방언에서는 더 많은 수가 보존되어 있으며, 전체 슬라브어권에서는 시대별로 발생한 이런 파생어들이 100단어를 넘습니다. 각각의 단어는 어휘 발달 과정의 한 단계를 반영하며, 동시에 언어적 표현 수단의 정교화와 우리 조상들의 의식 변화도 함께 보여줍니다. 이 모든 단어들의 2차적이고, 은유적인 확장 의미까지 고려한다면, 일상 구어체 담화에서 이 하나의 어근을 다양한 형태로 활용함으로써, 정보 전달은 물론 기쁨과 꾸중 같은 모든 단순한 생각까지도 표현할 수 있었던 것입니다.

열두 번째 이야기

우리 조상들은
어떻게 사색했는가에 대하여

O TOM, KAK НАШИ ПРЕДКИ ДУМУ ДУМАЛИ

고대 연대기의 바삭거리는 페이지를 넘겨봅시다. 어디를 보아도 전투, 화재, 역병이 만연합니다. 삶은 고달프고, 두렵고 고통스럽습니다. 공후-형제들은 적들뿐만 아니라 서로를 익사시키고, 찌르고, 불태웁니다. 질투와 분노가 그들을 지배합니다. 모두가 자신이 유일한 존재가 되기를 원합니다. 그들이 서로 합의하지 못하고 함께 적을 물리치러 가지 못해 얼마나 많은 재난이 닥쳤습니까. 이고리 스뱌토슬라비치의 실패한 원정, 알료샤 포포비치가 전사한 칼카강의 피비린내 나는 전투, 몽골의 침략 – 이 모든 비극이 여기에서 비롯됩니다.

1093년. 키예프의 브세볼로드 공후가 사망한 후, 그의 후계자들, 블라디미르와 스뱌토폴크 사이에 분쟁이 시작되었습니다. 분쟁에는 이상한 점이 있습니다. "Володимер начал размышляти, говоря: если... то... как..." (블라디미르는 '만약.... 그렇다면... 어떻게...'라고 말하며 곰곰이 생각하기 시작했다.) 그가 무슨 생각을 했는지 아직은 밝히지 않겠습니다. 중요한 것은 그의 생각의 흐름과 조건입니다.

스뱌토폴크도 마찬가지입니다. "Не сдумав со старшею отцовскою дружиною, а собрал совет своих собственных, приближенных дружинников. Сидят ... размышляют... думают." (그는 선친의 친위대와 논의하지 않고, 자신의 친위대 측근들을 소집했다. 그들이 앉아서... 사색하고... 생각하고 있었다.)

그 무렵 야만적인 유목민 폴로베츠족(Половцы)은 루시 땅으로 몰려와 약탈을 꾀하고 있었습니다. 그런데 우리의 공후들은 무엇을 하고 있었나요? 그들은 여전히 앉아서... 고민하고... 사색하고, 생각만 하고 있습니다. 현명한 자들이 말합니다. **"Не воюй — у тебя мало войска."** (전쟁하지 마십시오 – 당신의 군대가 너무 적습니다.) 어리석은 자들은 반대로 말합니다. **"Пойди, княже!"** (공후여! 진군하십시오!) 오랜 논의 끝에 모든 공후들이 모였습니다. 스뱌토폴크, 블라디미르, 그리고 어린 로스티슬라프까지. 이미 강 너머로 적들이 쳐들어오는데, 공후들은 무엇을 하고 있을까요?

Созваша дружину свою на совет... и начаша думати. Одни хотят идти по правой стороне реки, другие — по левой. Ничего не надумали, каждый пошел, как пожелал.

(자신의 친위대를 소집했고... 또 생각하기 시작했다. 어떤 사람들은 강의 오른쪽으로 진군하자고 했고, 다른 사람들은 왼쪽으로 가자고 했다. 아무 결론도 내리지 못하자, 각자 원하는 대로 갔다.)

폴로베츠인들은 먼저 스뱌토폴크를 격파한 뒤, 블라디미르를 공격했습니다. 전투는 치열했습니다. 5월 26일, 불어난 강물의 격류에 휩쓸린 어린 로스티슬라프가 형의 눈앞에서 스투그나 강에 빠져 익사합니다.

폴로베츠인들은 루시를 포위했습니다.

재앙과 비탄의 시기입니다.

공작들 사이의 불화와 상호 불신에 대해 재차 말하지 않겠습니다. 이는 루스 땅에 큰 댓가를 치르게 했습니다. 우리가 주목하는 것은 이 모든 생각과 숙고의 또 다른 측면입니다. 이야기의 주인공들이 하는 행동을 주목해 보십시오. 그들은 생각합니다. 여기서 《думу думати》는 '회의를 열다', '논의를 하다'라는 의미를 갖습니다. 이 단어의 의미는 현대적인 것과 일치하지 않습니다. 공작들은 제각기, 그리고 참모들과 함께 숙고합니다. 이것은 매우 중요한 과정입니다. 그리고 11세기에 이런 목적을 위해 어떤 언어 수단을 사용할 수 있었는지 상상해 본다면 더욱 그러합니다. 당시의 사고(дума) 과정을 상상해 봅시다.

블라디미르가 생각하기 시작했습니다.

《**Аще** сяду на столе отца своего, **то** имам рать со Святополком взяти, **яко** есть стол преже отца его был.》
(만약 내가 내 아버지의 옥좌에 앉게 된다면, 스뱌토폴크와 싸워야만 할 것이다. 왜냐하면 원래 이 옥좌는 그의 아버지의 것이었고, 따라서 바로 스뱌토폴크가 정통 계승자이기 때문이다.)

이 문장은 매우 엄격한 인과관계를 가지고 있으며, 문법적으로 이 문장을 해석하는 것은 어렵지 않습니다. 하지만 이것은 어디까지나 번역에서 그렇다는 말입니다. 번역에서 이 문장은 주절과 조건절, 원인절로 구성되어 있기 때문입니다. 그러나 원문에서 《Аще...то... яко...》라는 표현이 나오는데, 무엇보다도, 《аще》는 절대로 '만약에'(если)를 뜻하지 않고 《яко》도 '처럼'(как)을 뜻하지 않습니다. 시대의 심연 속으로 들어가면 갈수록, 우리는 다시금 무지의 벽 앞에 서게 됩니다. 모든 단어들이 현대어와 비슷하게 이해될 수 있지만, 오래전에는 해당 단어들이 전혀 다른 의미를 지녔기 때문입니다.

우선 《аще》부터 시작해 봅시다. 이 단어는 차용된 문어체 접속사로, 유식한 필경사가 연대기를 서술할 때 공후의 '정리되지 않은' 말이나 생각을 다듬으며 사용할 수 있었던 표현입니다. 12세기 러시아어에서 이 접속사는 사용될 수는 있었지만, 주로 문학적으로 다듬어진 텍스트나 법률적으로 중요한 문서에서만 매우 드물게 사용되었습니다. 그리고 이것은 러시아어식으로는 《аще》가 아니라 《яче》로 다르게 발음되었습니다.

러시아어에는 일반적으로 종속절의 《яче》에 대응하는 주절의 《то》가

존재하지 않았습니다. 따라서 러시아어로 말하려면 《яче》를 사용해 "(**яче**) сяде на столе отца своего — имам рать со Святополком взяти."라고 했을 것입니다.

고대 러시아어 발화에는 접속어(слова-стычки)가 존재하지 않았기에, 문장의 통사적 의미는 다른 방식, 즉 어순과 억양으로 전달되었습니다. 문장을 재배열해 보겠습니다. "Имам рать со Святополном взяти — сяду на столе отца своего."(내가 스뱌토폴크와 싸우게 된다면 - 내가 아버지의 왕좌에 앉게 될 것이다.)

이렇게 하면 문장의 모든 의미 관계가 완전히 반대로 바뀝니다. 이제는 첫 문장이 조건절이 되고, 두 번째 문장이 주절이 됩니다. "만약 내가 스뱌토폴크와 싸우게 된다면 — 내가 아버지의 왕좌에 앉을 것이다." 어쩌면 공격적인 공후는 바로 이런 순서대로 사고 했을 가능성도 충분히 있습니다. 그러나 이점은 우리가 결코 알 수 없는 부분입니다.

다음으로 《яко》를 봅시다. 여기서도 완전히 혼란스럽습니다. 왜냐하면 《яко》는 원한다면 거의 모든 현대 러시아어의 접속사 및 접속어와 연관시킬 수 있기 때문입니다. 원하는 대로 해석해도 될 정도입니다! 다음은 러시아 여러 공후에 관해 기술하는 연대기의 텍스트입니다.

"Разуме(л) Ярослав, яко в ночь велит сечися." (야로슬라프는 깨달았다, 밤에 전투를 명령한다는 것을.) 여기서는 《разуметь》 동사의 결합가에 따라 종속절의 해석이 결정됩니다. 《яко》는 《разуметь》라는 동사에 종속되므로 《что》로 번역하는 것이 적절합니다. 즉, '야로슬라프는 밤에 전투를 명령한다는 것을 알았다'(что велит в ночь сражаться)로 해석할 수 있습니다.

"Рече же им Ольга, яко яз мстила уже обиду." (올가가 그들에게 말했다, 나는 이미 복수를 했다고.) — 여기서는 간접적으로 직접화법을 전달하고 있으므로, 《яко》는 'что, мол'(~라고, 했다고)의 의미로 이해해야 합니다.

"Бысть гром велии яко слышахом в избе сидящи." (집안에 앉아 있는 사람들에게도 들릴 만큼 천둥이 크게 울렸다). 여기서 《яко》는 동사 《быть》와 관계되므로 다음과 같은 의미도 가질 수 있습니다. 'так что слышали (даже) сидящие в избе'(집안에 앉아 있는 사람들조차 들을 수 있었을 만큼)

"Сдумаша яко изгонити князя своего." (그들은 자기들의 공작을

추방하기로 결의했다.) 이 문장에서 《яко》의 유일한 의미는 현대러시아어의 《чтобы》와 연결됩니다. 즉 '자신들의 공후를 내쫓기 위해'(чтобы изгнать своего князя)라는 의미로 이해할 수 있습니다.

"Не восхоте(л) противитися брату своему... яко велики вои держа в руку своею." (보리스에게 많은 군사들이 있었지만 그는 자기 형에게 대적하려 하지 않았다.) 여기서 《яко》는 '비록 ~일지라도'의 의미로서 '보리스에게 많은 병사가 있었음에도 불구하고'라는 양보-대조의 의미를 갖습니다.

"Больного посетите... яко ecu мертвени есмы." (병든 자를 방문하라... 왜냐하면 우리는 죽은 자와 다름없으니.) 여기서 《яко》는 ' 때문에'(так как, ибо) 또는 '왜냐하면'(потому что)의 의미로 다양하게 해석될 수 있습니다.

만약 《яко》가 부사어(наречие)로도, 한정어(определение)로도 사용될 수 있다는 점을 덧붙이면 상황은 더욱 복잡해집니다. 이보다 더 복잡할 수 없을 지경입니다. 정말 그렇습니다. 만약 하나의 접속사 《яко》가 현대의 다양한 접속사들이 가진 거의 모든 의미를 포함하고 있다면, 사실 그것은 더 이상 우리가 지금 이해하는 '접속사'의 개념과는 전혀 다릅니다.

《яко》는 우리가 사용하는 현대의 접속사처럼 '생각을 연결하는 고리'로 기능하지 않았습니다. 가령, 오늘날 우리가 사용하는 что, так как, хотя, чтобы, потому что 와 같은 논리적 접속사들이 특정 의미를 부여하는 것과는 달리, 《яко》는 당시 널리 쓰이던 '등위접속사'(и, а, да, но...)처럼 문장의 의미에 크게 영향을 주지 않았습니다. '등위접속사'(сочинительные)

라는 용어를 따옴표로 강조하는 이유는, 그 당시 언어에 '종속접속사'가 전혀 없었다고 해서, 이를 '등위' 접속사라고 부를 수 있을지 의문이기 때문입니다.

무언가를 구분하는 것은 항상 대조에 기초합니다. 하지만 이 경우에는 등위접속사와 종속접속사의 어떤 대립도 존재하지 않습니다. 평탄한 표면처럼 모든 접속사가 중요하면서도 동시에 그다지 중요하지 않은 이유는 접속사가 지닌 다의성 때문입니다. 이 접속사들의 유일한 목적은 바로 두 문장, 하나의 통일된 과제로 서로 묶여 있는 두 생각의 단락을 연결하는 데 있습니다. 그리고 우리가 고대 텍스트를 현대어로 '번역'하는 것은 사실 접속사의 실제 의미를 바탕으로 한 것이 아니라, 우리 각자가 문맥 속에서 인식하게 되는 문장들 사이의 내적 논리 관계를 기반으로 하는 것입니다. 오늘날 우리는 그러한 논리적 관계를 명확히 표현할 수 있는 단어들을 가지고 있기에, 필요한 경우 고대 텍스트에 이 단어들을 대입합니다. 이것은 단순히 번역이 아니라 고대 텍스트의 의미를 숙고하는 것입니다.

그러니까, 우리는 고대 텍스트에 없는 것을 유추해서 덧붙이고, 더 완전하게 만들고 있습니다. 그렇게 함으로써, 8세기 전에 쓰인 내용을 이해하고자 우리 시대에 가깝게 해석합니다. 그러나 그 결과, 고대의 사고방식이 갖는 미묘하고 불명확하며 포착하기 어려운 의미 관계를 왜곡하게 됩니다. 고대의 사고는 단선적이고 명확했습니다. 단어들은 서로 추월하거나 두드러지지 않고, 다른 단어들을 가리는 일 없이, 지금의 구어처럼 차례차례 이어집니다. 15세기 상인이자 여행가였던 아파나시 니키틴(Афанасий Никитин)은 세상에 대해 자신이 받은 인상을 다음과 같이 묘사했습니다.

Тут есть Индейская страна и люди ходят наги все а голова непокрыта а грудь гола а волосы в одну косу плетены... а детей у них много а муж(чин)ы и жен(щин)ы все черны и яз хожу куды ино за мною людей много дивятся белому человеку.

(여기 인도라는 나라가 있는데, 사람들은 모두 벌거벗고 다니고, 머리는 덮지 않고 가슴도 드러내며, 머리카락은 한 줄로 땋고 있다... 그들에게는 자녀가 많고, 남자와 여자 모두 피부가 검다. 내가 어디를 가든지 많은 사람들이 나를 따라다니며 하얀 사람이라고 신기하게 쳐다본다.)

아파나시 니키틴(Афанасий Никитин)의 글에 문장 부호가 없는 것에 놀라지 마십시오. 당시의 관습에 따라 단어들조차도 서로 띄어 쓰지 않았고, 사고의 흐름도 구분되지 않았습니다. 여러분도 직접 이 '묘사의 흐름' 속에서 문장과 그 문장 유형들을 우리가 이해하는 현대 러시아어의 관점에서 분석해 보십시오. 단, **ино**는 '그것'(то)을 의미했고, **а**와 **и**는 모두 접속사 '그리고'(и)를 나타낸다는 점을 기억하십시오. 당시에는 등위접속사와 대조 접속사의 차이가 없었기 때문입니다.

이제 고대의 문장이 어떻게 구성되었는지 알 수 있습니다. 고대 문장은 일종의 '접속의 노력'(присоединительное усилие)에 의해 사고를 생성했습니다. 힘과 노력이 닿는 한 끝없이 '연결'하는 것이지요. 이것은 바로 '연결'(присоединение)이며, '등위'(сочинение)가 아닙니다. 즉, 우리에게 익숙한 접속사처럼 보이더라도 이는 우리가 알고 있는 '등위'(сочинение) 관계가 아니며 '종속'(подчинение) 관계는 더더욱 아닙

니다.21)

등위 관계는 언어에서 종속 관계가 나타나고, 복합문이 형성되었을 때 비로소 생겨났습니다. 그렇지만 이 통사적 관계(등위, 종속)의 형성 과정은 매우 느리게 점진적이고 단계적으로 이루어진 것입니다.

이 중요한 과정에는 말의 예술가들, 언어의 섬세한 감식가들, 문법학자들, 사상가들을 비롯한 많은 사람들이 참여했습니다. 왜냐하면 언어는 모두의 자산이며, 여러 사람의 노력에 의해서만 변화될 수 있기 때문입니다. 이 새로운 문장 구조와 통사적 관계의 상관성, 즉 다양한 상황에서 모든 화자에게 유용하고 독특한 사고의 틀(штампы)이 생성되는 복잡하고 혼란스러운 과정 전체를 탐구하기엔 우리의 시간이 부족합니다. 하지만 그 중 하나의 사례를 살펴보도록 하겠습니다.

러시아어에서 가장 먼저 발달한 것은 조건절이었습니다. 이것은 처음에는 종속절도 아니었습니다. 구어에서는 질문이 나오면, 그 뒤에 답변이 이어지며, 그저 질문과 대답이 있을 뿐입니다. 북부 지역 문헌에 나타나는 단순한 질문과 대답의 예를 봅시다.

---

21) В.В. 바바이체바(В. В. Бабайцева, 2012)와 А.Ф. 프리야트키나(А. Ф. Прияткина, 1990) 등의 연구에 따르면 '연결'(присоединение)은 다른 통사적 결합 유형(등위, 종속)과 달리 소통적 기능을 수행하며 항상 새로운 '레마'를 표현한다. '연결'에는 이미 언급된 생각을 포함할 수 없으며, 언제나 새로운 정보인 '레마'가 포함된다. '등위'(сочинение)가 동등한 부분의 결합이고, '종속'(подчинение)은 종속절이 주절에 의존하는 관계라면, '연결'(присоединение)은 기본 발화에 새로운 정보, 또는 화자에게 중요한 정보를 추가하는 것이다. 등위 및 종속 관계에서는 항상 단일한 사고의 결과가 표현되고, 이미 형성된 사고 과정의 결과를 나타내며, 복합문은 하나의 의미적 계획에 속한다. 반면, '연결'은 화자의 사고의 전개와 다차원적 성격이 나타난다. 등위 및 종속 관계가 정적인 사고를 표현하는 반면, '연결'은 동적인 사고를 나타낸다. 이와 관련하여 Бабайцева В. В. Синтаксический статус присоединённых компонентов // Русский язык в школе. 2012. №. 5. С. 71-77. Прияткина А. Ф. Осложнение и коммуникативная организация предложения // Синтаксис осложнённого предложения.М.: Высшая школа, 1990. С. 154-163. 참조. (역자 주)

"Есть ли у тебя, Никитка, пиво?" **22)**
(네게 마실 것이 있니, 니키트카?)

"Испьем да и простимся."
(마시고 작별하자.)

앞서 언급한 바와 같이 문어체에서는 모든 것이 단어의 배열 순서에 달려 있습니다. 앞에 있는 것이 조건절이고, 뒤에 오는 것이 결과, 즉 주절입니다. 예를 들어, **"Ударит на смерть — вира"** (러시아 프라브다 법전 《Русская Правда》). 이는 '만약 누군가를 때려서 사망에 이르게 한다면, 벌금을 내야 한다'로 읽힙니다.

이러한 문장들에는 아직 우리가 이해하는 현대적 의미의 종속절이 존재하지 않습니다. 그러나 발화의 구성요소 사이에 논리적 관계가 이미 감지되고 있습니다. 그리고 이제 그 논리적 관계는 언어적 표현을 요구하게 되는데, 어떤 방식으로든 여러 문장 중 특별히 중요한 하나를 강조해야 할 필요가 있습니다. 그리하여 주절이 강조됩니다. 이것은 당시에 이미 익숙한 보조 수단, 즉, 잘 알려진 말들(а, и, да, ино, то, так)에 의해 강조됩니다. 그 외에는 다른 방법이 아직 없었으니까요. 결과는 어떻게 되었을까요? 바로 다음과 같습니다.

"У тебя, Никитка, пиво, **то** испьем **да и** простимся."

---

22) 고대에는 모든 '마실 것'이 пиво라고 불렸다. 꿀술, 브라가, 크바스 등의 음료뿐만 아니라 심지어 맹물도 пиво라고 했으며, 이는 '마시다'(пить)에서 파생된 것이다. (역자 주)

(니키트카, 네게 마실 것이 있다면, 마시고 작별하자.)

"Ударит на смерть, **то** вира."
(누군가를 때려서 사망에 이르면, 벌금을 내야 한다.)

기존의 모든 강조 수단인 어순과 억양은 그대로 유지되었습니다. 하지만 이 표현에서 가장 중요한 것, 사고의 새로움을 강조해 주는 작은 단어, 어떤 '결속어'(скрепка)가 등장했습니다. 예를 들어 'ударит на смерть'(죽음에 이르게 하다)는 단순히 사실을 서술하는 문장이지만, 여기에 특별한 어순과 억양, 그리고 특수한 작은 삽입어(то)를 통해, 묘사된 사실에서 생성되는 새로운 정보(то вира)를 '연결' 합니다. 이 마지막 어결합(то вира)은 두 문장을 연결하는 가장 중요한 부분이며, 문장들을 인과관계로 엮어 하나의 문장으로 결합합니다. 여기서 то는 매우 중요한 단어이며, 이 단어 덕분에 주의가 집중될 수 있습니다. 그러나 이것은 여전히 종속적인 연결이 아닙니다. 이것을 '종속적 연결'이라고 부르기보다는 '강조적 연결'이라고 부르는 것이 더 타당합니다. 왜냐하면 아직 종속접속사가 없었고, 종속절의 다양한 의미들도 아직 분화되지 않았기 때문입니다. 이 문장들은 조건절, 시간절, 그리고 원인절의 의미를 동시에 품고 있습니다.

조건(условие)과 시간(время)의 의미는 오랫동안 서로 분리되기를 원하지 않았습니다. 심지어 훨씬 훗날, 푸시킨 시대까지도 이 둘은 동일한 접속사를 통해 주절에 연결되기도 했습니다. 푸시킨의 작품 『보리스 고두노프』에서 슈이스키(Шуйский)는 보로틴스키(Воротынский)에게 이렇게 제안합니다.

Когда Борис хитрить не перестанет, Давай народ искусно волновать...

(보리스가 계속 술수를 부린다면, 우리가 민중들을 교묘하게 선동합시다...)

여기서 **《когда》**라는 단어는 분명히 '만약'(если)이라는 의미로 쓰였으며, 시간적 접속사가 여전히 조건적 접속사 역할도 함께 수행하고 있습니다.

이 예문은 현대에 이르러서도, 한때 의미상으로 구별되지 않았던 종속절 유형들이 점차적으로 분화되는 양상을 우리의 눈앞에서 생생히 보여주고 있습니다.

그러면 이제 복합문이 아직 종속 관계를 이루지 않았던 시대로 돌아가 봅시다. 시간이 지나면서 이러한 문장의 구성 요소들을 연결하는 결속어(скрепка) 역할을 접속사뿐만 아니라 접속어(союзные слова)들이 맡게 되었습니다.

그렇다면 도대체 접속어들이 왜 필요했을까요? 그것 없이도 '주절'은 이미 접속사로 강조되는데 말이죠. 그러나 그런 강조만으로는 충분하지 않았습니다. 단순히 문장에서 무엇이 중요한지를 보여주는 것만으로는 부족했던 것입니다. 부차적인 문장의 의미를 약화시키고, 동시에 그것이 주 문장에 의존하고 있음을 보여줄 필요가 있었습니다. 복합문으로 표현되는 생각들은 동등하지 않고 내적으로 상호 의존적입니다. 하나가 원인이면,

다른 것은 결과입니다. 이것이 속성이고, 저것은 대상입니다. 모든 러시아어 화자가 자신들의 발화를 인식하고 활용할 수 있도록 하기 위해서는 이러한 관계들을 표현할 수 있는 명확한 문법적 표현이 필요했습니다. 문장을 구성하고 텍스트를 만들기 위해서는, 현실적인 관계와 사고의 실제적 순서를 반영할 필요가 있었습니다. 이것은 막 떠오르는 발상이나 생성되고 있는 생각이 아니라, 이미 준비되고 다듬어져서 상대방에게 전달할 준비가 된 사고였습니다.

그러나 이러한 접속어들이 먼저 만들어져야 했습니다. 언어는 스스로를 표현하기 위해 끊임없이 외적 형식을 확보하고 만들어내는데, 이것이 언어 발전의 또 다른 특징입니다.

그리하여 16세기 초부터 이러한 접속어들이 폭발적으로 증가하기 시작합니다. 이들은 고대 다양한 문법 형태의 잔재나, 문장에서 중요도가 낮은 구성성분으로부터 만들어졌습니다. 일단 필요하다면 풍부하고 넉넉하게 만들 필요가 있었지요! 그러나 그들 중 다수는 결과적으로 널리 인정받지 못했고, 필수적인 통사적 수단이 되지 못한 채 흔적도 없이 사라졌습니다.

그중 일부는 오직 상문체(высокий стиль)에서, 혹은 반대로 하문체(низкий стиль)에서만 제한적으로 사용되었습니다. 다음은 그 예입니다. 하나는 이미 여러분께도 익숙한 것입니다.

Есть ли у тебя, Никитка, пиво, то испьем да и простимся.
(니키트카, 너한테 마실 것이 있으면, 마시고 작별하자.)

여기서 동사형 《**есть**》는 그다지 중요하지 않습니다. **ли** 와 결합하여 처음에는 접속어로, 나중에는 접속사가 됩니다. **есть ли → если.** 이는 오늘날까지도 남아있는 가장 널리 사용되는 조건 접속사입니다. 'Если есть у тебя пиво, то испьем...'

두 번째 《есть》는 나중에 등장했으며 완전히 다른 이유로 사용되었습니다. 다른 예는 '과거 속 미래'(будет пришел)로 불리는 고대 복합 시제와 관련이 있습니다. "**Будет пришел** холоп ино плетьми бить." 이것은 문자 그대로 이렇게 번역할 수 있습니다. "그 무렵 종이 와 있으면, 그를 채찍질해야 한다."

지금은 필요 없게 된 이 복잡한 형태론적 시제는 무너졌고, 단어 《**будет**》는 불필요하게 되어 전혀 새로운 의미로 사용되기 시작했습니다. 그리고 새로운 용법에서는 더 이상 인칭과 수에 따라 변화하지 않았기 때문에 어미는 불필요해졌고, 형태는 《**буде**》로 축약되었습니다. 과거 시제 동사 형태(пришел)와의 관련성도 더는 중요하지 않게 되었습니다. 그래서 《**буде**》라는 접속어와 함께 다음과 같은 문장들이 나타났습니다.

《А **буде** пришел холоп...》 (만약 종이 도착하면...) 과거시제 조건문
《А **буде** не станешь слушать...》 (만약 네가 듣지 않는다면...) 미래시제 조건문

이처럼 《**буде**》는 문장 내의 다른 단어들과 여전히 연결되어 있고, 주절의 접속사(союз)와 상응하기 때문에 접속어라고 할 수 있습니다. **буде**

— то, буде — ино. 그리고 이러한 변화의 마지막 단계에서는 바로 이 《то》와 《ино》등의 단어들이 제거되는 것입니다.

Если у тебя пиво — испью…
(네게 마실 것이 있으면, 마시자)

Буде пришел холоп — бить плетьми…
(하인이 도착하면, 채찍질해야 한다…)

이러한 문장 구조의 장점은 명백합니다. 문장을 어떻게 바꾸고 단어를 어떻게 변형하든 간에, 주절은 여전히 주절로 남고, 종속절은 그대로 종속절로 유지됩니다.

Испьем, если у тебя (есть) пиво…
(네게 마실 것이 있으면, 마시자…)

Бить плетьми, буде пришел холоп…
(채찍질해야 한다, 하인이 도착하면…)

종속 복문의 형성은 완료되었습니다. 문장들의 상호 의존성은 순수하게 문법적으로 표현되며 언제나 일관되게 작동합니다. 이는 모든 경우에 사용할 수 있는 언어 구조의 모델이며, 모든 이를 위한 언어적 틀입니다. 이제 이 모델은 다음 세대의 의식과 사고를 형성하게 될 것입니다. 우리 각자가 모국어를 배우기 시작하면서 복잡한 개념과 관계의 그물망에 즉시 얽매이게 되는데, 이는 우리의 개인적인 경험이 아니라 언어 속에서 눈에 띄지 않게 전 생애 동안 우리에게 주어지는 것이기 때문에 일상적이고 이해하기 쉬운 것으로 보입니다. 그러나 보이지 않는 이면에는 수 세기에 걸쳐 주변 세계의 복잡한 관계를 파악하고자 했던 우리 선조들의 탐구와 노력이 숨어 있습니다.

우리 선조들은 우리와는 다른 방식으로 말하였고, 사고방식도 우리와 달랐습니다.

논리적인 사고의 중요성과
어순에 대하여

О ТОМ, КАК ВАЖНО ДУМАТЬ ПО ПОРЯДКУ,
И О ПОРЯДКЕ СЛОВ

    발화에서 무엇이 중요한지, 무엇이 중요하지 않은지 불분명할 경우 특이하게 관점의 전환(смещение перспективы)이 일어나는데, 이것은 고대어의 특징이라고 할 수 있습니다.
    고대어에서는 모든 것이 동등하게 중요합니다. 사람이 말을 꺼냈다는 것은 생각이 뇌에서 생성되어 언어 형태로 표현되어, 이제 그것을 청자에게 전달할 시간이 되었다는 것을 의미합니다. 생리학자를 비롯한 일부 학자들은 지적으로 충분히 발달되지 않은 사람은 오직 말하기를 통해서만 추상적으로 사고할 수 있다고 생각합니다. 즉, 말로 표현되는 동안 그의 생각도 형성되는 것입니다. 이와 관련하여, 어린아이들이 유독 말이 많은 것도 같은 이유입니다. 그들은 단순히 말하는 법을 배울 뿐만 아니라, 동시에 주변 사람들과 동일한 방식으로 사고하는 법을 익히는 것입니다.

이제 관점의 전환에 대해 이야기해 봅시다. 문장은 단순히 단어들의 나열이 아니라, 서로 문법적으로 연결된 단어들의 집합으로 구성됩니다. 이러한 단어의 집합, 즉, 어결합으로 모든 언어의 문장이 구성됩니다. 어결합에서 단어들을 결합하는 문법적 관계는 여러분도 익숙할 것입니다. 그것은 바로 **일치**(согласование), **지배**(управление), 그리고 **부가**(примыкание)입니다.

'**일치**'는 단어들을 형태적으로 일치시켜 사용하는 것을 의미합니다. 예를 들어, 'белая роза'(흰 장미)는 '일치'입니다.

'**지배**'는 한 단어의 형태가 다른 단어의 형태를 결정하는 것을 뜻합니다. 가령, 'Вижу'(나는 본다)라고 말할 때, 다음에 결합되는 명사는 특정한 격형태로 제한됩니다. 예를 들어, 'птицу'(새를)는 대격입니다. 'глазами'(눈으로)는 조격이고, 전치격도 결합될 수 있지만, '...на дереве'(나무 위에서)와 같이 반드시 전치사와 함께 사용해야 합니다. 동사 'Вижу' 뒤에 주격과 여격은 결합할 수 없지만, 대격, 조격, 전치격은 하나의 어결합으로 함께 사용할 수 있습니다. "глазами вижу на дереве птицу." (나는 눈으로 나무 위의 새를 본다).

이 표현은 하나의 동사에 세 가지 가능한 어결합이 동시에 엮여있기 때문에 약간 무겁게 들릴 수 있습니다. 'вижу глазами'(눈으로 본다), 'вижу на дереве'(나무 위에서 본다), 'вижу птицу'(나는 새를 본다).

《Дом бабушки》(할머니의 집)도 마찬가지로 '지배'의 또 다른 예시이며, 여기서는 명사적 지배입니다. 주격 명사가 생격 명사를 지배합니다. 현대 언어에는 다양한 유형의 '지배'가 있어, 어결합에서 각 단어의 상대적 중요성을 나타낼 수 있습니다.

'부가'(примыкание)는 단어들 사이의 어떤 문법적 관계도 나타내지 않는 것처럼 보입니다. 예를 들어, 'Иду быстро'(빨리 걷는다)라는 어결합에서는 단어들이 나란히 배치되어 서로에게 인접해 있을 뿐입니다. 부사(быстро)는 굴절하거나 활용하지 않기 때문에 다른 형태로 변하지 않습니다. 이러한 관계(부가)는 지배관계가 일치 관계와 대조되었을 때 비로소 독립적 문법 관계로서 인식되기 시작했습니다. 문장에서 단어들이 서로 '부가'되고 인접해 있는 것은 항상 있었던 일이고, 놀라운 것이 아닙니다. 그러나 '부가'가 독립적인 문법 관계로 인식된 것은 비교적 늦은 시기였습니다. 결국 언어에는 전혀 변화가 없는데도 변화가 있는 것으로 볼 수가 있다는 말인가요? 그렇습니다. 언어에서 종종 이런 일이 발생합니다. 이제 동슬라브어에서 어떤 식으로 어결합의 유형들이, 정확히 말해, 단어들을 어결합으로 엮는 문법적 관계들이 순차적으로 발전했는지 살펴봅시다.

처음에는 우리의 언어에 일치도, 지배도, 부가도 없었습니다. 단어는 그저 다른 단어 옆에 배열되었을 뿐입니다. 이제 우리 조상들의 구어(口語)가 반영된 고대 문헌의 몇 가지 예를 보겠습니다. 이 텍스트를 주의 깊게 읽고 판단의 논리와 사고의 흐름을 이해해 봅시다.

첫 번째 예 《капуста листие варить》는 '양배추 잎을 끓이다'

(листья капусты варить)라는 뜻으로 번역할 수 있습니다. 다른 예로 《ехать по берегу по низу》는 아마도 설명할 필요도 없이 '강둑 아래로 달리다'(ехать внизу вдоль берега)라는 의미로 해석될 수 있습니다. 여기서 현대 의미와는 다른 고대어의 '강변'(берег)의 의미적 차이를 발견할 수 있습니다. 예전에는 《берег》가 단순히 '강가'가 아니라 '강의 가파르고 높은 둑'을 의미했으므로, 16세기 문헌에서 '강둑 아래를 따라 달리다'는 매우 적절한 표현이었습니다.

고대 텍스트에서는 한 문장 안에서 어떤 단어가 중요한지 불명확한 경우가 매우 흔합니다. 그 이유는 고대 언어에서는 모든 단어가 동일하게 중요하게 여겨졌기 때문입니다. 즉, 말하는 사람이 생각을 표현할 때는 그 모든 단어의 의미들이 필요하다고 여겼기 때문입니다. 《капуста листие варить》는 '양배추 잎을 끓이다'라는 뜻입니다. 여기서 《капуста》와 《листие》는 나란히 배치되어 있습니다. 현대 러시아어에서 '양배추의 잎'이라는 표현은 그 어순이 명확하게 구분되어야 하지만, 고대 러시아어에서는 이러한 구분이 없었습니다.

제시된 두 예문의 공통점은 모두 동일한 사고의 흐름을 반영한다는 것입니다. 고대인에게 어떤 것의 일부는 전체에서 분리되어 독립적으로 존재할 수 없었기 때문에 그의 의식 속에서 특별히 구분되지 않았습니다. 그래서 '양배추 잎(капуста листие)을 끓이다'라고 말했으며, '양배추의 잎'(листья капусты)이나 '양배추 잎들'(капустные листья)이라고 하지 않았습니다. 이 표현에서는 모든 것이 혼합되어 있고 모든 것이 일치합니다. 따라서 《капуста листие》는 '양배추 잎', '양배추 자체', '양배추

줄기의 잎들'을 모두 의미합니다. 화자의 의식 속에서 이 개념들이 구분되지 않았기 때문에 단어들도 문법적으로 분화되지 않았습니다. 이는 '강둑 아래'와 '강변 자체'가 나뉘지 않은 것과 같습니다.

그렇다면 이제 말씀해 보세요.《капуста листие варить》는 '**지배**'(управление)일까요? '**부가**'(примыкание)일까요? '**일치**'(согласование)인가요? 단어들은 서로에게 부가되고, 상호 의존하면서 형태에 따라 일치합니다. 이것은 '일치'이고, '지배'이며, '부가'이기도 합니다. 언어는 점진적으로, 매우 신중하게 한 개념과 다른 개념 간의 논리적 의존성을 표현할 방법을 모색합니다. 16세기 초에 이러한 방법은 **어순**이었습니다. 어결합에서는 항상 가장 중요한 단어가 먼저 나오는데, 보통 일반적이고 전체적인 것을 의미합니다. 그 다음에 그 전체의 일부를 나타내는 단어가 뒤에 배치됩니다. 우리가 앞으로 살펴볼 다른 어결합의 예들에서도 주요 성분과 부차적 성분의 관계는 이와 같습니다. 그러나 이 단어들 사이의 관계는 얼마나 불분명하고 모호한지요! 두 단어 사이에 실제로 통사적 관계가 있다고 말하는 것은 조건적일 뿐입니다.

더구나 초기 문자 이전의 시대와 비교했을 때 새로운 점이 있습니다. 그것은 이러한 모호하고 불분명한 관계가 그 자체로 매우 조건적임에도 불구하고, 러시아어를 사용하는 모든 화자들에게 공유되었다는 점입니다. 실제로, 어순을 반대로 할 수도 있습니다. '부분'을 나타내는 단어가 먼저 오고 뒤에 '전체'를 뜻하는 단어가 뒤에 오는 것입니다. 즉,《капуста листие》가 아니라《листие капуста》로 배치할 수도 있습니다. 바로 후자의 배열 방식이 현대 러시아어에서 나타나는 단어들의 어순입니다. 그러나 언어는 그 나름의 선택을 했고, 이러한 구문 선택의 조건성과 필수성이 문법적 관계의 발전을 향한 첫걸음이 되었습니다. 이러한 선택의 보편성과 강제성은 이제 발화(речь)가 아닌 언어(язык)의 문제입니다.

마치 사진을 인화하는 것과 비슷합니다. 현상액이 담긴 트레이에서 사진의 윤곽이 나타나기 시작하면, 그것은 이미 거의 완성된 사진입니다. 선명함, 이미지의 깊이, 프레임까지 모든 것이 갖추어져 있습니다. 하지만 그 사진은 확대기 앞에 앉아 있는 당신에게만 보일 뿐입니다. 만약 인화지를 헹구고 이미지를 제대로 고정하지 않으면 다른 사람들은 이 사진을 결코 볼 수 없을 것입니다. 우리 상황도 마찬가지입니다. 인간의 사고는 부분과 전체의 차이를 인식하는 단계에 도달했지만, 문법은 아직 이 발견을 고정시키고 공통의 자산으로 만들 수단을 제공하지 못했습니다. 어결합의 의미적 중심은 드러났지만, 문법적으로는 아직 그렇지 않습니다. 처음에는 사고의 중심을 어결합의 시작 부분과 연결시켰지만, 사실 어결합의 시작이라는 것이 상대적인 개념이기에 빠른 발화 속에서는 그 시작이 어디인지 분간할 수 없습니다. 더 명확한 구분의 기준이 필요했습니다. 그게 정확히 어떤 것인지는 나중에 이야기하겠습니다. 지금은 몇 가지 예를 더 보겠습니다.

예를 들어, "**куплены нити на шитье на шубы.**"(털옷을 짓기 위한 실을 샀다.)에서 행위(바느질)와 그 대상(털옷)은 사고의 동등한 구성 요소로 나타납니다.

또한 "**Сено косят болóтце.**"(늪지대에서 풀을 베다)에서 행위의 대상과 그 장소도 마찬가지로 동등한 관계로 나타납니다. Сено на болотше

(늪지대의 풀) — сено косят (건초를 베다) — косят болотце (늪에서 베다). 사고는 단일하지도 않고 고정되어 있지도 않습니다. 우리가 보고 있는 모든 것은 모든 사물과 행위을 포착하여 공통의 대열로 아우르는 사고의 병렬적 흐름입니다.

그러나 지금 설명한 것은 비교적 단순한 개념입니다. 무엇을 의미하는지 쉽게 이해할 수 있습니다. 하지만 '건초'(сено)라는 단어가 사용된 더 복잡한 예도 있습니다.

> Того же дни взято у крестьян у запольских **за пожню за рель за сено за греблю и за метание и за вожение за 101 год** 6 рублей московских.
> (그날 자폴스키 지역의 농민들에게서 들판, 제방 아래 목초지, 건초 갈퀴질, 쌓기, 운반에 대해, 그리고 101년도(1593년)에 대해, 모스크바 화폐단위로 6루블을 거두었다.)

여기서 무엇이 주요 성분이고, 무엇이 부차적 성분인지 분간하기 어렵습니다. 머리를 감싸 쥐게 됩니다. 이 문장에서 명사들은 단순히 병렬적으로 나열된 동등한 구성 요소가 아닙니다. 《Пожня》는 '풀을 베고, 곡식을 수확하는 들판'을 뜻하고, 《рель》은 '강둑 아래 범람지의 가장 좋은 풀이 자라는 목초지'를 의미합니다. 나머지 명사들은 일의 순서, 즉 건초 긁어모으기(гребля), 더미로 쌓기(метание), 운반하기(вожение) 등 작업의 순차적 단계를 나타냅니다. 여기서 101년이라는 표현은 당시의 연대 계산법에 따른 구력 연도이며, 현대의 달력으로는 1593년에 해당합니다. 이제 주의 깊게 보세요. 'за'와 함께 사용된 7개의 구문은 3개의 개별 단어 그룹으로 나눌 수 있습니다.

첫 번째 어결합 **《За 101 год》**는 그 자체로 '행위가 일어난 시간'을 나타내는 표현이며, 이러한 어결합은 지금도 흔히 쓰입니다. 예를 들어, '상반기 동안 받은 3점'(тройка за первое полугодие).

두 번째 어결합은 필사자가 직접 두 번에 걸쳐 **《и за》**라고 적음으로써 강조하고 있습니다. 따라서 필사자의 인식 속에서 '갈퀴질'(гребля), '쌓기'(метание), 그리고 '운반'(вожение)이 하나의 통합된 '전체 행위의 일부'로 여겨졌다는 것을 알 수 있습니다(...и ...и 로 결합).

텍스트의 나머지 부분은 16세기 말의 독자에게는 쉽게 해석되겠지만, 우리에게는 어렵습니다. 그러나 이러한 어결합에 담긴 고대의 개념들은 어느 정도 이해가 되는 부분도 있습니다. **《за пожню за рель》**은 '부분과 전체'(들판의 목초지)를 의미하며, **《за греблю, и за метание, и за воженье сена》**는 '행위와 대상'(건초 긁어모으기, 쌓기, 운반)의 관계를 나타냅니다.

우리에게 새로운 것은 행위와 대상(за сено за греблю), 그 행위가 일어난 시간(за 101 год)이 서로 독립적으로 존재한다는 점입니다. 행위는 그 자체로 존재하고, 행위가 일어나는 시간도 별개로 존재하며, 그 행위의 대상 역시 독립적으로 존재합니다.

하지만 '부분과 전체'의 경우에는 그렇지 않습니다. 부분은 전체의 일부일 뿐이며, 결코 그들을 분리할 수 없습니다. 또한 여기서 주요 성분과 부차적인 성분의 어순도 이미 도치되었습니다. 이러한 어순 도치는 문장이 전치사로 가득 차 있고 문장의 각 구성 성분이 전치사에 의해서 분리되어 있기 때문에 충분히 허용 가능합니다. 결론적으로 텍스트는 다음과 같이 해석할 수 있습니다.

> ...за пожню на рели, а также за греблю, метанье и воженье сена в течение 101 года...
>
> (...101년에 강둑 저습지 풀베기, 그리고 (풀) 긁어모으기, 쌓기 운반 등의 작업에 대해서...)

텍스트를 해독하는 데 그리 많은 시간이 걸리지 않았지만, 이 문장의 작성자에게는 애초에 모든 것이 눈에 보이듯 자명했을 것입니다. 그 주변 사람들 중 강둑 아래 저습지(рель)가 무엇인지, 건초 쌓기(метание)가 무엇인지 모르는 사람이 누가 있겠습니까. 우리의 선조들은 세상을 매우 평면적으로 보았군요... 과연 평면적일까요? 그것은 어떻게 보느냐에 따라 다릅니다.

만약 어떤 발화 속에서 모든 성분이 동일하게 중요했다면, 심지어 모든 단어들에 대해 동일한 전치사를 선택할 만큼 중요했다는 것인데, 이것을 과연 단순하고 평면적이라고 말할 수 있을까요? 어쩌면, 오히려 지나치게 입체적인 표현일 수도 있습니다.

우리의 선조들은 세상을 입체적이고 선명하게 보았습니다.

그러나 이렇게 시각적으로 분명한 세계는 그들에게 어딘가 다소 정돈되지 않은 형태로 나타납니다. 인물과 사물 사이의 내적 관계, 대상과 행위 사이의 관계, 속성과 사물 사이의 관계가 어딘가 불분명하게 인식되었고, 모호하게, 대략적으로 묘사되었습니다. 이러한 관계들은 아직 모든 이가 공유하는 보편적 지식의 사실로 확립되지 못했고, 문법적으로 정립되지 못한 상태였습니다.

몇몇 탁월한 인물들이 아니라 전체 민중, 바로 그 언어를 사용하는 모든 화자들은 그들 주변 세계의 내적 관계들에 대한 지식을 무엇보다도 언어를 통해 얻게 됩니다. 세계에 대한 지식의 작은 조각들이 어떻게 점진적이고 꾸준하게 언어의 문법 속에 축적되어왔는지, 그리고 그것이 해당 언어의 모든 화자들에게 어떻게 익숙한 사고방식의 형태로 자리 잡게 되었는지에 대해서는 사물과 그 특성을 나타내는 가장 단순한 어결합을 통해 알 수 있습니다.

《Горит свеча воск яр》(양초가 타고 밀랍이 밝다) — 의미의 중요도가 점진적으로 낮아지는 단어들의 연쇄입니다. 가장 중요한 것은 '타고 있다'는 사실입니다. 그 다음에는 무엇이 타는가, 양초가 타고 있습니다. 어떤 양초인가? 밀랍으로 만든 것입니다. 이 밀랍은 어떠한가? 밝습니다. 이제 같은 위계 구조(사물과 그 특성의 관계)를 다르게 전달해 봅시다. "Горит свеча ярого воску." (밝은 밀랍의 양초가 타고 있다.)

문법적으로 모든 것이 근본적으로 변했습니다. 왜일까요? 이해를 돕기 위해 우리의 문장을 축약해 봅시다. 잠시 동사 형태를 제거해 보겠습니다. 그러면 **《Свеча воск яр》**만 남습니다. 이것은 슬라브어에서 일반적인 명사문으로, 단어 조합의 성격상 가장 오래된 유형입니다. 사람은 명명 형태로 단어들을 단순히 나열함으로써 한 사물과 다른 사물을 마음속에서 차례로 대조시킵니다. 예) свеча(양초)... воск(밀랍, 양초의 재료)... яр(밀랍이 가공된 방식, 불로 녹인 밀랍). 하지만 문법적인 관계가 전혀 전달되지 않습니다. 따라서 여기서는 어결합의 주요 성분과 부차적 성분, 대상과 그 속성 사이의 구분이 불분명합니다.

인간의 의식 속에서 사물과 그 속성의 차이를 언어적으로 표현해야 할 필요성이 생기자, 그 차이를 표현하기 위한 단 한 번의 형태 변화만으로 충분했습니다. 예를 들어, 《на свече, воск яр》에서는 주요 단어의 형태만 변화시키고, 나머지 단어들은 변하지 않고 여전히 주격 형태를 그대로 유지합니다. 변화하는 주요 단어를 배경으로 나머지 단어들은 고정된 형태를 취하면서, 각각의 새로운 어결합에서도 동일한 사물의 속성을 이야기하고 있음을 강조합니다. 아래 어결합들의 예를 보세요. 핵심어의 형태는 변하지만, 나머지 단어들은 고정된 형태를 취합니다. 《**Свечи** воск яр》, 《**Свечу** воск яр》, 《**Свечой** воск яр》.

조용한 연못에 던져진 작은 돌멩이로 인해 물결이 원을 그리며 퍼져 나가듯, 주요 단어의 변화에 따라 생성된 수많은 어결합에서 사고를 좀 더 정확하게 표현하기 위한 방법들이 계속해서 모색되고 있습니다. 때로는 종속 단어의 형태가 바뀌고, 때로는 지시어, 접속사 또는 전치사가 도입되기도 합니다. 다음 페이지에 있는 표는 수많은 변형 중 몇 가지 예시입니다.

свеча воск яр

⇩　　　⇩　　　⇩　　　⇩

свечу воск яр　　или свечу воска яра　　свечи воск яр　　или свечей воска яра

⇩　　　⇩　　　⇩　　　⇩

свечу, у нее воск яр　　свечу воску яра　　свечи́, у нее воск яр　　свечи́ воску яра

⇩　　　⇩　　　⇩　　　⇩

свечу, в который воск яр　　свечу воску ярого　　свечи́, у которой воск яр　　свечи́ воску ярого

⇩　　　　　　⇩

ту свечу, у которой воск яр　　той свечи́, у которой воск яр

대부분의 이러한 조합에서는 속성(качество)과 해당 사물(предмет)의 관계가 구체화되고 명확해집니다. 예) **свеча**, у нее **воск яр** (양초, 그 밀랍이 밝다).

다른 조합에서는 그 속성 자체가 중요하며, 이것이 해당 사물에 대해 지속적인 속성으로 인식되어, 소유를 나타내는 생격 형태로 표현됩니다. 예) свеча воска яра (밝은 밀랍의 초) — 여기서 양초가 '수지 양초'(сальная свеча)가 아니라, 밀랍으로 만들어졌다는 것이 강조됩니다. 도식에서 보이듯이, 이후의 다양한 형태들은 형태론적 변화와 관련이 있습니다. 이러한 변화들도 생각을 보다 정확하게 전달하는데 기여합니다. 생격 형태의 《воску》는 밀랍의 '양'을 나타내는 《воска》보다 양초를 만드는 '재료'를 더 뚜렷하게 나타냅니다. 《ярого》의 형태는 《яра》보다 더 분명하게 사물의 항시적인 속성을 나타냅니다. 때문에 현대 러시아어에서도 장어미형 형용사는 주로 항시적, 지속적 속성을 나타내고, 단어미형 형용사는 일시적이고 지나가는 속성을 나타냅니다. 비교해 보세요: Наша река спокойная (우리 강은 평온하다) — Сегодня река спокойна (오늘은 강이 잠잠하다).

이렇게 하여 사물과 그 속성은 마침내 문법적인 관계를 갖추게 되었습니다. 단어들간의 문법적 관계는 멈추지 않고 끊임없이 변화합니다. 새로운 유형의 문법적인 관계가 계속해서 발전하고 있습니다. 예를 들어, **지배** (支配, управление) 관계를 보겠습니다.

불과 17~18세기까지만 해도 '**지배**'(управление)는 아직 완전하고 확고한 문법적 관계가 아니었습니다. 단어의 의미나 전치사의 성격, 다른 단어들과의 조합에 따라 많은 것이 달라졌습니다. 한 단어와는 하나의 관계, 다른 단어와는 또 다른 문법적 관계를 형성했기 때문입니다.

동사에 붙는 접두사에 따라 그 뒤에 오는 전치사도 달라졌습니다. 이 규칙은 일종의 법칙처럼 작용했습니다. 《Пойти》는 반드시 《по воду》와 결합했고, 《Зайти》는 오직 《за водой》와 결합되었고, 《Выйти》는 당연히 《в поле》와 결합했으며, 《Сойти》는 《с горы》와 결합되었습니다. 현대 러시아어에서는 'пойти... за водой'(물을 가지러 가다) 또는 'выйти... за околицу'(변두리로 나가다)와 같은 어결합이 가능하지만, 이는 고대 러시아인의 관점에서는 야만스런 조합입니다. 우리의 선조들은 《повадился за... 》같은 어결합을 보고 경악했을 것입니다. 그들에게는 허용된 표현은 오직 'въвадился волкъ въ овце'(늑대가 양 떼 속으로 들이닥쳤다)뿐이었습니다. 지금도 시골의 할머니들은 'пойти по воду'(물을 따라가다)라고 말합니다, 왜냐하면 'пойти за водой'(물을 가지러 가다)은 도시에서나 쓰는 표현이며 완전히 그릇된 표현이었기 때문입니다. 과거에는 이 표현이 '물 뒤를 따라가다', '강의 흐름을 따라 내려가다' 는 뜻이었습니다.

17세기 말과 18세기 동안 언어에는 중요한 변화가 발생했습니다. 이 시기는 각 단어가 앞으로 함께 결합하게 될 전치사와 격을 정하고, 어떤 식으로 다른 단어를 지배할 수 있는지 확정 짓는 과정이었습니다. 어떤 동사는 대격을, 어떤 동사는 조격을 지배했고, 어떤 경우에는 전치사와 함께, 어떤 경우에는 전치사 없이 사용되었습니다. 당시의 문헌에서는 다음과 같은 어색한 표현들이 자주 등장합니다.

Как скоро письмо окончу, то **к тебе** его сообщу.
편지를 끝내면 곧바로 너에게 알릴게. (= то тебе сообщу)

Я **вами** совсем не известен.
나는 당신들에게 전혀 알려져 있지 않다. (= Я вам совсем не известен)

А что **до меня** касается...

나에 대해서라면... (= Что касается меня...)

Когда нет способа избавиться **клевет**...

비방을 피할 방법이 없을 때... (=...избавиться от клеветы)

Убегайте **их**, они — яд, они — желчь.

그들을 피하라, 그들은 독이고, 쓸개즙이다. (= Убегайте от них...)

Но вместо того многие **ей** смеялись.

그러나 오히려 많은 사람들이 그녀를 비웃었다. (= над ней смеялись)

Должны трепетать **моего взора**.

내 시선을 두려워해야 한다. (= Должны трепетать перед моим взором)

이 시기의 가장 일반적인 특징은 동사 뒤에 전치사가 생략되는 경우가 많았다는 것입니다. 폰비진(Д. Фонвизин)의 희곡 『미성년(Недоросль)』에서 지방 출신 인물들은 옛 방식대로 이렇게 말합니다.

Простакова: Я с одной тоски хлеба отстану.

Скотинин: Я отроду ничего не читывал, сестрица! Бог меня избавил этой скуки.

프로스타코바: 나는 슬픔으로 인해 곡기를 끊을 거야. (= отстану от хлеба).

스코티닌: 난 태어나서 한 번도 책을 읽은 적이 없어, 누이! 신께서 나를 이 지루함에서 벗어나게 해주셨지. (=избавил от этой скуки)

19세기 작가들의 작품에서도 이러한 낯선 단어 결합 방식을 자주 볼 수 있습니다. 도스토옙스키(Ф. Достоевский)는 "Наш прокурор трепетал встречи с Фетюковичем..."(우리 검사는 페튜코비치와의 만남을 두려워했다...)라고 쓰고 있고, 우스펜스키(Г. Успенский)는 "Начальство сельское его трепетало."(마을 관리들이 그를 두려워했다.)라고 표현했습니다. 여기서 모두 전치사 없이 생격이 사용되었습니다. 도스토옙스키의 또 다른 구절에서는 "Итак, что же тогда руководило вас в ваших чувствах ненависти?"(그렇다면 당신의 증오심으로 이끈 것은 무엇이었습니까?)라는 표현이 있고, 레스코프(Н. Лесков)의 작품에서는 "...везде бедных людей руководствую."(나는 어디서든 가난한 사람들을 인도한다.)라고 쓰여 있습니다. 모두 전치사 없는 대격이 사용되었으며, 형태적으로 생격과 유사합니다.

이러한 어결합에 놀랄 필요는 없습니다. **трепетать**(불안에 떨다)와 **руководить**(지도하다)는 접두사가 없는 동사이기 때문에, 원칙적으로 전치사가 결합되지 않습니다. 그리고 유사한 의미를 지닌 다른 동사들도 전치사 없이 대격이나 생격을 지배하는 경우가 지금까지도 남아 있습니다. 다음 예시들을 비교해 보십시오.

трепетал от встречи & боялся встречи.
(만남을 두려워 했다.)

руководил вами & вел вас.
(당신들을 이끌었다.)

이들 중 어결합 방식이 바뀐 것은 오직 **руководить**(지도하다)와 **трепетать**(초조하다) 동사뿐입니다.

일반적으로 모든 문법적 관계의 변화는 보통 각 동사와 개별적으로 관련이 있습니다. 어느 언어에서든 단번에 모든 단어의 문법적 관계가 바뀌거나 사라지는 일은 없습니다. 그렇게 되면 말하는 사람들에게 큰 불편과 대혼란을 초래할 것입니다. 언어는 사람들이 쉽고 빠르게, 별다른 노력 없이 이해할 수 있도록 하기 위해 존재합니다. 새로운 문법적 관계의 형성은 한 동사군에서 다른 동사군으로 점진적으로 이행됩니다. 한 그룹의 동사에 사람들이 익숙해지면, 다음 그룹에서 변화가 시작됩니다. 그래서 이러한 변화는 항상 오랜 시간이 걸리며, 특정 텍스트에서 단어의 의미 변화와 밀접하게 관련되어 있습니다. 예를 들어, 어떤 시점에서 동사와 전치사 간의 관계가 끊어지면, 즉시 다른 전치사가 그 자리를 차지하게 되며, 이 전치사는 그 조합에 새로운 의미를 부여합니다. 레프 톨스토이(Л. Толстой)는 늙은 볼콘스키 공작을 이렇게 묘사합니다.

> Он сделался еще более раздражителен, чем прежде, и все вспышки его беспричинного гнева большею частью **обрушивались на княжне** Марье.
> (그는 예전보다 더욱 신경질적이 되었고, 그의 이유 없는 분노의 폭발은 대부분 마리야 공녀에게 쏟아졌다.)

과거, 톨스토이 이전에는 접두사와 동일한 전치사와 대격을 결합하여 《обрушивались о(б) княжну Марью》라고 표현했어야만 합니다. 하지만 동사의 의미 자체가 더 넓어졌고, 심지어는 (이 경우처럼) 비유적인 의미까지 포함하게 되었습니다. 나이가 들고 소심한 마리야 공녀는 아버지의 분노의 파도가 부딪치는 절벽(утес)이 아닙니다. 이제 동사의 어휘적 의미는 너무 확장되어서 이전의 좁은 의미의 통사적 관계가 더 이상 그 단어의 새로운 의미에 맞지 않게 되었으며, 섬세하고 창조적인 언어의 대가(톨스토이)를 만족시키지 못했습니다. 《Обрушивались на...》라는 표현에서는 이전의 접두사(об-)와 전치사(об)의 결합 대신에 접두사(об-)와 다른 전치사(на)의 조합으로 대체되었습니다. 비록 익숙하지 않지만, 형상적이고 멋진 표현입니다!

톨스토이를 다시 읽어보십시오. 그의 언어는 기존의 어결합에 약간의 변화를 주었지만, 임의적이거나 거친 방식이 아니라, 언어가 허용하는 범위 내에서 이루어진 것입니다. 전치사 'на'는 대격과 전치격 모두와 결합될 수 있기 때문에, 이러한 변화는 충분히 허용될 수 있는 선택적 변화였으며, 러시아어를 아는 사람이라면 누구나 이해할 수 있었습니다. 어쩌면 누군가는 얼굴을 찌푸릴 수도 있고, 누군가는 감탄할 수도 있겠습니다만, 결국 이해하고 받아들일 것입니다.

이처럼 재능 있는 작가나 특별히 언어적 감각이 뛰어난 사람들의 글 속에서 언어는 자신의 가능성을 시험해 보고 일종의 '훈련'을 거치게 됩니다. 이러한 실험에서 나온 몇몇 새로운 표현들은 일반 언어로 유입되지만, 대부분은 그렇지 않습니다. 그것들은 소설이나 시 속에 남아 시적 실험의 섬세함으로 독자들을 매료시킵니다. 하지만 이 섬세함을 이해하고 즐길 수 있는 사람은 자신의 모국어에 대한 감각이 탁월한 사람뿐입니다. 참고로, 작가의 손끝에서 이런 '섬세함'이 갑자기 나타나는 것은 아닙니다. 푸시킨의 공기처럼 가볍고 간결한 시들은 수십 번씩 다시 쓰였고, 그의 초고는 수없이 수정되었습니다. 레프 톨스토이는 별도의 종이에다 러시아어 단어들의 가능성을 실험했습니다. 예를 들어, 그는 동사 **идти**(가다)를 골라 그것이 어떤 접두사, 전치사, 명사와 결합할 수 있는지, 각각 어떤 뉘앙스를 가지는지, 어떤 인물의 말에서 왜 사용되는지 주의 깊게 살폈습니다. 그 결과, **идти**(가다)는 수천 가지 조합으로 쓰일 수 있고, 그것들은 매번 각각 고유의 뉘앙스와 어휘적 문법적 향기를 지닌다는 것을 알게 되었습니다. 이처럼 고된 탐구 과정을 거친 후에야 작가는 그 성과의 아주 작은 부분만을 작품에 사용하였기에, 독자는 그 독창성을 알아채지 못할지라도, 그 속에 담긴 낯설고 아름답고 재능 있는 언어의 향기를 마음에 품을 수 있을 것입니다.

19세기 전반, 푸시킨 이후의 시기에는, 새로운 러시아 문학어에서 현대적인 통사적 관계, 즉 **일치**(согласование)와 **지배**(управление) 관계가 대부분 정립되었습니다. 약간의 마무리 작업이 남아있고, 어떤 것들은 지금까지도 수정되고 있지만, 그것들은 이미 부분적이거나 우인적이고, 사소한 결함일 뿐이며, 기본적인 틀은 완성되었습니다. 각 단어는 마치 꼬투리 속 콩처럼 제자리에 있으며, 큰 것은 이미 익었고, 주변에는 조금 더 작고 즙이 풍부한 것들이 자리 잡고 있습니다. 단어는 각자 제 위치에 있으며, 의미 없이 이리저리 굴러다니지 않습니다.

예전의 혼란과 무질서 대신 **일치**(согласование) 또는 **지배**(управление) 관계가 자리를 잡게 되자, 아무런 형태 변화 없이 언제나 동일한 문장 성분과 지속적으로 결합되는 단어들이 이상하게 보이기 시작했습니다. 예컨대 부사는 항상 서술어와 결합됩니다. "свеча горит — ярко." (촛불이 탄다 – 밝게)

만약 언어의 모든 것이 상호 관계의 원칙에 따라 연결된다면, 겉으로 보기에 관계가 없어 보이는 것도 일종의 관계라고 할 수 있습니다. 다만 그것은 기존과는 다른 유형의 비정상적 결합 방식이며, 문자 그대로 '형태가 없는 관계'(бесформенная связь)라고 할 수 있습니다. 언어학자들은 이러한 통사적 관계를 **'부가'**(примыканием)라고 불렀습니다. 아주 적절하고 정확한 명명입니다 우리는 새로운 예들을 통해, 언어의 발전과 함께 사유도 깊어지며, 더욱 함축적이고, 포괄적이며, 구조화된 형태를 띠게 된다는 것을 다시 한번 확인할 수 있었습니다.

문장이나 어결합의 통사적 관계는 단순히 주변 세계의 사물과 그 속성 간의 관계를 반영하는 데 그치지 않고, 매우 보편적이고 유연한 사고 모델로서 해당 언어로 말하는 모든 사람들의 정신적인 활동의 표본이 됩니다. 그것은 단순히 다양한 유형의 어결합 – 과거의 것이든 새로운 것이든, 효과적인 것이든 소박한 것이든 –을 통해 과거의 흔적만을 간직하고 있는 것이 아닙니다. 우리가 이 글에서 살펴본 옛 구문들의 모든 예들은 16세기까지는 단지 그 이전, 아주 오래된 체계의 잔재에 불과했습니다. 16세기의 언어에서는 지배 관계가 이미 상당히 발전한 통사적 관계였지만, 지금처럼 다양하거나 정교하지는 않았습니다. 그러나 그것은 세대에서 세대를 거쳐 끊임없이 새로운 뉘앙스로 더욱 풍부해졌습니다.

특히 18세기에는 새로운 단어 조합이 급격히 증가했습니다. 가장 뜻밖의, 가장 놀라운 조합들이 등장했습니다. 오랜 세월 동안 언어에 가해졌던 금지들이 해제된 것처럼, 구어체 대화에서 쓰이던 수많은 어결합들이 마치 댐이 무너진 듯 책과 문서로 쏟아져 나왔습니다. 단어들은 서로 다른 기원, 서로 다른 문체, 서로 다른 의미를 가진 수백, 수천의 다른 단어들과 결합하기 시작했습니다. 예를 들어, 동사 **делать**(하다)는 원래 단순하고 고정된 형태였으나, 갑자기 300개 이상의 어결합을 만들어냈습니다. 그중 많은 어결합들이 오래 살지 못하고 언어에서 사라졌습니다. 예를 들어, 《делать суд》나 《делать впечатление》 같은 표현은 사라지고, 지금은

'судить'(재판하다)와 'впечатлять'(인상을 주다)로 더 간단하게 표현합니다. 또한 《делать диктант》나 《делать задачи》보다는 'писать диктант'(받아쓰기 하다), 'решать задачи'(과제를 해결하다)로 표현하는 것이 낫습니다. 결국 이렇게 정리되었고, 그것은 20세기에 들어서였습니다.

하지만 'делать вид'(~하는 척하다)이나 'делать замечание'(지적하다)와 같은 어결합은 달리 표현할 방법이 없었기에, 지금까지 보존되어 우리 언어를 풍요롭게 하고 있습니다. 또한 'делать честь'(명예롭게 하다)나 'делать хорошую мину при плохой игре'(불리한 상황에서 태연한 척하다)와 같은 표현도 관용구로 남아있습니다. 그리하여 300개의 어결합 중에서 언어 활동의 실험을 거쳐 선별된 20개 이하의 어결합만이 살아남게 되었습니다. 거친 언어의 바다에 폭풍이 지나가고 다시 잠잠해지는 사이, 《делать》 동사로 조합 가능한 모든 어결합들이 한 차례씩 시도되었으나, 이제 그것들이 우리의 정제된 문학어로 돌아와 다시 한번 시험될 일은 없을 것입니다.

격(格)의 봉건적 종속성과
그 몰락에 대하여

О ВАССАЛЬНОЙ ЗАВИСИМОСТИ ПАДЕЖЕЙ И ОБ ИХ ПАДЕНИИ

Прямо из леса огрызком карандаша брат написал маме письмо о жизни в лагере.

숲에서 형은 곧바로 연필(조각)을 들고 어머니께 캠프 생활에 대해서 편지를 썼다.

앞 문장에서 사용된 명사의 격을 식별해 보라고 요청한다면 여러분은 주격, 생격(2회), 여격, 대격, 조격, 그리고 전치격(2회), 총 6개의 격 형태가 사용되었다고 대답하실 것입니다. 현대 러시아어의 관점에서 보면 그렇지만 언어의 역사적 관점에서 본다면 이 문장에는 6개가 아니라 8개의 격형태가 각각 1회씩 사용되었습니다. 즉, 현대러시아어와 고대슬라브어 간의 차이점은 바로 현재의 생격과 전치격에서 드러납니다.

그리고 실제로, 이 격들은 각각 이전의 두 개의 격에서 만들어졌습니다. 생격은 속격(屬格)과 탈격(脫格)이 합쳐진 것이고, 전치격은 처소격(處所格)과 설명격(說明格)이 합쳐진 것입니다.

세계 여러 언어에서 격의 수는 이 여덟 개로 한정되지 않습니다. 언어에 따라 격의 총 수는 30개에 달할 수도 있습니다(30개의 격! 그런 문법을 배워보세요!). 그러나 실제로 30개의 격형태를 모두 가진 언어는 없습니다. 어떤 격들은 다른 격들의 존재를 배제하거나, 반대로 제3의 특정 격이 반드시 함께 존재해야 하도록 요구하기도 합니다. 핀란드어에는 15개의 격이 있고, 헝가리어에는 22개의 격이 있는데, 이는 러시아어보다 훨씬 많지만, 그래도 30개까지는 아닙니다. 예컨대, 러시아어에서는 중요한 대격이 핀란드어에서는 존재하지 않지만, 대신에 3개의 다른 격이 이를 대체합니다.

고대 슬라브어에는 9번째 격형태가 있었으며, 러시아 고전 작품을 읽을 때 찾아볼 수 있습니다. 황금 물고기가 가난한 늙은이에게 어떻게 말을 걸었는지 기억하십니까?

Чего тебе надобно, старче?

무엇이 필요한가? 노인이여!

《старик》, 《старичок》, 《старина》의 형태가 아니라, 바로 《старче!》라고 불렀습니다. 이 마법의 고대 물고기는 매우 오랜 존재였습니다. 그래서 고대의 방식으로 호격을 사용하여 노인을 불렀던 것입니다.

그런데 다른 모든 격들과는 달리 호격은 몇 가지 독특한 특징을 가지고 있었습니다. 때때로 호격은 주격과 형태가 일치하기도 했습니다. 예를 들어, село(마을), день(날), мати(어머니)를 비교해 보면 《село, день》은 주격과 동일하고, 《мати》는 다르게 변형된 것을 볼 수 있습니다. 따라서 호격 형태는 잠시 제쳐 두고, 나머지 8개의 격 형태를 주의 깊게 살펴보겠습니다. 이 격들이 문장에서 서로 어떻게 관계되었는지, 그리고 시간이 지나면서 어떻게 변화했는지, 과거에는 어떤 형태였고, 왜 예전보다 격의 수가 줄어들었는지 알아봅시다.

이 이야기의 서두에 제시된 문장은 특정한 생각을 표현하고 있습니다. 그 내용 자체는 여러분에게 명확하므로, 내용에 대해 더 이상 논하지 않겠습니다. 즉, 우리는 당분간 (나의 혹은 여러분의) 형제, 그의 어머니, 그리고 그가 쓰고 있던 편지에 대해서 잊기로 하겠습니다. 지금 우리의 관심사는 단지 문장에서 명사들이 담당하는 역할입니다.

이 문장에서 명사가 없다면, 문장이 성립될 수 없다는 것은 명확합니다. 문장에서 명사는 행위를 묘사하는 데 직접적으로 관여합니다. 예를 들어, 그 명사가 행위 주체를 나타내든, 행위의 도구를 나타내든, 그 행위의 대상을 나타내든 말입니다.

따라서 형제(брат), 연필 조각으로(огрызком), 어머니에게(маме), 편지(письмо)라는 격 형태가 이 발화의 중심부를 이룹니다. 우리가 직접 만든 문장이든, 책에서 인용한 문장이든, 다수의 문장을 검토해 보아도 이 원칙은 변하지 않을 것입니다. 언제나 발언의 중심 부분은 주격, 대격, 여격, 조격과 관련되어 있으며 '누가(кто), 누구에게(кому) 무엇을(что) 무엇으로(чем) 행한다' 라는 구조입니다.

그리고 메시지를 보다 명확하게 하거나 여러 가지 추가적인 정보를 더할 필요가 있을 때, 나머지 격 형태들을 사용합니다. 예를 들어, 이 경우, 형은 소년단 캠프(또는 여행자 캠프)에 머물고 있기 때문에 '숲에서' (из леса) 쓰고 있다는 말과, (사과 조각이라든지, 숲에서 쉽게 찾을 수 있는 어떤 물건의 조각이 아니라) 바로 '연필 조각으로' (огрызком) 글을 쓴다는 말을 덧붙일 수 있습니다. 또 그가 캠프 '생활에 대해' (о жизни) 쓰고 있다는 것도 추가할 수 있습니다. 현대러시아어의 생격과 전치격은 문어체에서 다양한 의미를 지닙니다.

우리가 고대어에서의 격들 간의 상호 관계에 관심이 있으므로, 제시된 문장의 나머지 4개의 부차적인 격 형태인 **탈격**(отложительный), **속격**(родительный), **설명격**(изъяснительный), 그리고 **처소격**(местный)을 모두 고려해 봅시다. 이렇게 하면 8개 격 형태는 두 개의 큰 그룹으로 나뉘게 됩니다. 우리는 이 격들을 중요도에 따라 중심격과 부차격으로 구분할 수 있습니다. 다시 중심격으로 돌아가 봅시다. 중심격들 역시 모든 격이 동등하게 중요한 것은 아닙니다. 가장 중요한 것은 주체(행위자)와 객체(행위가 미치는 대상)를 표현하는 격들입니다. 이 문장에서 주체는 형제(брат), 객체는 편지(письмо), 즉 주격과 대격입니다. 우리가 일상적으로 사용하는 격들을 분석해 보면, 주격과 대격이 가장 빈번하게 사용된다는 것을 알 수 있습니다. 특히 주격은 가장 많이 쓰입니다. 예를 들어, 카람진의 소설 『가련한 리자』에서 주격과 대격이 사용된 비율은 전체 격 형태 중 약 55%를 차지합니다. 반면, 여격은 항상 전체 시대를 통틀어 가장 적게 사용되는 격입니다.

카람진의 『가련한 리자』의 등장인물의 대화에서는 주격과 대격의 사용 빈도가 64%에 달합니다. 이처럼 주격-대격에 대비되는 다른 격들의 비율은 오늘날의 구어체에서도 여전히 유지되고 있습니다. 이는 놀라운 일이 아닙니다. 왜냐하면 주격이 없는 문장은 극히 드물기 때문입니다. 주격은 대개 주어를 나타내기 위해 사용됩니다. 대격은 우리가 '나는 왔다', '그가 가져왔다', '고양이가 마셨다' 같은 단순한 서술에 머무르지 않고 '나는 집으로 왔다'(Я пришел в дом), '그가 장작을 가져왔다'(Он принес дрова), '고양이가 우유를 마셨다'(Кот выпил молоко)와 같이 행위가 작용하는 대상을 명확히 표현하고자 할 때 꼭 필요합니다. 이러한 예들에서 주격과 대격의 차이를 쉽게 이해할 수 있습니다. 이들은 각각 행위의 주체와 객체를 표현하는 데 사용됩니다. 이 부분은 이미 알고 계시겠지만 단지 상기시키고 싶었습니다. 그런데 혹시 조격이 행위 주체를 표현하는 데 사용된다는 것을 알고 계셨나요? 예를 들어, '형이 연필 조각으로 쓴다'(Брат пишет огрызком)는 문장에서 두 명사형(брат, огрызком)은 모두 동사와 연결되어 행위의 특징을 전달하고 있습니다. 특히 조격이 살아있는 존재(생물)를 나타낼 경우 그것이 갖는 주체(субъект)의 의미는 더욱 눈에 띕니다. 예를 들어 'Мы с Тамарой ходим парой'(나와 타마라는 함께 다닌다)라는 표현을 생각해 보세요. 여기서 나와 타마라는 둘 다 행위의 주체입니다. 타마라도 나와 동일한 행위 주체입니다. 이는 다른 모든 문장에서도 조격이 문장의 주요 성분과 연결될 때마다 동일하게 적용됩니다.

그러나 조격은 주격과 차이가 있습니다. 조격은 단지 행위에 대한 공동 참여만을 나타냅니다. 위의 예에서 연필 조각은 움직이는 물체이지만, 형의 도움이 없이는 그 기능을 수행할 수 없을 것입니다. 마찬가지로, 타마라도 단지 한 쌍의 '우리'라는 대명사 뒤에 숨어 있는 사람들 중 하나입니다.

조격이 (주격과 동일하게) 부차적인 주체(행위자)를 나타낼 수 있는 것처럼, 여격은 부차적인 객체(대상)를 나타낼 수 있으며, 이는 대격과 동등하다는 것을 의미합니다. 예시에서 여격으로 사용된 명사는 '엄마에게' (маме)로, 행위의 '수신자'를 나타냅니다. 이를 뒷받침할 수 있는 여러 언어학적 사실들로 간단한 실험을 해봅시다. 다음 두 문장을 살펴보세요.

1. **Собака** заметила **кошку**. (주격과 대격)
   개가 고양이를 발견했다.
2. Быть **бычку** на веревочке (여격)
   송아지가 밧줄에 묶여 있다.

동사 형태를 변화시켜서 격 변화를 유도해 보겠습니다. 잠시 두 번째 문장의 숨은 의미를 무시하고, 문자 그대로 해석해 봅시다.

(1) **Кошка** замечена **собакой**. (주격 보존, 대격 대신에 조격)

고양이가 개에 의해 발견되었다.

(2) **Бычка** возьмут на веревочку. (대격 사용)

송아지를 밧줄에 묶을 것이다.

문장들의 전체 의미나 내용은 본질적으로 변하지 않았습니다. 새로운 문장에서도 논리적 관계는 유지되었습니다. 여전히 개는 행위 주체로, 송아지는 어떤 불쾌한 행위의 대상입니다. 의미는 동일합니다.

그런데 이 관계를 표현하는 문법적 수단은 매우 흥미로운 방식으로 변했습니다. 첫 번째 그룹의 문장들(1)은 주격과 조격의 의미적 기능이 유사하다는 것을 보여줍니다. 《собака》와 《собакой》는 모두 논리적 주체, 즉 행위 주체를 나타냅니다. 두 번째 그룹의 문장들(2)은 대격과 여격이 가지는 의미의 유사성을 보여줍니다. 즉, 《бычку》와 《бычка》는 모두 행위의 대상을 나타냅니다. 궁극적으로, 우리는 주격-조격과 대격-여격의 논리적 의미가 서로 연결되어 있다는 것을 확인했습니다. 이는 논리적 관계의 문법적 변형입니다. 이처럼 주요 중심 격들은 2개의 그룹으로 명확하게 나뉘며, 둘 다 행위의 주체와 객체 사이의 관계를 동일하게 나타냅니다.

탈격과 처소격은 전체 격 체계에서 가장 불안정한 형태입니다. 이들의 의미는 부차적이고 부가적인 상황을 나타내는 데 있습니다. 서로 다른 점은 탈격과 처소격이 다음과 같은 원칙에 의해 대립된다는 것입니다. 움직임의 출발점은 탈격으로 전달됩니다. 예를 들어 《из лесу》와 같이 출발점으로부터 이탈을 나타내는 것이 탈격의 역할입니다. "Я из лесу вышел, был сильный мороз…"(나는 숲에서 벗어났고, 추위가 맹위를 떨치고 있었다…)라는 문장을 상기해 보세요. 반면, 처소격은 《в лесу》에서와 같이 행위의 정적인 상태나 운동의 부재를 나타냅니다. 우리의 예문에서 'в лагере'(캠프에서)가 이에 해당합니다. 결과적으로, 중심 격에서는 행위자(주격)와 무행위성(대격)의 의미가 대립되는 반면, 부차적인 격에서는 무행위성(처격)과 행위의 시작(탈격)의 의미가 대립됩니다.

따라서 격 형태들은 문장에서 기능에 따라 동등하지 않습니다. 한편으로는 서로 종속되어 있으며, 다른 한편으로는 서로 대립합니다. 바로 이러한 위계적인 관계로 인해 격들은 그 문장에서의 역할에 따라 엄격한 종속 관계를 형성하게 됩니다. 마치 중세 유럽의 복잡한 봉건 종속 체계와 같습니다.

현대의 격 체계는 고대와는 한 가지 차이점이 있습니다. 현대러시아어에서는 탈격과 처소격, 즉, 부차적인 격들의 부가적인 의미들이 사라졌다는 것입니다. 그들이 가장 중요하지 않은 것으로 판명되었던 것이지요.

역사적 변화 과정에서 부차적 격 중 주요 형태들, 즉, 생격(родительный)과 설명격(изъяснительный)이 승리했습니다. 설명격은 이제 다른 이름으로 불립니다. 바로 현대의 전치격입니다. 이 명칭은 꽤 늦은 시기에, 사실상 현대의 학술 문법서에서 전치격이라는 명칭을 받았는데, 그 이유는 전치격이 모든 용법에서 반드시 어떤 전치사와 함께 사용되었기 때문입니다. 예를 들어, 고대의 문장 "Сидел князь Кыевѣ столѣ."는 현대식 표현으로 "Сидел князь в Киеве на престоле."(공후는 키예프의 왕좌에 앉아 있었다)로 해석할 수 있습니다. 보시다시피, 완전히 독립적이었던 고대의 처소격조차도 이제는 전치사를 필수적으로 받아들여야 했고, 마침내 전치격이 된 것입니다.

오랫동안 처소격은 설명격과의 통합을 거부했습니다. 특히 시간적 의미를 지닌 무전치사형은 16세기 중반, 이반 뇌제 시기에도 여전히 사용될 정도로 완강하게 유지되었지요. 가령, "Зимѣ поехал князь на Москвь."(겨울에 공후는 모스크바로 갔다)와 같은 문장이 있습니다.

이렇듯 비운의 패배자 탈격과 처소격은 승세를 잡은 생격 및 설명격과 구별되기 위해 새로운 방법들을 찾아냈습니다. 어떤 경우에는 특정 전치사가 결코 처소격과 결합하지 않으려 했고, 반대로 탈격과는 떨어지지 않는 방식으로 작용했습니다.

또 다른 경우에는 강세가 중요한 역할을 했습니다. 18세기 중반 시인 겸 번역가 트레디야코프스키(Тредиаковский)의 작품에서 'хищение зе́мли'(땅의 침탈)과 'ушел с земли́'(땅에서 떠났다)과 같은 어결합들의 예시에서도 강세 차이를 찾아볼 수 있습니다. 첫 번째는 생격에 해당하고, 두 번째는 탈격에 해당하는데, 이들은 강세와 전치사 유무로 구분됩니다. 생격에는 전치사가 필요 없었지만, 탈격은 반드시 전치사가 필요했습니다.

이러한 차이를 보며 여러분은 "이상하군, 형태로든 의미로든 어쨌거나 격들이 구분되고 있지 않은가! 그렇다면 격은 객관적으로 존재한다고 봐야 하지 않을까?"라고 말할 것입니다. 아닙니다. 만약에 그렇게 생각하셨다면, 여러분은 문법적 변화의 본질을 간과한 것입니다.

변하는 것은 단지 형태 하나만이 아니며 (사실 형태는 오히려 언어 속에서 가장 오래 유지되는 요소입니다), 의미 하나만 변하는 것도 아닙니다. 변화하는 것은 문법 형태와 문법 의미의 일치, 즉, 이 둘 사이를 결속하는 통일성이 변하는 것입니다. 다시 말해, 격 형태를 형성하는 바로 그 불가분의 통일체가 변화하는 것입니다.

아주 오래전 고대에는 생격과 탈격이, 그리고 처소격과 설명격이 서로 쌍을 이루며, 격어미와 그 의미에서 구별되었습니다. 그 이후에 그들의 격어미가 일치하게 되었고, 의미도 부분적으로 일치하게 되었습니다. 일부 의미상의 차이는 일정 동안 유지되었으며, 특히 고대 전치사적 결합에서 두드러졌습니다. 결국 현대 러시아 문학어에서는 생격이나 조격이 각각 10가지 의미를 가지는데, 이들은 격형태의 다양한 변형들입니다.

이러한 의미들은 별도의 격 형태를 갖지 않으며, 특정한 문맥에서만 나타나기 때문에 형태론이 아니라 통사론의 문제입니다. 그러므로 이러한 격 의미의 미묘한 차이들은 통사론에서 다루어집니다.

지금까지는 문학어에 대해서만 이야기했습니다. 격 체계의 단순화는 계속될 수 있으며, 러시아 방언에서는 이러한 단순화의 많은 흔적을 찾을 수 있습니다.

일부 방언에서는 여성 명사 단수형에서 생격과 전치격이 동일한 형태로 나타납니다. 해당 방언에서는 《о сестре》, 《на земле》와 함께 《у сестре》, 《из земле》 형태도 동시에 사용됩니다. 반대로 (생격과 전치격의) 두 격이 생격의 형태로 일치하는 경우도 있습니다. 가령, 이 방언에서는 《у сестры》, 《из земли》와 함께 《о сестры》, 《на земли》의 형태도 병용되었습니다. 또 다른 예로는 조격과 여격이 복수형에서 일치하는 경우도 있습니다. 즉, 복수 여격 《по рукам》과 복수 조격 《с рукам》의 형태가 동일합니다 (원래 문학어에서는 'с руками'이 올바른 형태이지요). 이러한 형태는 때때로 문학작품에도 나타납니다. 예를 들어, 동화 『꼽추-망아지』(Конёк-Горбунок)에서는 다음과 같은 표현이 있습니다. "Вдруг приходит дьявол сам с бородою и **с усам**." (갑자기 턱수염과 콧수염을 가진 악마가 나타났다.)

그러나 이러한 격 형태의 일치 현상은 격의 소실과는 다릅니다. 왜냐하면 이러한 격 일치가 모든 명사에서 발생한 것은 아니기 때문입니다. 예를 들어, 어떤 격 변화 유형에서는 생격과 전치격이 합쳐졌지만, 다른 유형에서는 그렇지 않습니다. 예전에도 《на столе》와 《у стола》라고 말했으며, 지금도 그렇게 말합니다. 심지어 단수에서 생격과 전치격이 합쳐지는 격 변화 유형에서도, 복수에서는 여전히 이 두 격 형태가 구별됩니다. 예를 들어, 《у сестер》와 《о сестрах》처럼 완전히 다른 형태이기 때문에 우리는 이 두 격을 섞어 쓰지 않으며, 방언에서도 그 차이는 명확히 구별됩니다. 그러므로 이것은 격의 소실이 아니라, 격의 혼합(смешение)입니다.

문헌 자료를 통해 우리는 지난 천 년에 걸친 러시아어의 발달 과정을 추적할 수 있습니다. 그동안 수많은 변화가 있었습니다. 7가지 격 변화 유형(그 안에도 다양한 변형이 있었음)이 3가지로 줄어들었고, 단수, 복수, 쌍수의 3가지의 수 개념에서 이제는 2개(단수, 복수)만 남아있습니다. 서로 다른 격 어미들이 합쳐지거나, 어떤 격이 다른 격을 대체하기도 하였으며, 복수형에서는 남성, 중성, 여성 명사 사이의 구분이 거의 사라졌습니다. 이러한 변화는 끝없이 계속되었습니다. 수백 가지의 대체와 변형, 때로는 문헌에 기록되지 않은 변화들도 있었습니다. 한 개인의 말에서든, 수많은 사람들의 말에서든 그 변화는 우연적이거나 의도적이거나, 오래 지속되거나 순간적인 것이었거나, 흥미로우면서도 교훈적이기도 합니다. 지칠 줄 모르던 언어의 바다는 우리의 등 뒤에서 출렁이며 소리치더니 결국 우리의 조상들과 함께 물러났습니다. 그 바다는 곧 그들의 말(речь)이었습니다. 이젠 더 이상 복원이 불가능할 수도 있는 수백만 개의 다양한 변형과 의미적 뉘앙스를 가진 말(речь)의 바다입니다. 그러나 그중에서 살아남고 굳어진 모든 것들로부터 우리는 새로운 언어 체계를 얻었습니다. 이 체계 안에서 우리의 현대적 사고 방식이 점차 자리 잡게 되었습니다. 간단한 예를 들어보겠습니다. 고대인의 언어에는 3개의 성(남성, 중성, 여성), 3개의 수(단수, 복수, 쌍수), 9개의 격, 3개의 단순 시제가 있었습니다. 그러나 현대러시아어는 더 엄격하고 편리한 이항적 대립을 선택합니다. 그 결과 점차 새로운 대립이 형성되었습니다. 단수와 비(非)단수의 대립이 그것이며, 이 과정에서 쌍수는 사라지게 됩니다. 여성 명사 대 비(非)여성 명사의 대립이 형성되면서 중성 명사는 점차 축소되고 있습니다. 격 체계와 시제 체계도 단순화됩니다. 언어는 그 시대가 요구하는 방식으로 끊임없이 변모하며, 끝없는 말(речь)의 사용을 통해 갱신된 언어(язык)가 탄생하는 것입니다.

열다섯 번째 이야기

《сей》와 《оный》라는 단어, 그리고 'тот' 바르보스와 'этот' 바르보스의 차이점에 대해서

О СЛОВАХ СЕЙ И ОНЫЙ И О ТОМ, ЧЕМ ОТЛИЧАЕТСЯ ТОТ БАРБОС ОТ ЭТОГО

단어가 어떤 특성을 지니는지, 그리고 그것이 다양한 사물과 현상을 어떻게 나타내는지를 곰곰히 생각해 보면 한 가지 세부적인 사항을 포착할 수 있습니다. 많은 일반적인 단어들 가운데, 마치 불특정성을 내포한 듯한 이례적인 단어들이 있다는 점입니다.

《Стол》은 항상 탁자입니다. 《Дерево》라는 단어 하나만으로도 우리는 나무를 떠올릴 수 있고, 《мальчик》이란 단어를 들으면 그 소년이 대략 어떤 모습일지 상상할 수 있습니다.

하지만 'Вася' (바샤)는 어떨까요? 《Вася》가 어떻게 생겼는지 설명할 수 있나요? 만약 여러분의 지인 중에 《Вася》가 있다면, 그를 설명할 수 있을 것입니다. 더 나아가 당신이 《Вася》라면, 애써 설명할 필요도 없겠죠. 하지만 제가 그냥 《Вася》를 묘사해달라고 요청하면요? 당장 아무 《Вася》나 묘사해달라고 한다면? 아마도 여러분은 고양이를 묘사하지 않을까요? 대부분의 고양이가 《Вася》라고 불린다는 이유로 말입니다.

이런 특이한 단어들은 단순히 'Вася'(바샤)라든가 'Иван'(이반) 또는 'Барбос'(바르보스)와 같이 특정 개체성과 관련된 가장 구체적인 단어이며, 동시에 모든 'Вася'(바샤), 모든 'Иван'(이반), 모든 'Барбос'(바르보스)를 나타내는 가장 일반적인 단어이기도 합니다.

현대어에서는 이러한 단어들의 사용에 몇 가지 제한이 있습니다. 'Иван'(이반)은 항상 사람이자 성인 남자를 의미합니다. 'Вася'(바샤)는 친구일 수도, 소년일 수도, 이웃집 고양이일 수도 있습니다. 'Барбос'(바르보스)는 분명 크고 사나운 개입니다.

하지만 이러한 제한들은 시대마다 다를 수 있습니다. 그리 오래전은 아니지만 고양이가 값비싸고 고급스러운 동물로 여겨졌던 시대가 있었지요. 고양이를 키우는 사람은 오직 귀족들이었고, 그때는 고양이를 'Вася'(바샤)라고 부르는 일은 절대 없었을 것입니다.

한때 'Барбос'(바르보스)는 번역 소설에 등장하는 콧수염이 덥수룩하고 무서운, 스페인의 유명한 산적 이름이었습니다. 그리고 'Полкан'(폴칸)은 푸시킨이 좋아했던 동화 『Повести о Бове королевиче(보바 왕자 이야기)』에 등장하는 반인반견의 괴력의 인물로 알려져 있습니다. 따라서 그 당시에는 'Барбос'(바르보스)나 'Полкан'(폴칸)이 반드시 개를 의미한다고 생각하는 것이 오히려 이상했을 것입니다. 그것도 경비견이라는 뜻으로 말입니다. 그럼에도 'Барбос'라는 단어가 개를 부르는 별칭으로 널리 사용된 것은 도둑 '바르보스'가 지닌 어떤 특성 때문이겠지요. 그러나 이제 그 오래된 번역 소설은 잊혀졌기 때문에, '바르보스'는 우리에게 단지 '경비견'일 뿐이며, 반드시 사나운 개일 필요도 없습니다.

그 자체로서 불특정한 의미를 지닌 또 다른 부류의 특이한 단어들이 또 있습니다. 『이상한 나라의 앨리스』에서의 한 장면을 떠올려 봅시다.

> Мышь говорит: Итак, я продолжаю. Эдвин и Моркар, графы Мерсии и Нортумберленда, объявили себя на стороне Вильгельма, и даже Кентерберийский архиепископ Стайджент, известный патриот, нашел это благоразумным.
>
> — Нашел что? — спросила Утка.

— Нашел это,[23] — сказала Мышь раздраженным голосом. — Вы, конечно, поняли, что значит это?

— Я отлично понимаю, что значит это, когда сама что-нибудь нахожу, — заметила Утка. — Это обыкновенно лягушка или червяк...

(생쥐가 말한다. "자, 계속하겠소. 머시아와 노섬벌랜드의 에드윈과 모르카 백작들은 빌헬름의 편에 서겠다고 선언했고, 심지어 애국자로 알려진 캔터베리의 대주교 스타이젠트조차도 이것을 현명하다고 보았소."
"뭘 보았다는 겁니까?" 오리가 물었다.
"이것을 그렇게 보았다구요." 생쥐가 짜증 섞인 목소리로 말했다. "당신도 물론 '이것'이 뭔지 알겠죠?"
"이것이 의미하는 게 뭔지 나는 아주 잘 알지요. 내가 직접 무언가를 보았다면, 그건 보통 개구리나 벌레지요." 오리가 대답했다.)

실제로, '이것'(это)이라는 단어는 사람마다 다르게 해석될 수 있으며, 가장 일반적인 단어입니다. 세상 모든 것이 '이것'이 될 수 있습니다. 단어 앞에 '이'(это)를 붙이기만 하면 무엇이든 될 수 있습니다. 예를 들어, '이 창문'(это окно)은 아무 창문이 아니라, 당신이 지금 보고 있거나 생각하고 있는 특정한 창문을 가리킵니다. 그러므로 배고픈 오리가 '이것'을 먹음직스런 벌레로 상상하는 것도 이상한 일이 아닙니다.

레프 톨스토이의 희곡 『Власть тьмы』(어둠의 힘)의 무지한 남자 아킴

---

[23] 제시된 예문은 동사 'найти'가 갖는 맥락적 다의성(찾다, 발견하다, 판단하다)과 지시대명사 'это'의 의미적 불특정성에서 비롯되는 주인공들 간의 소통의 부재를 활용한 언어유희이다. (역자 주)

(Аким)은 이런 단어를 어떻게 이해하고 있었을까요? 그의 말투를 예로 들어보겠습니다. "Опять ты, **значит**, старуха, не **тае**, и всё ты не **тае**, всё, значит, не **тае**..." (그러니까, 여보, 할망구, '그게' 아니라, 어쨌든 마누라, '그게' 아니라니까, 그러니까, '그게' 다는 아니고...) 그러자 노파는 이렇게 대답합니다. "Вот только и речей от орла от моего — тае, тае, а что тае — сам не знаешь..." (내가 영감한테서 들은 말이라곤 겨우 '따예'(тае-그것), '따예'(тае) 뿐이에요. 근데 그 '따예'(тае)가 당최 뭔지 당신도 모르잖수...)

아킴도 모르는 것일까요? 그렇지 않습니다. 아마도 아킴은 어쨌든, 알고는 있지만 더 명확하게 말할 필요를 느끼지 못하거나 말할 수 없었을지도 모릅니다. 비슷한 목적으로 다른 상황에서 전혀 다른 대명사를 선택할 수도 있었습니다. 다음 예문을 보십시오.

Было тут слово **то-оно**. Починовец прибегал к нему каждый раз, когда ему не хватало подходящего слова. **То-оно** означало что угодно, и слушатель должен был сам догадываться, о чем может идти речь. Это было нечто вроде существительного, общего и смутного, пригодного для любого понятия и точно не выражающего никакого. (В. Г. Короленко)

여기에 《**то-оно**》라는 단어가 있었다. 하급관리는 마땅한 단어가 떠오르지 않을 때마다 이 단어를 써먹었다. 《**то-оно**》는 무엇이든 의미할 수 있었고, 듣는 사람이 그 의미를 추측해야 했다. 그것은 일반적이고 모호한 명사처럼 어떤 개념에도 적용할 수 있었지만, 동시에 아무것도 명확히 표현하지는 못했다.

《Это – То – Оно...》 이런 인용문들 속 상황들은 저마다 다르고, 혼란과 당혹감을 전달하기 위한 대명사의 선택도 다릅니다. 그러나 이들 사이에는 공통점이 있습니다. 이것들은 모두 지시대명사라는 것입니다. '이것'(это)은 가장 보편적인 단어로, 모든 것이 '이것'이 될 수 있습니다. 그러나 '이것'(это)이라는 단어가 항상 러시아어에 존재했던 것은 아닙니다. 문헌에서는 오직 17세기부터 등장합니다. 기존의 지시대명사 《то》에 앞에 다양한 형태의 지시 소사 **ге** (또는 **йе**)가 붙어서 《это》가 만들어졌습니다. 여러 방언에서는 지금도 문어체 표준어 《это》대신 비표준어 《гето》, 《ето》, 《эвто》, 《энто》, 《эсто》등 지역마다 제각각 다른 방식으로 발음됩니다. 《это》와 《то》의 차이는 누구에게나 명확합니다. 더 가까이 있는 것은 '이것'(это), 더 멀리 있는 것은 '저것'(то)입니다. 고대에는 지시대명사의 상관관계가 지금과는 달랐습니다. 중성형 형태에서 이 관계는 다음과 같이 나타났습니다. 《се》— 가장 가까운 사물을 가리키며, 의미상으로 1인칭 인칭대명사에 상응합니다. 《Се яз есмь》은 '이것은 나다'(=Это я)를 뜻합니다. 《то》는 두 번째로 먼 거리의 사물을 가리키며, 화자가 아닌 그의 대화 상대와 연결됩니다. 그 의미상 2인칭 인칭대명사에 대응합니다. 《То ты еси》는 '그것은 너다'(то ты, а не я)를 의미합니다.

그리고 마지막으로, 《оно》는 세 번째 정도로 먼 거리의 사물이나 현상을 가리키며, 화자나 청자와는 관계가 없습니다. 이는 현재 멀리 떨어져 있어 시각이나 촉각으로 접근할 수 없는 제3의 사람 또는 사물과 관련됩니다. 고대 문헌에서 우리는 《**пошел на он пол моря**》(바다의 저쪽 절반으로 갔다)와 같은 표현을 만납니다. 즉 여기서 보이지는 않지만, 존재한다고 짐작되는 바다의 저쪽 영역을 의미합니다. 혹은 연대기에서 일반적으로 발견되는 기록인 《**в оно время**》(그 먼 옛날에)와 같이, 이는 전설로만 전해지는 시대의 사건을 말하지만, 목격자는 없습니다. 이러한 지시대명사는 그 의미상으로 3인칭 대명사와 상응하지만, 고대 슬라브어에는 3인칭 인칭대명사가 존재하지 않았습니다. 있어야 했지만, 존재하지 않았던 것입니다.

яз — есмь — се

나(1인칭) — 이다(1인칭 동사) — 이것(1인칭에 대응하는 지시대명사)

ты — еси — то

너(2인칭) — 이다(2인칭 동사) — 그것(2인칭에 대응하는 지시대명사)

⟨?⟩ — есть — оно

⟨?⟩ — 이다(3인칭 동사) — 저것(3인칭에 대응하는 지시대명사)

⟨?⟩ 자리에는 어떤 명사든 쓸 수 있지만, 인칭대명사는 아니었습니다. 그런 대명사가 존재하지 않았기 때문입니다.

대신 4번째 지시대명사가 있었는데, 가장 짧은 형태였습니다. 남성형은 **и**, 중성형은 **е**, 여성형은 **я** 형태였습니다. 이것들은 엄밀히 말해 대명사라기보다는 속성의 특정성을 나타내는 소사(частица)에 가까웠습니다. 가령 형용사나 대명사에 중성형 소사(e)가 붙어, 해당 형용사나 대명사가 가리키는 어떤 속성이나 대상이 바로 그것, 이미 알려지고, 특정된 것임을 나타냈습니다. 이는 영어 또는 독일어의 정관사(the, der/die/das)와 비슷한 기능을 했다고 볼 수 있습니다.

《ce》와 《cee》 (이)
《то》와 《тое》 (그 - 'тае'를 상기해 보세요!)
《оно》와 《оное》 (저)

이러한 유형의 형태는 남성형과 여성형을 위해서도 고유한 형태가 존재했습니다. 형용사에서도 마찬가지입니다.

예컨대, 'дом бел' (더 고어 형태는 домъ бѣлъ есть)이라 하면, '집이 하얗다'는 사실 자체가 말하고자 하는 핵심이며, 그 집이 하얗다는 것을 알리기 위해 문장이 구성된 것입니다.

'белый дом стоит' (더 고어 형태는 бѣлыи домъ стоить) ― 이것은 '이미 하얗다는 것이 알려진 집'에 대해서 어떤 새로운 정보를 추가하는 문장입니다. 시간이 흐르면서 **и, я, е** 와 같은 지시 소사는 독립적인 단어로서 지위를 잃고 언어에서 사라졌습니다. 왜냐하면 이 소사들은 형용사, 분사, 대명사, 수사 등의 완전한 형태들을 만들기 위해 직접적으로 기여하고 조력하는 역할을 했기 때문입니다.

예전에는 съ, ся, се, 그리고 형용사형 бѣлъ, бѣла, бѣло 같은 형태만 가능했습니다. 그런데 여기에 지시 소사(и, я, е)가 덧붙으면 표현이 좀 더 명확해졌습니다. 그 결과 се**й**, си**я**, си**е**, бел**ый**, бел**ая**, бел**ое** 같은 장어미 형태가 생겨났습니다.

완전형(장어미) 지시대명사가 등장하면서, 짧은 형태의 대명사들은 점차 사라지기 시작했습니다. 대명사 《оно》도 사라졌습니다. 더 정확히 말하자면, 지시대명사로서 《оно》는 사라지고, 대신 인칭대명사로 변한 것입니다. 언어에서 이러한 변화는 이상한 일이 아닙니다. 어떤 단어가 사라지거나, 새로운 단어로 대체되지도 않고, 여전히 남아 있는 것은 언어에서 흔히 볼 수 있는 현상입니다. 다만 그 단어의 의미가 완전히 달라졌을 뿐입니다.

잘 생각해 보세요. 완전형(장어미) 지시대명사와 단축형(단어미) 지시대명사 사이에 구별이 없었던 시기에는 《онъ》와 《оный》, 《то》와 《тое》와 같은 대명사들은 모두 지시대명사였습니다. 그러나 《онъ》와 《оный》처럼 동일하게 3번째로 먼 정도의 거리를 가리키는 이중 형태가 생기게 되자, 그중 의미가 더 명확한 형태가 기존의 지시적 의미를 유지하게 되었습니다. 반면 다른 형태는 쓸모가 없으므로 언어에서 사라질 운명에 처했지요. 하지만 대신 다른 탈출구를 찾았습니다. 즉 《онъ》은 인칭대명사의 체계의 빈자리였던 〈?〉의 지위를 차지하게 된 것입니다.

1. **яз— есмъ — се-и**, 여기서 се는 부사가 되었고, 남성형 съ는 완전히 사라졌음.

2. **ты — еси — то-и**, то는 접속사로 변했고, 남성형 тъ는 완전히 사라졌다. (또는 두 번 반복되어 тътъ 형태가 되면서, 이후 тот 형태로 나타남)

3. **он — есть — оны – и,** 여기서 онъ는 인칭대명사로 자리 잡았음.

비록 《онъ》이 인칭대명사 체계에서 자리 잡을 수는 있었지만, 그 대가로 지시대명사로서 지녔던 사격(간접격, косвенные падежи) 형태들을 포기해야 했습니다. 여러분은 《онъ》의 주격 형태가 его, ему 같은 사격들과는 전혀 닮지 않은 점을 주목한 적이 있습니까? 마치 서로 다른 두 단어의 어형처럼 보입니다.

실제로, **его, ему, им** 같은 형태들은 원래 대명사 **и** 의 격변화 형태로서, 형용사와 대명사의 완전한 형태를 만드는데 기여한 바 있습니다. 결국 3인칭 인칭대명사는 지시대명사 《онъ》에서 주격 형태만 가져왔습니다. 그리고 나머지 사격 형태들은 불필요한 것으로 간주되어 사라졌습니다.

이와 마찬가지로, 다른 많은 대명사들도 비슷하게 극적인 운명을 겪었습니다. 예전에는 인칭대명사에도 완전형(мене, тебе)과 축약형(мя, тя)이 각각 존재했습니다. 지금은 완전형만 살아남았고, 축약형은 점차 언어에서 사라졌습니다. 대명사뿐만 아니라 형용사의 축약형들도 전반적으로 사라지기 시작했습니다. 예외적으로, '자기 자신'을 의미하는 재귀대명사 **себя**의 축약형 **ся**만이 남았습니다. 이 형태는 재귀동사에 붙는 재귀 소사로 사용되다가, 결국에는 단어의 일부로 굳어졌습니다. 예) собирать**ся** (모이다, 준비하다).

다시 지시대명사로 돌아가 보겠습니다. 기존에 존재했던 3단계(се, то, оно) 거리 구분이 2단계(тот — этот)로 축소되었습니다. 사실, 기존의 《сей — оный》 쌍을 기반으로 한 고어적인 체계도 오래도록 유지되었으며, 19세기 중반까지도 문어에서 사용되었습니다. 다음은 그 시기의 문학 작품과 학술 저서에서 발췌한 예문입니다.

Это внимание [дамы] возбуждено шпорами, но глаза ее встречаются с усами, и — о счастье! — оказывается, что **сии** усы и **оные** шпоры принадлежат одному лицу. Какое милое сочетание! (Я. Бутков. Петербургские вершины).
(그 여성의 관심은 박차 때문에 유발되었지만, 그녀의 시선은 콧수염에 꽂혔다. — 오, 행복이여! — **이** 콧수염과 **저** 박차가 같은 사람에게 속한 것이라니! 이 얼마나 사랑스러운 조합인가!)

Известные события... не позволили мне обнародовать приготовленного снимка с **оных** [листов] даже и до дня сего. (О. Бодянский).
(잘 알려진 사건들로 인해... 나는 준비해 둔 **저** [문서]의 사본을 오늘날까지도 공표할 수 없었다.)

이 쌍(сей — оный)은 문어와 구어에서 완전히 사라졌지만, 경찰 조사 기록 문서에서는 간혹 등장하곤 합니다. 예를 들어, 목격자(сей), 피해자(тот), 범죄자(оный)를 엄격하고 유식하게 구분할 필요가 있을 때 사용됩니다. 또한 고대어에 조예가 깊은 사람들이 장난삼아 이미 사라진 이 형태들을 떠올리곤 합니다. 페진(К. Федин)의 소설 중 한 예를 들어보겠습니다.

Он сморщил нос, слегка пофыркал и прогнусавил речитативом:
— Хи-Хи! Стихи! Люблю стихи я, Зане **оне** — моя стихия...
... Ергаков закричал:
— Я посрамлен!.. Какой блеск рифмы, а?! и что за элегантная вольность в обращении с грамматикой!.. **Стихи**, насколько понимаю, род мужеский — и вдруг они стали оне! а?

그는 코를 찡그리며 약간 코웃음을 치며, 콧소리를 섞어 읊조렸습니다.
"히히! 시라니! 나는 시를 사랑한다오, 왜냐하면 그것들(оне)은 내 본성이니까요.."
.... 에르가코프가 외친다. "충격적이네요! 이 얼마나 눈부신 운율입니까, 그렇죠?! 그리고 문법을 다루는 저 우아한 자유분방함이라니!... 시(стихи)는, 내가 알기로는, 남성 명사인데 갑자기 그것들이 《оне》가 되었군요! 그렇죠?"

사실 고대에는 남성 명사 복수 주격 형태는 《они》였고, 여성 명사 복수형은 《оне》가 아니라 《оны》였습니다. 《оне》라는 형태는 비교적 늦게, 러시아어에서 다른 여성형 대명사 《сее》의 영향을 받아 나타난 것입니다. 결국 소설의 두 등장인물 모두 틀린 셈이지만, 상대적인 의미에서 그러합니다. 소설의 예르가코프(Ергаков)는 고대러시아어가 아닌, 학교(гимназиия)에서 배운 문어체(여성 복수형, онь) 형태를 떠올린 것입니다.

문법적 변화는 통나무에서 나무 인형을 깎아내는 과정과 비슷합니다.

 장인은 서두르지 않고 불필요한 부분을 잘라냅니다. 바닥에는 나무 조각이 흩날리고, 점차 인형의 형체가 드러납니다. 뺨이 만들어지고, 눈이 열리고, 입술이 움직이기 시작합니다. 그러나 거의 모든 작업이 끝나고, 카를로 할아버지가 만족스러운 듯 바지에 붙은 나무조각을 털어내는 순간, 갑자기 난데없이 인형의 코가 길고 뾰족하게 뻗어 나오고, 그 순간부터 그는 영원히 피노키오가 됩니다. 사실 우리도 대명사의 변화를 추적하는 과정에서 결국 피노키오의 코처럼 예기치 않은 놀라운 사건을 겪지 않았습니까?

 기존의 3항적 대립을 바탕으로 새롭고도 논리적이며, 모든 면에서 더 명확하고 아름다운 지시대명사 체계가 형성된 참이었습니다. 바로 **сей — тот — оный** 의 3항 대립 구조입니다. 이 체계의 장점은 인칭대명사들과도 정확하게 대응한다는 점입니다. 나(я)는 이(сей)에 대응하고, 우리(мы)

는 이들(сии)에 대응하며, 너(ты)는 그(тот)에 상응하고, 당신(вы)은 그들(те)에 대응하고, 그(он)는 저(оный)에 대응하고, 그들(они)은 저들(оные)에 대응합니다.

я — сей, а мы — сии

ты — тот, а вы — те

он — оный, а они — оные

혼동할 일이 없습니다. 언제나 어떤 상황에서도 정확하게 사용할 수 있습니다.

그런데 바로 여기서, 피노키오의 긴 코가 불쑥 자라나듯 — 모든 것이 한순간에 뒤섞여 버립니다. 명확했던 삼분법 체계는 어느덧 전혀 다른, 하지만 마찬가지로 명확한 이분법 대립 체계, 즉 **тот — этот** 의 구조로 바뀌어 버립니다. 하지만 이런 이분법적 대립은 모든 인칭대명사에 적용될 수 있다는 장점이 있습니다.

я — и тот, и этот

나(я)는 그(тот)도 되고, 이(этот)도 될 수 있습니다.

ты — и тот, и этот

너(ты)는 그(тот)도 되고, 이(этот)도 가능합니다.

он — и тот, и этот

그(он)도 마찬가지로 그(тот)도 되고, 이(этот)도 됩니다.

그렇다면 이러한 지시 방식이 덜 편리하다고 할 수 있을까요? 아마도 오히려 이 방식이 지시대명사의 지시적 본질을 더 잘 반영한다고 볼 수 있습니다. 왜냐하면 보다 보편적이고, 일반적이기 때문입니다. '이것'(это)이란 무엇일까요? 무엇이든 '이것'이 될 수 있습니다. 우리 주변의 모든 것이 '이것'이 되어 버렸습니다.

이렇게 된 이유는 지시대명사가 어느 순간 인칭대명사와 구별되지 않게 되었고, 거의 인칭대명사들과 겹치게 되었기 때문입니다. **он — оный, они — оные.**

또한 복잡한 어미 체계 대신 대부분의 경우 모든 대명사에 공통된 어미가 등장했습니다. 예를 들어, 대명사 《то》의 경우, 복수형 주격에서 남성(тии), 여성(тыѣ), 중성(тая) 각각 다른 형태를 가지고 있었지만, 결국 이 모든 형태를 대신하여 단 하나의 짧은 형태, 게다가 복수형도 아닌 형태 те(тѣ)만이 남았습니다.

여기서 이야기를 끝낼 수도 있겠지만, 주의 깊은 독자라면 이야기의 처음으로 돌아가서 분명 이렇게 말할 것입니다. "그런데 바르보스와 이 이야기가 무슨 상관이죠? 바르보스와 이것(этот)이 무슨 공통점이라도 있나요?"라고.

사실 그들 사이에는 아무런 공통점이 없습니다. 마치 바르보스(Барбос)와 '이 바르보스'(этот Барбос) 사이에 공통점이 없는 것처럼 말입니다. 그렇다면 '바르보스'(Барбос)와 '그 바르보스'(тот Барбос), '이 바르보스'(этот Барбос) 사이에서 차이점을 느끼십니까? 맞습니다, 바로 그렇습니다. 자체적으로는 특정한 의미를 갖지 않는 《Этот》라는 단어가 보편적인 바르보스(Барбос)에 붙으면서, 수많은 바르보스들 중에서 바로 '이 바르보스' (этот Барбос)를 구별해내고, 이름을 특정한 존재와 연결해 줍니다. 《Этот》는 마치 생명수와 같아서, 특정 상황에서 단어를 생동감 있게 만듭니다. 그 단어 자체의 의미가 너무나도 막연해서 거의 모든 존재에게도 적용할 수 있을 정도로 말입니다.

열여섯 번째 이야기

또 다른 시간에 대해,
그러나 전혀 다른 시간들에 대하여

ЕЩЕ О ВРЕМЕНАХ, НО СОВСЕМ ДРУГИХ

《времена》라는 단어는 지금도 많은 의미를 가지고 있지만, 예전에도 마찬가지였습니다. 이 단어는 전반적인 시간의 길이, 특정한 시각, 때(пора)를 나타냈으며, 길고 짧은 시간의 모든 형태와 관련이 있습니다. 심지어 필사본에서는 모음의 길이를 나타내는 위첨자 부호들조차도 'времена'(브레메나)로 불렸습니다.

그리고 가장 오래된 러시아 연대기의 제목도 "Се повести временных лет…"(원초적 연대기의 이 이야기들…)로 시작되는데, 이것은 푸시킨의 시에서도 잘 표현되어 있습니다.

Дела давно минувших дней, (오래전 지난날의 일들)

Преданья старины глубокой... (머나먼 옛날의 전설)

시간 속에서의 동작 표현과 관련된 동사의 특징들 또한 오래전부터 'времена'(시제)라고 불렸습니다. 바로 이 '시제'에 대해 이제 이야기를 시작하고자 합니다.

옛날이야기의 서두 "**В некотором царстве, в некотором государстве...**" (어느 한 왕국에서, 어느 한 나라에서...)라는 구절을 떠올려 보세요. '동어 반복'(тавтология)이 단지 동일한 것을 반복하는 것일까요? '왕국' (царство)이나 '나라'(государство)라는 것이 모두 같은 의미가 반복된 말일까요? 아니면 동화에서 흔히 볼 수 있는 단순한 강조일까요?

절내 그렇지 않습니다! 이것은 동화적인 정확한 설명으로, 우리를 즉시 사건이 발생한 '시간'과 '장소' 속으로 안내합니다. "**в некотором царстве**"(어느 왕국에서)는 어떤 불특정한 시간을 가리킵니다. 아주 오래전에는 'царство'(왕국)라는 단어가 특정한 지리적 위치를 의미하기보다는, 그 왕국(왕조)이 존재한 시기를 의미했기 때문입니다. 오늘날까지도 역사학자들은 'царство Сасанидов'(사산 제국의 시대), 'эпоха Первого царства'(첫 번째 왕조의 시대)라고 말하는 것처럼요. 반면 'в некотором государстве'(어느 나라에서)라는 표현은 실제로 사건이 일어나는 장소를 가리키며, 마찬가지로 신비롭고 불특정한 장소를 나타냅니다. 그러므로 원래 이 표현에는 '동어반복'(тавтология)이 전혀 없었습니다.

"жили-были..." (옛날 옛적에)라는 표현에도 동어반복(의미 중복)은 전혀 없습니다.

이미 《жили-были》 대한 이야기를 읽으셨을 텐데요. 얼마나 긴 문장인지 보세요! 고대 러시아어식으로 내 생각을 표현해야 했다면 **《Вы есте чли жили-были》**라고 했을겁니다. 여기서 'уже'(이미)나 'прочли'(읽었다)의 'про-'(~에 대해), 《о жили-были》의 'о'(~에 대해)와 같은 단어는 전혀 필요 없습니다. 왜냐하면 과거 복합 시제를 사용한 문장 구조에서는 이러한 동작의 시간과 관련된 행위의 모든 뉘앙스가 오직 동사의 형태만으로 전달되었기 때문입니다. 따라서 동사 형태에 불필요한 단어를 붙일 필요가 없었습니다.

고대에는 동사의 시제(времена)가 매우 많았고, 각각 나름의 의미와 목적이 있었습니다. 여러분이 학교에서 배우는 외국어들에서도 고대 슬라브어의 동사 시제 체계와 유사한 점을 찾을 수 있을 것입니다. 예를 들어, 현대 영어와 마찬가지로, 우리 조상들도 기본적인 주요 시제와 이에 종속된 이른바 '역사적 시제'를 가지고 있었습니다.

일반적인 서술에서는 현재시제와 단순과거시제가 사용되었는데, 이 단순과거시제를 학자들은 '**аорист**'(아오리스트)라고 불렀습니다. 고대 슬라브인들이 이것을 어떻게 칭했는지는 우리는 알 수 없지만, '아오리스트'와 현재시제는 어미로 구별되었습니다. 예컨대,《ходить》와《ходять》는 현재시제이며,《ходи》와《ходиша》는 각각 '**아오리스트**'(аорист)의 3인칭 단수형과 복수형입니다. '그들이 갔다'(они ходили)라고 말하는 대신, 단순히《ходиша》라고 했습니다. 대명사도 없고, 주어도 없지만, '많은 사람들이 갔다'는 것과 대화참여자들은 그 자리에 함께 가지 않았다는 것은 분명히 알 수 있었습니다(즉, 다른 사람들이 갔다). 그들이 '가는 행위'는 다른 어떤 행위와도 연결되지 않고, 그것 자체로 존재하며 이미 완료되었음을 뜻합니다. 이렇게 (한 단어로 이루어진) 짧은 문장에 얼마나 많은 의미가 내포되어 있는지 보세요.

《ходили》라는 형태는 당시에는 독립적으로 사용되지 않았으며, '**перфект**'(퍼펙트)라는 다른 동사 시제의 일부였습니다.《ходили суть》는 '**퍼펙트**' 시제의 3인칭 복수형입니다. 이 형태는 단지 행위에 대한 정보 전달에 그치지 않습니다. '그들이 갔다' – 여기서 모든 정보가 끝일까요? 아닙니다. 이 표현은 추가적인 뉘앙스를 지니며, 형태 자체는 고유한 함축 의미를 갖습니다. '그들이 갔다', 그 '가는 행위', 그에 수반되는 그 먼 훗날의 '결과'가 발화 순간에 여전히 고려되며, 대화참여자들이 그 행군(поход)을 기억하고 있을 때, 그 결과는 더욱 중요합니다.

왜 반드시 '행군'일까요? 연대기(летопись)에서 《ходити》라는 동사는 항상 이웃 땅으로의 군사 원정과 관련이 있기 때문입니다. "ходиша новгородци к Смоленску" (노브고로드인들이 스몰렌스크로 행군했다)는 '원정이 있었다'(был поход)는 단순한 사실의 확인입니다.

그리고 다른 노브고로드 연대기의 기록을 봅시다. "И не сведаем, откуду **суть пришли**"(우리는 그들이 어디에서 왔는지 알지 못한다). 적들이 어디에서 왔는지 모르게 왔고, 그들이 단순히 '왔다'는 것이 아니라, 그들의 도래(침략)로 인한 비극적인 '결과'가 눈앞에 명백하게 있고, 기록의 순간과도 연결되어 있습니다.

여기 또 다른 이야기가 있습니다. 매우 먼 과거의 사건으로, 그 결과조차 완전히 잊혀진 이야기입니다. "**Пришли бо** бяху в 7 лодии."(적들이 아주 오래전에 일곱 척의 배로 왔다).

이러한 과거 시제는 다른 의미를 갖고, 다른 보조동사와 함께 사용되었는데, 오늘날의 학자들은 이를 **플루스쾀퍼펙트**(대과거, плюсквамперфект)[24] 라고 부릅니다. 또 다른 시제들로는 현대 역사 문법에서는 '**임퍼펙트**'(미완료과거, имперфект), '**푸투룸 엑작뚬**'(미래완료, футурум экзактум)라고 불리는 시제들이 있습니다. (이렇게 복잡하고 난해한 명칭이 모두 라틴어 방식으로 붙여졌습니다!). 그 외에도 여러 시제가 있었지만, 여기서 언급

---

24) 플루스쾀퍼펙트(plus quam perfectum)는 과거완료(대과거)로서 아오리스트 또는 임퍼펙트 형태를 가진 조동사와 과거분사의 결합으로 형성되는 복합 시제이다. 과거의 동작, 현상 행위 등이 실현되었음을 나타내는 시제이며 언어에 따라 있을 수도, 없을 수도 있다. 특정 언어에서 일반적으로 문법시제로 취급되는 동사 형태의 일종으로, 앞서 언급한 과거 시간보다 선행하여 발생한 동작과 관련된다. (역자 주)

하지 않도록 하겠습니다. 이 모든 시제는 서로 의존하면서, 과거나 미래의 실제 행위와 사건들의 시간적 순서들을 조정하는 중요한 역할을 했습니다. 이 복잡한 시제의 구조를 설명해 보겠습니다. 러시아의 왕자 야로슬라프 (Ярослав Мудрый)가 아버지 블라디미르 대공(붉은 태양, Красное Солнышко)의 죽음을 알게 되고, 그의 형제들이 키예프의 왕좌를 둘러싼 경쟁자를 제거하는 이야기를 소개하려 합니다.

(1) **Слыша Ярослав яко отец его умре**

(야로슬라프가 그의 아버지가 죽었다는 것을 들었다)

(2) **а Святополк седе в Киеве, избивая братью свою**

(스뱌토폴크가 키예프에서 권좌에 앉아 그의 형제를 죽였다).

(3) **уже бо бе Бориса убил и на Глеба послал есть**

(그는 이미 보리스를 죽였으며, 글레브를 죽이기 위해 사람을 보냈다)

이 텍스트에서 분사(причастия)는 사건의 상황을 엄격하게 순차적으로 전달하는 중요한 역할을 합니다. 첫 번째 텍스트에서는 하나의 문장에 두 가지 생각이 담겨 있습니다. 즉, '아버지가 사망했다' — '아들이 그 사실을 알았다' 라는 두 사건의 행위 주체가 다르고, 두 행위는 모두 동등한 문법적 지위를 가지며, '**아오리스트**'(аорист, 단순과거시제)로 표현되었습니다. 2번째 문장에는 2개의 행위가 있지만 행위의 주체는 하나입니다. 스뱌토폴크(Святополк)는 키예프에서 권좌에 앉아 통치하면서, 동시에 자기 형제들을 죽이고 있었습니다. 여기서 주요 행위는 단순과거시제

сѣде(앉았다, 즉, 동치했나)로 선날되었고, 주요 행위와 동시에 일어나는 부차적인 행위는 현재 분사형(избивая)으로 표현되었습니다.

3번째 텍스트에서는 이보다 선행하여 발생한 사건들이 드러납니다. 스뱌토폴크 오카얀니[25]는 이미 자신의 형제 보리스를 살해한 후였습니다. 이것은 과거 완수된 행위를 나타내지만, 그 결과가 주요 행위의 순간에서는 더 이상 중요하지 않습니다. 살인은 이미 일어났지만 (살인이 비교적 최근에 완수되었다 하더라도), 이야기의 전체적인 흐름에서 그것은 이미 오래된 사건으로 간주되므로, 과거시제 이전의 시제인 **플러스쾀퍼펙트**(плюсквамперфект), 즉 대과거 시제(бе убил)로 표현합니다. 동시에, 형제 중 막내인 어린 글레브(Глеб)를 살해하려는 새로운 범죄가 준비되었습니다. 'и на Глеба послал есть' (글레브에게 사람을 보냈다). 이것은 **퍼펙트**(перфект)입니다. 사건의 결과가 여전히 매우 중요한 상태이며, 아직 살인자의 손을 막을 가능성이 남아 있음을 강조할 필요가 있습니다. 암살자를 보내는 행위가 완료되었고, 자객들이 파견되었지만, 그 최종 결과는 아직 나타나지 않았습니다. 여기서 필요한 것이 바로 **퍼펙트**(перфект)입니다.

이 짧은 고대 러시아어 문장을 해석하고, 이 20여 개 단어 속에 담긴 문법적 의미를 이해하기 위해 얼마나 많은 단어가 필요한지 보십시오. 그런데도 이 텍스트에는 고대 러시아어에서 사용될 수 있는 최소 9개 동사 시제 중 겨우 3개의 시제밖에 등장하지 않습니다! 고대 러시아어의 모든 시제 유형을 감안 한다면 전체 그림이 얼마나 복잡할지 쉽게 짐작할 수 있을

---

25) Святополк Окаянный (저주받은 스뱌토폴크) – 형제를 잔인하게 살해한 후 권좌에 오른 스뱌토폴크를 민중들이 이렇게 부르게 되었습니다. (저자 주)

것입니다. 단지 어미 형태만으로도 헷갈릴 지경입니다.

그래도 우리의 텍스트에서는 사건의 연속성이 뚜렷하게 보입니다. 등장인물들의 주요 행위는 **아오리스트**(аорист) 동사 형태로 표현되었습니다. 아오리스트는 고대 러시아 이야기에서 중요한 시제입니다. 아오리스트의 연속적인 사용이 이야기의 기본 구조를 형성하며, 사건의 실제 순서에 따라 일어나는 행위의 연속적인 전개를 나타냅니다. 예) слыша(들었다), умре(죽었다), седе(앉았다).

아오리스트는 단순과거시제로서, 과거의 사건을 나타낼 뿐, 사건의 지속성이나 다른 사건과의 관계를 나타내지 않습니다. 이것은 가장 객관적이고 서사적인 과거형이었기에 연대기 작가들이 이 형태(아오리스트)를 선호했던 것은 타당합니다.

부가적인 행위는 분사(причастие) 형태로 표현되며, 일종의 보조적 술어 역할을 합니다. 이 행위 또한 주요 행위의 주체과 관련이 있으며, 주요 행위와 동시에 발생했습니다. 예) седе(앉았다), избивая (형제를 죽이면서).

부차적인 행위는 이미 다른 행위 주체와 관련되어 있고, 그들을 대상으로 하며, 그 행위는 원칙적으로 주요 행위가 시작되기 전에 이미 발생했습니다. 바로 여기에서 **퍼펙트**(перфект) 시제와 그 사건의 의미적 뉘앙스가 필요합니다. "**бе убил, послал есть**" (이미 형제를 죽인 후에, 또 다른 형제를 죽이기 위해 보냈다).

이 모든 복잡한 사건들의 교차, 행위 주체들의 역할, 원인과 결과, 시제의 순서를 이해하려면 고대 문법 체계에 대한 지식과 텍스트에 대한 철저한 인문학적 분석이 필요합니다. 그렇지 않으면 고대 텍스트를 이해할 수 없습니다. 후대의 필시지기 한 형태를 다른 형태로 바꿔 쓰면, 예를 들어 이해하기 어려운 **아오리스트**(аорист)를 **퍼펙트**(перфект) 형태로 바꾸면 문장의 의미와 그 행위들의 내적 종속성이 순식간에 변합니다.

고대 러시아인들은 그들만의 방식으로 생각을 전달할 수 있었고, 그 방법 외에는 다른 방법이 없었습니다. 당시에는 행위의 시간을 계산하는 여러 가지 방식이 존재했습니다. 발화의 시점, 동작의 순서, 행위의 지속성 등 여러 기준의 관점을 고려해서 자신의 말을 전달해야 했습니다.

12세기에서 17세기까지 약 500년 동안, 동슬라브인들은 동사 시제의 체계를 간소화시켜 나갔습니다.

결국 시제 형태는 오직 하나의 의미만 남았는데, 그것은 바로 행위가 발화 순간과 어떤 관계에 있는지를 전달하는 것이었습니다. 그리하여 복잡한 시제 체계를 대신해서 과거(делал), 현재(делаю), 미래(буду делать)라는 3가지 시제의 명확한 대립이 자리 잡았습니다. 우리는 이제 어순이나 특별한 설명어(уже-이미, потом-그 후, вскоре-곧)를 문장에 삽입하는 방식으로 사건의 순서를 전달합니다. 행위의 지속성은 동사의 상의 차이, 즉, 완료상과 미완료상의 대립으로 표현됩니다. 예) шел (가고 있었다) — пришел. (도착했다)

동사 상의 대립은 슬라브어의 고유한 특징으로, 많은 언어에서는 이 개념이 없습니다. 동사 상의 대립이 없는 언어에서는 대신 복잡한 시제 체계를 가지고 있습니다. 때문에 영국인이 러시아어를 배우기 어렵고, 러시아인이 영어를 배우기 힘든 것입니다. 낯선 언어의 개념 체계를 이해하고 그 언어의 정신에 스며 들어야 합니다. 즉, 우리가 지금까지 고대러시아어에 대해 했던 작업을 똑같이 해야 합니다. 12세기 고대러시아어는 지금의 현대 러시아어와는 전혀 다른 언어입니다. 그것을 배우는 것도 어렵지만, 어떻게 러시아어가 지금의 모습으로 변했는지를 설명하는 것은 더욱 어렵습니다.

시제의 형태적 의미는 지속적으로 변했지만, 그 형태 자체는 부분적으로 보존되어 때로는 문체적 또는 문법적 강조 수단으로 사용되곤 합니다. 예를 들어, 우리는 과거에 완수되지 않은 행위를 표현하기 위해 **플러스쾀퍼펙트**(과거완료, плюсквамперфект)를 사용하기도 합니다.

> А пришедши домой, сел было обедать, **есть не наел**, только ложкой намутил. (И. Бунин).
> (집에 와서, 점심을 먹으려 했지만, 제대로 **먹지는 못했고**, 그저 숟가락으로 휘저었을 뿐이다.)
> Не того **было хотелось**, да так сталось. (В. Даль).
> (바라던 것은 **아니었지만**, 그렇게 되어 버렸다.)

또한 **아오리스트**(аорист) 형태는 우리에게 과거의 숨결을 전해줍니다. 심지어 일상 대화에서도 우리는 '추'(чу!)라는 감탄사를 발음하는데[26], 이것은 고대 아오리스트 형태를 사용하는 것입니다.

결국, 사람들의 주변 세계에 대한 태도와 그 세계를 이해하는 방식은 단지

---

26) 단어 "Чу!"는 현대 러시아어에서 감탄사로 사용되었지만 어원적으로 고대러시아어 'чуять'(느끼다)로의 흔적으로 추정할 수 있다. 예) "Чу, кто-то идёт!" – я слышу (чую), что кто-то неожиданно идёт (역자 주)

단어뿐만 아니라 문법 규칙을 통해서도 전달될 수 있습니다. 이러한 규칙들은 그 언어를 사용하는 모든 사람이 준수해야 하는 법칙과도 같습니다.

물론, 시제(времена)의 수가 축소된 것은 각각의 개별 동사(глагол)에도 영향을 미쳤습니다. 이제 많은 시제나 인칭 형태가 더는 필요 없게 되었습니다. 특히 계사(связка, 연결 동사)는 큰 변화를 겪었습니다. 그 동사가 단 하나의 의미만을 가지게 된 이상, 왜 그토록 많은 형태가 필요하겠습니까? 이제는 역사 소설을 샅샅이 뒤져야만 이 동사의 옛 형태들을 찾아볼 수 있습니다.

1. "Да соблюдается до века Русь, ей же благодеял еси." — О ком говорится?
(루시가 영원히 보존되기를, 너는 러시아에 헌신했도다.)

2. "Грешники есмы, доколе солнце светит!" — О ком говорится?
(우리는 죄인이다, 태양이 빛나는 한!)

3. "Есте спасители роду своему и помним о вас днесь" — О ком говорится?
(당신들은 민족의 구원자들이다. 우리는 오늘도 당신들을 기억한다.)

오직 계사의 형태(еси, есмы, есте)를 통해서만 그 대상이 누구인지, 즉 발화의 대상을 판단할 수 있습니다. 첫 번째 문장은 2인칭을 향한 것입니다(ты творил благо, 네가 선행을 베풀었다). 세 번째 문장도 2인칭에 관한 것이고, 다수의 사람들을 향한 것입니다(вы спасители, 너희는 구원자들이다). 두 번째 문장은 1인칭 복수형이 변화된 형태입니다(все мы грешники, 우리 모두 죄인이다).

이제 우리는 이 형태들을 더 이상 사용하지 않으며, 현재 시제의 의미로 오직 1개의 형태, 3인칭 단수 《есть》만 남아 있습니다. 예) я — есть (나는 있다), ты — есть(너는 있다), он — есть(그는 있다), мы — есть(우리는 있다)... 그런데 3인칭 복수형은 명사 'суть' (본질, 핵심)로 변했습니다. 예) суть дел (사안의 본질).

그리고 역사 소설 작가들이 우리의 옛 형태가 지닌 본래의 의미를 항상 정확하게 전달하는 것도 아닙니다. 예를 들어, 알렉세이 차픠긴(А. Чапыгин)은 옛 형태《есте》를 좋아하여 이를 모든 인칭과 수에서 그것을 사용합니다.

"Кто же ты **есте**?"(너는 대체 누구냐?) — 하지만 여기서는 《еси》가 사용되어야 합니다.

"Сия есте первая буква, именуемая — аз! Что **есте** аз?" (이것은 첫 번째 글자이며, 'аз'라고 불린다. 'аз'가 무엇인가?) - 여기서는《есть》라고 해야 합니다.

이것은 사실 심각하게 생각할 문제는 아닙니다. 단지 옛날 말투를 흉내 낸 것일 뿐, 그 시대의 향기를 느끼게 합니다. 언어사의 관점에서 보면, (지금 우리가 사용하는 것처럼) 항상《есть》형태를 사용하든지, 또는 (Чапыгин의 등장인물처럼)《есте》형태를 사용하든지 전혀 상관이 없습니다. 궁극적으로 문학작품의 언어는 현대적이고 이해하기 쉬우면서도,

고대이의 고풍스런 느낌을 전달할 수 있는 것입니다.

많은 다른 동사들도 재구성되고 조정되었습니다. 그중 일부는 예전에는 완전히 독립적이었지만 하나의 단어 형태로 통합되면서, 지금은 복잡한 동사 활용형으로 어린 학생들을 혼란스럽게 합니다. бежать(달리다), хотеть(원하다) — 이제 이 동사들은 어떤 활용형에 속합니까? 1식 동사 활용에 속하나요? 그렇다면 왜 《бежит》와 《хотят》의 형태가 생긴 걸까요? 아니면 2식 동사 활용에 속하나요? 그러면 《бегут》와 《хочет》 같은 형태는 어디에서 나타난 것일까요? 사실, 과거에는 《бежати》와 《бечи》라는 별개의 동사가 존재했고, 《хотети》도 2개의 활용형이 있었으며, 모든 것이 정상적으로 기능했습니다. 한편으로는 хочу, хочешь хочем, хочут 형태가 있었고, 다른 한편으로는 хочу, хотишь, хотим, хотят 형태가 공존했습니다. 이들 사이에 아무런 의미의 차이가 없었고, 일부 형태는 서로 일치하기도 했습니다. 결국 이들은 하나의 활용형으로 합쳐지며, 하나의 동사가 되었습니다. 처음에는 많은 혼란이 있었지만, 결국 새로운 활용형이 완전히 자리 잡았습니다. 다만, 문학작품에서 등장인물들의 대화를 전달하기 위해 작가들이 가끔 옛 형태를 상기시킵니다. 예를 들어, 부닌이 농민들의 대화에서 "А не хочете?" 와 같은 표현을 사용한 것처럼 말입니다.

행위와 관련된
이름에 대하여

ОБ ИМЕНИ, ПРИЧАСТНОМ К ДЕЙСТВИЮ

우리가 무엇에 대해 말하든 간에, 주요 행위 외에도 거의 항상 부차적이고 부수적이지만, 그만큼 필수적인 행위에 대해 언급할 필요가 있습니다. 이 부차적인 행위는 특정한 형태로 전달됩니다. 예전에는 주요 행위와 부차적인 행위를 구분하기조차 어려웠습니다. 예를 들어 《вставъ и рече》 또는 《вста и рекъ》와 같은 표현이 그렇습니다. 오늘날 우리는 이를 '일어나서 말했다' 또는 '일어난 후 말했다'로 번역할 것이고, 누구에게나 분명한 것은, 동사로 표현된 동작이 주된 것이고, 부동사로 표현된 것이 부차적인 것입니다. 그러나 아오리스트(аорист)와 분사(причастие)가 함께 쓰였던 당시에는 이 둘 사이의 종속 관계를 정확히 구분하기 어려웠을 것입니다. 그 사이에 접속사 'и'가 놓이면, 인칭 형태와 비인칭 형태의 동사로 전달된 행위들의 동등성을 보장합니다. 맞습니다. 정말로 동사의 형태입니다. 그렇습니다, 사실 분사(причастие)는 그 기원과 형성 방식으로 볼 때 동사의 형태이기 때문입니다. 분사(형동사)는 동사의 어간에서 파생되며, 시제(время)와 태(залог)에 따라서도 구별됩니다(이는 한때 인칭 동사 형태로는 전혀 표현할 수 없던 것입니다!).

그러나 처음부터 분사에는 모순적인 요소가 있었습니다. 동사의 특성 외에도 분사는 명사적 속성을 가지고 있었습니다. 형용사처럼 성과 격에 따라 구별되었고, 완전형과 단축형을 가질 수 있었습니다. 예를 들면 다음과 같습니다.

단축형(단어미형)	완전형(장어미형)
высоко синея	высокое синеющее (небо) высокого синеющего (неба) высокие синеющие (небеса)

분사(причастие, 형동사)는 마치 명사와 동사의 문법적 특성을 모두 흡수한 것처럼 보입니다. 이는 수많은 분사 형태의 형성을 초래했습니다. 총 200여 개의 분사 형태가 존재했으며, 5가지 유형이 있었습니다. 남성 단수 주격의 단축형 유형은 다음과 같습니다.

ведя – ведъ(ший) – ведомъ – веденъ – велъ

그렇습니다. 《вель》도 분사입니다. 조동사 《быть》와 결합하여 복합 과거 시제 형태를 형성했습니다. 오직 단축형으로만 사용되던 시기의 분사들은 모든 동사적 특성을 유지했습니다. 특정 구문에서는 분사(причастие)가 서술어를 표현하는 유일한 형태였습니다. 예를 들어, 여격이 사용된 고대 구문에서 분사(причастие)는 인칭 동사 형태와는 무관하게 독립적으로 사용되었습니다. 이것은 '독립 여격 구문'(дательный самостоятельный)으로 불렸습니다.

Солнцу **встающу** мы вышли в поле (해가 뜰때, 우리는 들판으로 나갔다).

아주 힘있고 간결한 구문입니다. 그래서 로모노소프(M. B. Ломоносов)는 이를 문학 러시아어(литературный русский язык)에서 보존해야 한다고 촉구한 것입니다. 이 표현에서 시간의 종속절은 마치 고대 구문의 이삭 속에서 씨앗처럼 응축된 듯합니다. 시간이 지나면서 여러 유형의 종속절이 충분히 발달하자, 이러한 '독립 여격 구문'의 필요성은 사라졌습니다. 이 구문은 비록 간결하지만 너무 다의적이어서 시간의 종속절뿐 아니라 **원인**(причина), **조건**(условие), **양보**(уступительный)의 구문으로도 번역될 수 있습니다. 예를 들어 "так как солнце встало..."(해가 떴기 때문에), "хотя солнце встало..."(해가 떴음에도 불구하고)와 같이 해석될 수 있습니다. 단 이 구문은 조건적인 의미로는 번역되지 않습니다. 대신, 조건적 의미는 투르게네프(Тургенев)의 편지 텍스트에서 보존되었습니다.

В конце мая, если только буду жив и здоров, буду в Спасском, — и тогда-то, **богу изволящу,** начнется та жизнь, о которой мы так часто толковали и мечтали...

(5월 말, 내가 살아 있고 건강하다면, 스파스코예에 있을 것이고, 그때 **신이 허락하신다면**, 우리가 그토록 자주 이야기하고 꿈꾸던 그 삶이 시작될 것이다...)

여기에는 2개의 조건절이 있습니다. 하나는 비교적 새로운 조건절(17세기 이후 형성된 접속사 'если' 구문)이고, 다른 하나는 관용구로서 보존된 매우 오래된 조건절로서 교회슬라브어에서 유래한 것입니다. 즉, 'богу изволящу'는 '신께서 허락하시면', '신이 허용하시면'이란 뜻이고 우리에게 익숙한 오래된 **'독립 여격 구문'** 입니다.

시간이 지나면서, 러시아어의 체언(имя)과 동사를 가능한 한 더 명확하게 구분하려는 경향이 강해졌습니다. 즉, 사물이나 사람과 행동을 구분하려는 것입니다. 러시아어의 많은 변화에서 비롯된 이러한 경향은 분사(причастие)의 운명에도 영향을 주었습니다. 다음과 같은 방식으로 말이죠. 단어미형 분사와 함께 장어미형 분사도 등장했습니다. 분사(혹은 형용사)에 지시대명사 《и》를 적절한 형태로 붙이기만 하면 대명사적 분사, 즉 완전형(장어미형) 분사 형태가 조성되는 방식입니다.

добръ + и = добрыи — 형용사 (완전형)
творя + и = творяи — 분사 (형동사)
мога + и = могаи — 분사 (형동사)

былъ + и = былой — 분사(형동사)

러시아어에서 형용사와 분사(형동사)에 결합되는 대명사는 다른 언어에서 명사에 정관사를 붙이는 것과 같은 역할을 했습니다. 예를 들어, 독일어의 《ein Tisch — der Tisch》(탁자 - 그 탁자) 또는 영어의 《a desk — the desk》, 러시아어에서는 'стол' (책상) — 'этот стол' (이 책상)으로 표현됩니다. 대명사가 분사와 결합하면서, 완전한 대명사적 형태(이제 우리는 한정적 의미라고 덧붙일 수 있습니다)는 이제 특정 형용사의 의미를 갖게 되었습니다. 반대로, 짧은 형태, 즉 본래의 분사 형태는 여전히 고대와 같이 동사적 의미를 지녔습니다. 이로 인해 분사(형동사)는 동사 형태와 형용사 형태로 대분열이 일어났습니다(강조의 짙은 글씨체 단어들은 어원적으로 모두 분사에서 유래함).

Он **был** — **былые дни** (그는 있었다 — 지나간 날들)

Творя это, он **был** добр — ...**творяй** великие дела (А. Радищев)

(그것을 행하면서, 그는 선량했다. - 위대한 일을 행하며)

물론, 이러한 분화 과정이 단순하거나 직선적인 과정이 아니었으며, 오랜 시간에 걸쳐 서서히 진행되었습니다. 오늘날에도 여전히 동사와 형용사 사이에는 연관성이 감지됩니다. 예컨대, 고골의 『구시대 지주들(Старосветские помещики)』에 나온 대화를 보십시오.

— Мне кажется, как будто эта каша, — говаривал обыкновенно Афанасий Иванович, — немного **пригорела**; вам этого не кажется, Пульхерия Ивановна?
— Нет, Афанасий Иванович: вы положите побольше масла, тогда она не будет казаться **пригорелою**.
(Н. Гоголь. Старосветские помещики).》
"이 죽이 약간 **탄 것 같군요**." 아파나시 이바노비치는 늘 이렇게 말하곤 했다. "당신은 그렇게 생각하지 않나요, 풀헤리아 이바노브나?"
"아니요, 아파나시 이바노비치. 당신이 버터를 좀 더 넣으면, 타지 않은 것처럼 보일거예요," 풀헤리아 이바노브나가 대답했다.

같은 어원을 가진 형태가 동시에 동사(이전에는 분사 단축형 пригорела)와 형용사(이전에는 분사 완전형 пригорелою)의 역할을 합니다.

동사로 표현된 행위(**пригореть**)는 형용사(**пригорелая**)에 의해 고정된 속성을 생성합니다.

그럼에도 불구하고 발전의 주요 방향은 확립되었으며, 이것은 많은 새로운 변화를 가져왔습니다. 첫째, 대부분의 분사의 단축형은 거의 사라집니다. 그들은 이제 완전한 형태에서 분리되어 격변화(곡용)를 상실했고, 이들은 이제 순수하게 동사적 형태가 되었습니다. 이 현상은 -л- 접미사를 가진 분사에서 가장 뚜렷하게 나타났습니다. 지금은 《был, была, было, были》 형태가 동사의 과거 시제라는 것에 대해 누구도 의심하지 않습니다. 다른 유형의 분사(причастие)에서는 상황이 더 복잡합니다. 오직 속담과 격언 속에서만 일부 고어적 분사 형태가 남아 있습니다.

Кто кого **смога**, тот того и в рога.
(누가 누구를 제압한다면, 그가 상대를 완전히 멸할 것이다.)
Сеяй слезами радостью пожнет.
(눈물을 뿌리는 자가 기쁨을 수확한다.)
이 분사(сеяй) 형태는 현대의 단어 'сеющий'(씨를 뿌리는)으로 해석하는 것이 가장 적절합니다.

하지만 가장 중요한 것은 2번째 결과입니다. 완전형의 분사가 형용사로 변하게 되었다는 점입니다. 이에 놀란 여러분은 의아해하며 《текущий》는 분사가 아닌가요? 《сушеный》도 분명 분사 아닌가요?라고 물을 것입니다. 맞습니다, 이것들은 분사(형동사)이며, 학교 문법은 여러분을 속이지 않았습니다. 하지만 한가지 분명히 해야 할 것이 있습니다.

여러분은 문학(문어) 러시아어를 염두에 두고 있을 것입니다. 문학 러시아어의 형성에 큰 영향을 미친 것이 교회 슬라브어입니다. 따라서 《-ущ-》와 《-ащ-》 접미사는 러시아어가 아닌 교회슬라브어에서 유래한 것이며, 우리는 교회슬라브어를 인위적인 언어로 인식합니다. 구어체에서는 이런 형태들이 거의 사용되지 않습니다. 예를 들어 푸쉬킨의 작품에서는 이런 분사형이 극히 드물며, 오직 'молящий'(기도하는) 정도만 찾아볼 수 있는데, 이 경우는 단어의 의미상 꼭 필요한 표현이기 때문입니다.

막심 고리키는 종종 젊은 작가들에게 《-вший》와 《-ющий》로 끝나는 분사(형동사)의 사용을 경계하라고 자주 충고했습니다. '러시아어답지 않다'는 이유로 말입니다. 이에 대응하는 러시아어 고유의 접미사는 《-уч-》 또는 《-ач-》로 발음됩니다. 그리고 많은 다른 경우에서 러시아어의 'ч'는 교회슬라브어의 'щ'에 상응합니다. (러시아어 단어 'ночь'와 교회슬라브어의 'нощь'를 비교해 보십시오).

여기서 《-уч-》 접미사를 예로 들어보겠습니다. "Глядь, поверх **текучих** вод Лебедь белая плывет."(저기 봐! 흐르는 물 위로 하얀 백조가 헤엄치고 있어.)

《Текучий》는 《текущий》에 해당하는 러시아어 형태이며, 형용사로 인식되고 있고, 실제로 오래전에 형용사로 굳어졌습니다. 《текущий》도 때때로 특정 텍스트 속에서 형용사처럼 사용되는데, 예를 들어 'текущий ремонт'(진행 중인 수리), 'текущий момент'(현재 순간)과 같은 표현에서 나타납니다.

다른 많은 경우에도 러시아어의 생생한 분사(형동사)는 이미 형용사가 되었지만, 인위적인 교회슬라브어 형태는 여전히 분사구문(причастный оборот)에서 '부차적 서술어'로 사용될 수 있습니다. 예를 들어 'дремучий лес'(깊고 울창한 숲)과 'дремлющий лес'(잠자는 숲), 'горячая вода'(뜨거운 물)와 'горящая нефть'(타오르는 석유), 'висячий замок'(거는 자물쇠)와 'висящий на двери'(문에 걸려있는) 같은 표현을 비교해 보세요.

피동형 분사(형동사)도 형용사로 변합니다. 예컨대 'сушенные на

солнце грибы' (햇빛에 말려진 버섯)은 아직 분사형이고, 'сушеные грибы' (말린 버섯)은 이미 형용사로 변한 것입니다.

대부분의 러시아 방언에서 이 과정이 매우 많이 진행되어서, 분사형은 아예 보이지 않습니다. 이러한 방언에서는 분사가 행위가 아닌 속성의 의미를 일반화하여 결국 형용사가 되었습니다. 반면 문학어에서는 형동사 단어미형은 점점 더 '행위'의 의미를 흡수하여 부동사(деепричастие, 행위의 분사)로 변했습니다. 이 역시 문어체의 문법적 범주에 속하며, 방언을 사용하는 사람들은 항상 이 범주에 익숙하지 못합니다. 예를 들어보겠습니다. 문해력이 낮은 시골 여성이 농촌 의회에 민원을 제기하며 제출한 진정서에 쓴 문장을 어떤 신문 기자들이 기사에 실으며 '이보다 잘 말할 수는 없다!' (Лучше не скажешь!)라는 제목을 달았습니다.

Я купила корову, будучи еще телкой.
내가 **송아지**(тёлка)였을 때 소를 샀어요.

기자들이 비웃는 것은 자유이겠지만, 그들이 직접 공식 문서를 작성해 보았다면, 또는 특정 문체에 대해 최소한 이해를 하고 있더라도, 그런 문서에 가장 적합한 문체로 글을 쓴다는 것이 얼마나 어려운지 알았을 것입니다. 분명한 것은 여자가 소를 구입했던 당시는 송아지였다는 것입니다. 그러나 러시아어 문법 규칙은 엄격하고 모든 사항에 보편적으로 적용되므로 (쓰여진 대로 해석해 보면), 이 문장은 특정 시기에 그 여성 본인이 '송아지였다'는 뜻이 되어버립니다. 왜냐하면 러시아어에서 부동사는 항상 주절의 주어와 의미적으로 연결되며, 절대 문장의 부차적 성분과 관련되지 않기 때문입니다. 해당 문장에서 《будучи》는 주어인 나(я)와 연결된 것이지, 송아지와는 아무런 관련이 없습니다. 가령 "Я купила корову, когда та была телкой."(내가 소를 샀을 때 그 소는 송아지였다)라고 썼다면 올바른 문장이 될 것이며, "Я купила корову, которая тогда была телкой."(그 당시 송아지였던 소를 샀다)도 역시 적절한 문장입니다.

당신이 강조하고 싶은 내용에 따라 생각은 여러 가지 방식으로 표현할 수 있습니다. 첫 번째 경우에는 구매 시점에 초점이 있습니다(그때 소는 송아지였다). 두 번째 경우에는 구매 당시의 소의 상태를 강조합니다. 즉 그때는 '아직 소가 아니었다'는 것에 초점이 있습니다!

그렇다면 저 여성은 그저 무식한 사람이었을까요? 너무 속단하지 마세요. 그렇게 간단한 문제가 아닙니다. 학식 있고 교육받은 사람도 똑같은 실수를 저지를 수 있습니다. 특히 메모와 회고록에서는 이러한 사례들이 많습니다. 푸시킨의 동시대인이자 친구인 시인 뱌젬스키(Вяземский)는 이렇게 기록하고 있습니다. "Вчера выехал в первый раз после падения (с лошади). Сердце как-то билось, садясь в коляску и особливо **проезжая** мост."(어제 말에서 떨어진 후 처음으로 밖에 나갔습니다. 마차에 타면서, 특히 다리를 건널 때 심장이 어찌나 뛰던지…)

이 문장만 보면 마치 '심장'이 마차를 타고 다리를 건너는 것처럼 보일 수 있습니다. 소련 전역 라디오 방송의 한 리포터는 사건 현장을 보도하면서 이렇게 말했습니다.

Подходя к театру, мне показалось, что народу стало больше.
(극장에 다가서자, 사람이 더 많아진 것 같았습니다.)

아마도 이 문장을 글로 작성하면서 수정했다면, 리포터는 문어체의 규칙에 맞게 편집했을 수도 있습니다. 하지만 여기서 중요한 것은 영감이 떠오른 순간 그 문장이 어떻게 구성되었는가 하는 점입니다.

"Подходя к театру, я увидел..." (극장에 다가가면서 나는 ... 보았다)라고 하는 것이 올바른 표현이지만, 여기서 기자는 발화의 순간에 예상되는 완전한 한정성(полная определенность)을 피하고자 했을 것입니다. 또한 이 문장을 "Когда я подходил к театру, мне показалось..." (극장에 다가가자, 내겐 ~인 듯 보였다...)로 고치면 좀 더 정확한 표현이 되겠지만, 즉흥적인 현장 방송에서 발화의 신속한 보도를 위해 사용하기에 부적절합니다. 라디오 리포터가 사용한 문장은 실제로 매우 간결하고 표현력이 뛰어납니다. 그러나 문법적으로는 틀렸습니다. 이런 문장들은 종종 패러디의 대상이 됩니다. 예를 들어 체호프의 단편 『탄원서(Жалобная книга)』의 유명한 문장을 봅시다.

> Подъезжая к сией станции и глядя на природу в окно, у меня слетела шляпа.
> 이 역에 다가가면서 창밖의 풍경을 바라보다가, 내 모자가 날아갔다.

체홉에게 있어서 이 표현은 단순히 인물의 언어적 특징을 묘사할 뿐만

아니라, 섬세한 말장난(тонкий каламбур)이기도 합니다.

Я подъезжал (на поезде) к станции, когда (и) у меня слетела шляпа.
내가 (기차를 타고) 역에 접근했을 때, 내 모자가 날아갔다.

Подъезжал я и вместе с тем шляпа, которая была на мне.
나와 내가 쓰고 있던 모자도 함께 역에 접근했다.

결과적으로 '나는 모자이고, 모자가 역에 접근했고, 그 모자가 내게서 날아가 버렸다' 라는 해석이 도출됩니다. 모자가 두 개가 된 것입니다. 모자를 쓴 모자, 모자가 모자에게서 날아갔다! 문법적인 혼란 속에 의도적인 말장난이 우리 앞에서 펼쳐지고 있습니다.

결국, 구어체 담화는 종종 언어 규범과 충돌하는데, 보통 언어 규범의 위반은 구어체 담화의 문체적 특징과 관련 있습니다. 능숙한 작가의 손에서는 약간의 관점의 변화도 강력한 예술적 표현 수단이 됩니다.

앞서 언급된 문장의 옳고 그름에 대한 설명은 분사 형태의 역사에서 찾아야 합니다. 인용된 발화에서 발생하는 희극적 효과는 본래 주어와 연관되어야 할 부동사가 해당 문장에서 주어가 될 수 없는 단어와 연결되었기 때문에 생깁니다.

언어 체계란 단순히 다양한 요소들 사이의 관계만을 의미하지 않습니다. 언어 체계는 텍스트 내에서 다양한 요소들의 상호관계, 그 구성 요소들 사이의 상호 결합 규칙에 의해 형성됩니다.

부동사형은 주어와 연관됩니다. 왜냐하면 원래 부동사는 그 기원상 주격 형태의 분사(причастие)였기 때문입니다. 그리고 문장에서 주격에 놓여 있는 모든 것은 주어와 연관됩니다. 주격은 주어의 자격입니다.

다른 한편, 부동사(деепричастие)는 본래 과거에는 분사(형동사), 즉 동사 형태였습니다. 따라서 현대 문장에서도 부동사는 주요 동사에 종속되어 부차적인 행위를 나타냅니다.

이처럼 부동사는 주요 2개 성분과 강력한 연결 관계를 가집니다. 즉 주어와 관련되면서도 서술어에 종속되며, 문장의 부차적인 성분들과 어떠한 연결도 금지됩니다. 금지되는 이유는 문법적 관계가 무너지면 논리적 연결도 깨지고, 사건과 등장인물의 관계도 어긋나며, 모든 것이 뒤집히고 왜곡되어, 결국 불합리하고 부조리한 문장이 만들어지기 때문입니다. 부동사가 문장의 주요 성분에 엄격하게 종속되는 이유는 역사적으로 설명되며, 우리가 이미 알고 있는 사실과 같습니다. 즉 부동사는 주격 형태의 짧은 분사였습니다. 모든 새로운 체계는 이전 체계의 잔해 위에서 구축되며, 항상 이전 체계의 가능성에 의해 제약을 받습니다.

수와 숫자,
그리고 수사(數詞)에 대하여

О ЧИСЛЕ И ЧИСЛАХ, А ТАКЖЕ О ЧИСЛИТЕЛЬНЫХ

고대인에게 수는 실재하는 것이었습니다. 한 그루의 나무, 두 그루의 나무, 그리고 여러 그루의 나무. 이(сей) 나무와 저(тот) 나무, 그리고 나머지 모든 나무 또는 일반적인 모든 나무. 이것은 지시대명사 《**сей - тот - оные**》의 3항 대립 구조와도 유사합니다. 화자가 상대와 맺는 가장 가까운 접촉이 수의 선택을 제한합니다.

내가 혼자라면 하나(один)이고, 누군가와 이야기하고 있으면 우리는 둘(нас двое)이 됩니다. 두 명 이상이 되면 이미 매우 많다(очень много)가 됩니다. 세 번째, 네 번째, 그 이후의 숫자는 모두 복수 개념으로 수렴됩니다.

우리의 먼 조상들의 수에 대한 인식은 오랜 시간에 걸쳐 문법 체계 속에 자리 잡았습니다. 우리는 이미 고대러시아어에서 명사와 형용사가 단수, 쌍수, 복수를 구별했다는 점을 이야기한 바 있습니다. 복수형은 상당히 늦게 나타났습니다. 먼저 다수의 개념을 이해해야 했고, 그 후에야 이 중요한 개념이 언어라는 민중들의 공통 자산 속에 정립되었습니다.

각각의 수는 처음에는 특정한 사물의 **수량**을 의미하는 것으로 인식되었습니다. 예컨대, '두 채의 집', '일곱 마리의 황소'처럼 말입니다. 그러다가 점차 사물이나 사람과 무관하게 오직 숫자 '2'(**два**) 또는 숫자 '7'(**семь**) 등, **수** 자체로서 인식되기 시작했습니다.

고대의 숫자 개념이 얼마나 구체적이었는지는 학생들이 자주 사용하는 "Дай пять!"(손 내밀어 봐)라는 표현에서 볼 수 있습니다. 이것은 다름 아

닌 고대의 "подай пясть"(손바닥을 줘!)를 자유롭게 번역한 것으로, 즉 '손을 내밀어' 라는 뜻입니다. (손에 다섯 개의 손가락이 있으니까요). '다섯'(пять)이라는 단어는 '손바닥'(пясть)과 연결되어 있었으며, 과거에는 '손바닥의 다섯 손가락' 이라는 구체적인 뜻을 가졌습니다. 오늘날에도 손가락을 이용해 계산하는 사람들이 있지만, 고대에는 오직 이 '손가락 셈법' 만이 가능했었지요. 고대 슬라브인들은 다섯 단위(5진법)로 세었습니다. 황금빛 갈기를 가진 바보 이반의 말을 사기 위해 얼마를 지불했나요? '은전을 가득 담은 5개의 모자로 7번'(семь пять шапок серебра), 5모자씩 7번, 즉 35번이었습니다.

1130년에 작성된 한 문서에는 이와 유사한 계산 방식이 있습니다. "**полтретья десяте** — рублей." 이것은 '세 번째 10단위의 절반' 이라는 뜻으로 25를 의미합니다. 여기서는 이미 슬라브인들이 그리스인과 로마인들로부터 차용한 10진법과의 혼합이 나타납니다. 그러나 계산 방식 자체는 여전히 슬라브식으로 남아 있습니다. 즉 '30'에 도달하기까지 (5진법의 기본 단위) 다섯(пяток)이 부족하다는 개념을 사용한 것입니다.

숫자를 나타내는 단어들은 다양한 품사에서 단계적으로 만들어졌습니다. 하나, 둘, 셋, 넷(один, два, три, четыре)은 형용사였습니다. 다른 형용사들처럼 이 단어들은 함께 쓰이는 명사에 따라 성, 수, 격이 달라졌습니다: 한 집(один дом), 한 나무(одно дерево), 한 마리 소(одна корова); 두 집(два дома), 두 나무(двѣ деревѣ), 두 마리 소(двѣ коровѣ); 세 마리 말(три кони), 세 마리 소(три коровы); 네 마리 말(четыре кони), 네 마리 소(четыри коровы)처럼 말이죠.

오늘날에도 우리는 два человека(두 명), три человека(세 명), четыре человека(네 명)이라고 말하지만, 다섯부터는 пять человек(다섯 명), шесть человек(여섯 명)과 같이 다른 형태로 변합니다.

пять(다섯), шесть(여섯), семь(일곱), восемь(여덟), девять(아홉)은 명사이며, кость(뼈)와 같은 유형의 명사처럼 굴절합니다. 예컨대 пять(다섯)은 пяти(2격, 3격), пятью(5격), о пяти(6격)와 같이 곡용합니다. 이러한 단어들은 명사이기 때문에, 그 뒤에는 항상 생격 형태의 명사가 결합됩니다. 가령, 《два человека》에는 일치(согласование)의 문법적 흔적이 남아있지만, 《пять человек》에서는 지배(управление) 관계가 나타납니다. десять(열)도 명사이지만 다른 격변화 방식, 즉, время(시간)처럼 곡용하였고, десять - десяте - десяти 등과 같이 항상 고대 어미를 가지고 있었습니다.

더 복잡한 수사들의 구조는 묘사적입니다. 다음과 같은 예를 보세요.

— Рано ему в стрельцы...
("그는 군인으로 가기에는 아직 이르다...")
— Рано, конешно... шесть на десять.
("그렇지, 아직 일러... 열 위에 여섯.")

(А. Чапыгин. 《Гулящие люди》).

여기서 '열 위에 여섯'(шесть на десять)은 60이 아니라 16을 의미합니다. '열에 여섯이 더해진 것'(шесть за десятью)이므로 소년은 겨우 16살입니다. 숫자 60은 '여섯 열'(шесть десять) 즉, '여섯개의 십단위'로 표시되었습니다. 이는 현대의 숫자 표기와 유사하지만, 시간이 지나면서 일부 음절이 사라졌고, 전체 조합이 하나의 단어로 인식되게 되었습니다. 열여섯(шестнадцать)과 예순(шестьдесят)처럼 말입니다.

그런데 일부 수사들은 일반적인 논리적 숫자 체계를 깨는 듯 보입니다. 예를 들어, '이십'(два десяте), '삼십'(трие десяте), '사십'(четыре десяте), '오십'(пять десять) 등에서 갑자기 '마흔'(сорокъ)이 등장하여 기존 방식의 '사십'(четыре десяте)을 대체합니다. 어떤 이유인지는 알 수 없습니다. 왜 '자루'(мешок)를 뜻하는 단어가 갑자기 수사가 되었는지 아무도 모릅니다. 이에 대한 여러 가설이 있지만, 그중 하나는 다음과 같습니다. 과거에는 '40개의 다람쥐(또는 담비) 가죽 묶음'이 화폐처럼 사용되었으며, 이 묶음을 항상 특별한 자루(сорокъ)에 넣고 다녔습니다. 시간이 지남에 따라 이 단어가 '40'이라는 숫자의 동의어로 인식되었고, 결국 이전 방식의 '사십'(четыре десяте)을 완전히 대체하게 되었습니다.

수사들이 어떤 기원을 가지고 있든 간에, 시간이 지나면서 점점 서로 비슷해졌고, 동시에 추상적인 개념이 되어 구체적인 사물과는 연관성을 잃게 되었습니다.

숫자를 문자대신 기호(숫자)로 나타내기 시작하면서, 수사들은 다른 단어들과 더욱 연관성이 약해졌습니다. 숫자(цифра)는 가장 기호적인 표현 방식이며, 따라서 가장 추상적인 수(數)의 표기법입니다. 1, 2, 3과 같은 숫자는 매우 조건적이면서도 추상적인 수의 표현 방식입니다. 그러나 이 변화는 상당히 늦게 일어났습니다. 오랫동안 슬라브인들은 수를 표현할 때 숫자(цифра)를 사용하지 않고 글자(буква)로 나타냈습니다: А는 1, В는 2, Г는 3, Д는 4, Е는 5... (Б는 숫자로서 의미가 없음).

다시 고대로, 문자 이전 시대로 돌아가 봅시다. 당시에는 수사가 독립된 품사로 존재하지 않았습니다. 대신 수를 세는 이름(счетные имена)들이 있었습니다: 하나(один), 둘(два), 셋(три)... 백(сто)처럼 말입니다. 백(сто)이라는 숫자는 엄청나게 많은 것을 의미했습니다. 한 마을의 주민보다 많았고, 대공의 친위대(княжеская дружина) 병사들보다 많은 수였습니다. 아주 큰 숫자였지요!

만약 더 큰 수량을 표시해야 한다면 어떻게 했을까요? 그런 경우 고대 슬라브인들은 묘사적인 단어나 은유를 사용했습니다.

천(тысяча)은 당연히 큰 수를 나타내는 다른 단어들보다 먼저 등장했습니다. 학자들은 이 단어를 다양한 고대 어원과 연관시키며, 천(тысяча)

은 '큰 백'(сотня)이나 '강한 백'(сильная сотня)을 의미했을 수 있다고 합니다. 말하자면 천(тысяча)은 가능한 최대치를 나타내는 단어였습니다.

숫자 **만**(10,000)을 나타내야 할 때는 '**тьма**'(어둠)이라는 단어를 사용했습니다. 이 단어 자체는 무한함을 느끼게 합니다. 그 후, 수의 규모가 더 커지자 슬라브인들은 곤란을 겪었고, 필요할 때는 그리스인들로부터 **레기온**(легион, 십만)과 **레오드르**(леодр, 백만)이라는 단어를 빌려왔습니다. 단어만 그대로 빌려온 것일 뿐, 그 의미는 가져오지 않았습니다. 사실 **레기온**(легион)은 라틴어로 '군단'을 의미했으며, 이는 약 6,000명의 현대 보병 사단과 같은 규모를 뜻했습니다. 시간이 흐르면서, **천만, 억, 십억** 등을 나타내는 단어들이 필요하게 되었고, 이 숫자들을 표현하기 위해 무한함을 의미하는 적절한 대체어들을 찾아냈습니다. 예를 들어, **천만**은 '**ворон**'(까마귀, 영원한 새)로, **1억**은 '**колода**'(гроб, 관)으로 표현했습니다. 그렇다면 '**колода**'(棺, 1억)보다 더 큰 것은 무엇일까요? 끝없는 영원(永遠)입니다.

흥미로운 점은, 새로운 숫자의 개념이 도입될 때마다, 고대의 우리 조상들은 이 숫자가 진정한 마지막 숫자일 것이며, 그 뒤에는 더 이상 아무것도 없기를 바랐다는 것입니다. 숫자의 세계는 그들에게 마치 주변의 모든 것이 그러하듯이 제한적이고 유한(有限)한 것이었습니다. 고대인은 항상 숫자의 추상적인 개념을 어떤 구체적이고 실재하는 것에 빗대어 상상했습니다. 아무리 큰 수(數)라 할지라도 여전히 구체적이고 실제적인 것이었습니다. 숫자는 존재했지만, 아직 수사(數詞)라는 개념은 없었습니다. 현실 세계로부터 완전히 추상화된 수준에 도달하지 못했기 때문에 독립적인 문법적 범주를 만들 권리가 아직 없었던 것입니다.

그렇지만 일상생활에서 필요하지 않은 큰 숫자의 부족을 보완하듯이, 우리의 조상들은 적은 규모의 계산의 정확성도 매우 신중하게 따졌습니다. 그들은 숫자 명칭을 거의 사용하지 않고, 문법적인 방식으로 표현할 수 있었습니다. 블라디미르 모노마흐(Владимир Мономах)는 1101년에 자신이 참여했던 사냥에 대해 다음과 같이 묘사하고 있습니다.

Ималъ есмь своима рукама тѣ же кони дикиѣ. Тура мя два метала на розѣхъ и съ конемь. Олень мя одинъ болъ, а двѣ лоси — одинъ ногами топталъ, а другый рогома болъ.

Хватал я своими руками (2) тех диких коней (много). Тура (2) меня два метали на рогах (многих) вместе с конем. Олень (1) меня один бодал, и два лося (2) — один ногами (многими) топтал, а другой рогами (2) бодал.
(내 손으로 그 야생마들을 붙잡았다. 두 마리의 투르(들소)가 나를 뿔로 들어 올려 말과 함께 내동댕이쳤다. 사슴이 나를 한 번 들이받았고, 두 마리의 큰 순록이 나를 짓밟았는데 — 한 마리는 나를 발로 밟았고, 다른 하나는 뿔로 받았다.)

키예프 공후가 그의 몸을 스쳤던 뿔과 발굽의 개수를 얼마나 꼼꼼하게 계산했는지 보십시오! 그가 자신의 고난을 찬양하기 위함이 아니라 그렇게 묘사할 수밖에 없었던 것입니다. 그는 두 마리의 들소(тур)가 네 개의 뿔(рога)을 가지고 있다는 것, 그리고 순록이 두 개의 뿔(рога)과 네 개의 다리(ноги)를 가지고 있다는 것을 반드시 지적해야 했습니다. 즉, 하나는 **쌍수**, 다른 하나는 복수가 사용된 것 입니다.

그는 "ималъ есмь **своими руками**"(내 손들로 붙잡았다)라고 복수형으로 말할 수 없었을 것입니다. 그렇게 말했다가는 사람들의 조롱거리가 되었을 것입니다! 공작은 여러 개의 손을 가지고 있는 것이 아니라 오직 두 개의 손이 있었으므로, 두 손에 대해 **쌍수**가 아닌 복수를 쓰는 것은 허용되지 않았던 것입니다.

문법은 일단 주변 현실 세계의 현상을 일반화하고 그것을 추상화하여 공동의 자산으로 만든 후에는, 인간의 사고가 한층 더 발달했다 하더라도 자신의 모델을 고수하려고 합니다. 그리고 바로 그때 그 모델은 고정된 틀(штамп)로 자리 잡게 됩니다. 11~12세기 무렵 동슬라브인들의 수(數)에 대한 관념은 기존의 낡은 문법의 한계를 넘어서게 되었습니다. 슬라브인들은 이미 수량과 수를 구체적인 대상에서 분리된 추상적인 것으로 인식하게 됩니다. 그들은 단수성과 복수성을 대립시켰고, 그 결과 쌍수는 불필요한 것이 되어 버렸습니다.

12세기부터 점차 쌍수는 문헌에서 점점 드물게 사용되기 시작했습니다. 처음에는 대명사에서, 그다음에는 동사에서, 그리고 마침내 명사에서도 쌍수를 나타내는 특정 형태가 사라지기 시작했습니다. 필사자와 저자들은 쌍수와 복수의 형태를 혼동하기 시작했고, **двѣ лоси**(두 마리의 큰사슴), **двѣ рогома**(두 개의 뿔), **двѣ руками**(두 개의 손)과 같이 낯설거나 거의 잊혀진 쌍수형 어미를 보며 당혹스러워했습니다.

이러한 형태들이 모두 흔적 없이 사라진 것은 아닙니다. 일부는 여전히 남아있지만, 이제는 복수의 의미로 사용되거나 그 의미가 완전히 변했습니다. 우리는 이미 그러한 사례 중 하나를 보았습니다. '두 마리의 투르' (два тура)는 한때 **쌍수**의 의미를 전달했지만, 여전히 보존되어 이제는 다른 의미를 갖게 되었습니다. 예전에는 'два тура'(쌍수 주격)은 일치 (согласование) 관계였지만, 이제 'два тура'(단수 생격)는 지배 (управление) 관계가 되었습니다. 다음은 도스토옙스키의 소설에서 나온 예시입니다.

Лиза: зачем вы становитесь на колени?

(리자: 왜 무릎을 꿇고 계시는가요?)

Степан Трофимович: становлюсь на **колена** пред всем, что было прекрасно в моей жизни, лобызаю и благодарю!

(스테판 트로피모비치: 내 삶에서 아름다웠던 모든 것 앞에 무릎을 꿇고, 경배하며 감사드립니다!)

이상하고 엄숙하게 보일 수도 있겠으나 《на колена》라는 표현은 원래 복수 형태이며, 다른 중성명사들도 동일한 복수 어미를 갖고 있습니다. 예) села(마을들), седла(안장들).

반면 《колени》는 **쌍수형** 《колѣнѣ》가 음운적으로 변형된 형태입니다. 바로 이 형태가 현재는 복수형으로 사용되고 있습니다. 사람의 무릎은 두 개(два колена)이므로, 이 경우 복수성은 '쌍수성'으로 제한받습니다. 쌍수와 복수 간의 대립이 사라진 순간 колена(복수)가 아닌 колѣнѣ(쌍수) 형태가 선택될 충분한 근거가 있습니다. 그리고 이것은 예외적인 경우가 아닙니다. 쌍을 이루고 있는 모든 사물들의 명칭은 원칙적으로 복수형이 아닌 쌍수형의 형태를 유지하게 된 것입니다.

로모노소프(М. В. Ломоносов)는 자신이 살던 시대에는 берега(강둑), рога(뿔), глаза(눈)과 같은 명사에서 '-а'가 복수형 어미로 사용되었다고 지적했는데, 사실 이것은 쌍수형 어미였습니다. 19세기부터 비로소 города(도시들), учителя(선생님들) 같은 명사의 복수형으로 확산되었습니다.

이러한 예들을 보면서, 우리는 언어의 역사를 고찰할 수 있는 보편적인 현상과 다시 마주하게 됩니다. 즉, 새로운 언어 규범에 부합하지 않는 변형이 오래된 '고어'로 인식되는 것입니다.

《колена》는 복수형으로서는 올바른 형태이지만, 문학어에서는 올바른 규범이 아닙니다. 오히려 예전의 쌍수 형태가 표준적 규범이 되었습니다. 오래된 변형은 시간이 지나면서 언어에서 완전히 사라질 수도 있습니다. 실제로 이 형태는 언어에서 거의 사라졌지만, 여전히 어떤 특별한 목적을 위해 구어(또는 문학 작품 등)에서 사용되기도 합니다.

쌍수가 사라진 것이 얼마나 큰 의미를 갖는지 상상하기조차 어렵습니다. 문법적 단어 유형들이 모두 단수형과 복수형의 명확한 대립 구조를 갖게 되었으며, 많은 불필요한 어미들이 다수 사라지고, 문법적 차이가 실제 세계의 차이와 부합하게 되었습니다. 예컨대, '하나와 둘'의 대립 또는 '하니와 셋'의 개별적인 내립은 수사와 결합하여 표현할 수 있었습니다. 예컨대, 여러 마리의 소(много коров)는 두 마리 소(две коровы), 세 마리 소(три коровы), 네 마리 소(четыре коровы)와 같이 구체적으로 명시할 수 있습니다. 이러한 변화는 즉각적으로 수사(數詞)의 역사에도 영향을 미쳤습니다. 우선, 수사는 점차적으로 모든 명사들에 결합될 때 요구되는 의무를 차례차례 벗어 던졌고, 결과적으로 그들은 독립된 수사가 될 수 있었습니다. 즉 수사들은 과거에는 성에 따라 곡용 했지만 이제 그런 구별을 멈추게 되었습니다.

과거와 달리 пять(다섯)은 더 이상 여성형이 아니며, десять(열)도 더 이상 중성형이 아닙니다. три(셋)과 четыре(넷)은 특히 문법적으로 서로 다른 어미를 가졌습니다. 《трие, четыре》는 남성형이고, 《три, четыри》는 여성형 및 중성형입니다. 《один》과 《два》는 여전히 성에 따른 구분이 유지되었는데, 언어에서 어떤 필요로 인해 이런 구별이 요구되었기 때문입니다. 예) один (남성) — одна(여성) — одно(중성); два(남성, 중성) — две(여성). 그러나 오늘날에는, 특히 구어체에서는 'один'(하나) 대신 'раз'(한번)을 더 자주 사용합니다. 심지어 숫자 세기도 《раз, два, три…》(하나, 둘, 셋…) 이렇게 시작합니다. 《раз》는 대부분의 다른 수사들과 마찬가지로 성에 따라 변하지 않습니다. 또한 《раз》는 수를 세기에 아주 편리한 단어로서, 점차적으로 один(하나)를 밀어내고 있습니다.

수사에서 성의 범주가 사라지는 이유는, 이러한 수사들이 점점 더 추상적인 개념이 되어가고, 명사로서 가장 중요한 속성이라 할 수 있는 구체성(대상성)의 의미를 갖지 않기 때문입니다.

이와 동시에 수사들은 수(число)에 따른 구분도 멈추게 됩니다. 어떤 의미에서는 이미 예전부터 그러했습니다. два(둘)은 오직 쌍수에서, три(셋)과 четыре(넷)은 오직 복수에서만 사용되었습니다. 수사는 이제 수의 범주를 잃어버렸는데, 이는 본래 수사가 그 자체로서 '수'라는 가장 일반적인 개념, 즉 숫자 전체(числа вобще)를 나타내기 때문입니다.

우리는 명사(имя)의 가장 중요한 특징이 바로 성과 수의 대립임을 기억해야 합니다. 역사의 갈림길에서, 수사들은 이러한 특징들을 점차 상실하였고, 결과적으로 다른 모든 명사들로 부터 완전히 분리되었습니다. 그리하여 그들은 수사라는 독립된 품사가 되었습니다. 이 과정은 점진적으로 진행되었으며, 약간의 희생과 손실을 겪었지만 결국 확립되었습니다. 로모노소프(М. В. Ломоносов)는 이미 18세기 중반에 최초로, 자신의 문법서에서 수사를 특별한 품사로 규정하였습니다. 그렇게 수사는 온전히 수사가 되었습니다.

단어를 구분하는
소리에 대하여

О ЗВУКАХ, КОТОРЫЕ РАЗЛИЧАЮТ СЛОВА

스트루가츠키 형제의 공상과학 소설 『Обитаемый остров (거주가능한 섬)』에는 다음과 같은 에피소드가 나옵니다. 미지의 행성에 도착한 젊은 우주비행사는 극적인 상황 속에서 두 명의 원주민과 조우합니다. 그는 총구 앞에서 자신이 이곳에 온 경위를 설명하려고 애씁니다.

— Максим! — продолжал Максим, тыча себя в грудь, — Максим! меня зовут Максим! — для большей убедительности он ударил себя в грудь, как разъяренная горилла. — Максим!

— Maxx-ссим! — рявкнул рыжебородый со странным акцентом. Не спуская глаз с Максима, он выпустил через плечо серию громыхающих и лязгающих звуков, в которых несколько раз повторилось слово Махсим, в ответ на что невидимая унылая личность принялась издавать жуткие тоскливые фонемы. Голубые глаза рыжебородого выкатились, раскрылась желтозубая пасть, и он загоготал...》

"막심!" 막심은 가슴을 가리키며 계속 말했다. "막심! 내 이름은 막심이야!" 더 큰 확신을 주기 위해 그는 화가 난 고릴라처럼 가슴을 쳤.

"막심! 마흐-심! (Maxx-ссим!)" 이상한 억양으로 붉은 수염의 남자가 소리 쳤다.

막심에게서 눈을 떼지 않은 채, 그는 어깨 너머로 시끄러운 쇳소리를 연신 내뱉았는데, 그 속에는 여러 차례 '마흐심'이란 단어가 반복되었다. 이에 눈에 띄지 않는 음울한 존재가 그에게 대답하듯 끔찍하고 애처로운 소리를 내기 시작했다. 붉은 수염의 남자는 눈이 휘둥그레졌고, 누런 이빨이 드러난 입을 활짝 벌린 채 크게 웃어 댔다...

이 외계 생명체와 만남에 대한 생생한 묘사에서 우리가 주목할 것은 오직 하나입니다. 우리를 흥미롭게 하는 것은 여기서 의식 있는 존재들의 발화를 묘사하기 위해 어떤 표현이 사용되었는가입니다.

... 이상한 **악센트로**(акцент)으로 소리쳤다...

... 일련의 **소리**(звук)를 냈다 ..

... 섬뜩하고 구슬픈 **소리**(фонема)를 냈다...

    첫 번째 강조된 단어의 일반적인 의미는 여러분도 잘 알고 있을 것입니다. 외국어를 잘 모를 때, 우리는 종종 자신에게 익숙한 모국어 단어의 모델에 따라 발음하게 됩니다. 예를 들어, 독일어 단어 《durch》나 《ich》의 마지막 자음은 단순히 러시아어 소리 /x/가 아닙니다. 또한 영어 단어 《that》이나 《the》의 첫 자음도 여러분이 가끔 모델로 삼는 러시아어의 《зе》나 《де》처럼 발음하지 않습니다. 이 낯선 소리를 발음하는 것이 어렵기 때문에, 여러분은 매번 자신에게 편리한 대체음을 찾게 됩니다. 즉, 외국어 단어들을 러시아 악센트로 발음하게 되는 것입니다.

    그러므로 인용된 소설에서 'акцент'(악센트)이라는 단어는 올바르게 사용된 것입니다. 붉은 수염의 남자는 러시아어를 알지 못했고, 그래서 우주비행사 막심의 이름을 자신만의 방식으로 바꾸어 'Махх-ссим'(마흐심)이라고 발음했습니다. 그의 언어에는 모든 마찰음이 길게 발음되거나, 아예 존재하지 않았을 것입니다. 매우 특이한 언어지만, 우주여행 중에는 어떤 일이든 일어날 수 있으므로, 그렇다고 칩시다.

    다음으로 《Выпустил... серию... звуков》(일련의 소리를 냈다)는 충분히 이해가 가고 적절한 표현입니다. 낯선 언어로 된 말을 들을 때의 인상은 마치 일련의 소리가 당신에게 쏟아지고, 당신은 가만히 서서 그저 고개만 젓게 되는 것입니다. 아무것도 이해할 수 없지요. 아마도 우리에게 필요한 단어는 'ничего не понять'(아무것도 이해하지 못하다)일 것입니다.

감수성이 예민한 사람에게 세상은 색, 냄새, 그리고 소리로 이루어져 있습니다. 시냇물이 졸졸 흐르고, 새들이 노래하고, 차가 부르릉 소리를 내고, 들판에서는 송아지가 울부짖습니다... 이 모든 것이 **소리**입니다. 수탉의 울음소리도, 여러분이 수업 시간에 대답하는 것도 소리입니다. 하지만 이 소리들은 서로 다릅니다.

수업 시간에 여러분은 날개를 퍼덕이며, 천장을 바라보며 눈알을 굴리진 않지요. 여러분은 말을 합니다. 여러분이 내는 소리들은 말소리이며, 수탉의 울음소리와는 다릅니다. 그 소리들은 단순히 들리는 것이 아니라, 특정한 의미가 담겨 있습니다. 우리는 때때로 닭의 울음소리에도 어떤 의미를 부여하며, '닭의 언어'를 의인화하기도 합니다. 예를 들어, 우리는 암탉을 놀리며 "Куд-куд-да?"(어, 어, 어디로?)라고 말하지요.[27] 그러나 이것은 놀란 암탉의 울음을 매우 자유롭게 해석한 것에 불과합니다. 소리, 냄새, 색을 관찰하는 데 뛰어난 작가 미하일 프리슈빈(M. Пришвин)은 이렇게 말한 적이 있습니다. "수탉의 울음소리에는 수백 가지의 다양한 문장이 담길 수 있다." 중요한 것은 이 울음소리를 우리가 이해하지 못한다는 것입니다.

그러므로 인간의 언어에서 중요한 것은 단순한 소리가 아니라 단어를 구별하는 소리, 즉 의미를 가진 소리입니다. 이러한 소리를 언어학자들은 '**фонема**'(음소)라는 전문 용어로 부릅니다. 그리스어에서 유래한 이 용어는 '소리'를 의미하지만, 단순한 소리가 아니라 단어를 구별하는 데 사

---

[27] 닭의 울음소리가 러시아어 의문사 Куда(어디로?)와 유사한 데서 비롯된 언어유희. (역자 주)

용되는 특별한 소리를 의미합니다.

여러분은 소리를 발음하면서 실수를 할 수 있습니다. 예를 들어, /o/(오)라는 소리를 비음으로 발음하거나 입술을 오므려서 발음할 수도 있습니다. 하지만 입술을 지나치게 앞으로 내밀면 /o/(오)가 아닌 /y/(우)가 되어 'дом'(집)이라는 단어 대신 'дум'(생각)을 발음하게 됩니다. 이렇게 하면 단어의 의미가 바뀌게 됩니다. 이런 실수는 오해를 불러일으킬 수 있으므로 피해야 합니다. 항상 단순한 소리(звук)와 의미를 구별하는 소리인 음소(фонема) 사이의 경계를 찾을 수 있습니다.

그렇다면 막심은 "외계인이 음산하고 애처로운 음소(фонема)를 냈다"고 말할 수 있을까요? 음산하고 애처로운 소리일 수는 있지만 그것은 '음소'가 아니라 단순한 소리입니다. 막심이 아직 그들의 언어를 이해하지 못하는 한, 그는 단지 '연속적인 소리'만을 인식할 수 있을 뿐입니다. 그의 뇌는 이 소리의 연속체를 의미있는 텍스트로 처리하지 못합니다. 이러한 소리는 아직 단어를 구별하는 기능을 하지 않기 때문에 막심은 그것들을 음소라고 부를 권리가 없습니다. 오직 원주민들에게만 이러한 음산한 소리가 음소(фонема)로 작용했을 것입니다.

앞으로 우리는 소리(звук)와 음소(фонема)를 구분할 것입니다. 이들은 서로 밀접하게 연결되어 있으며, 서로가 없이는 존재할 수 없습니다. 음소는 항상 소리로 구현되기 때문입니다.

그렇다면, 음소는 오직 소리로만 구현될까요? 그렇지 않습니다. 이것은 음성언어에서만 그렇습니다. 글에서는 음소가 문자로 표시됩니다.

예를 들어, 'сом'(메기)과 'сам'(자신)을 구분하는 모음 소리는 무엇입니까? [o]와 [a]입니다. 따라서 이것은 단순한 소리가 아니며, 단어의 의미를 구별하는 소리, 즉 음소입니다. 언어학자들은 소리 [a]와 [o]가 음소의 지위에 있다고 말합니다. 문어에서는 이 소리들이 글자 'a'와 'o'로 표시됩니다. 하지만 글자가 항상 소리와 정확히 대응하는 것은 아닙니다.

다음과 같이 강세가 있는 경우와 없는 경우의 모음 발음을 비교해 보겠습니다.

с**а**м [sam] - 'a'로 쓰고 [a]로 발음

с**а**ма [samá] - 'a'로 쓰고 [a]로 발음

с**о**м [som] - 'o'로 쓰고 [o]로 발음

с**о**ма [samá] - 'o'로 쓰고 [a]로 발음

마지막 예시에서 복잡한 상황이 발생합니다. 'coma'와 'cama'의 발음이 모두 [samá]로 동일하며, [a]는 여기서 음소 /o/ 와 /a/ 모두의 '공통 소리'로 기능합니다. 왜냐하면, 러시아어에서는 /o/가 강세를 받지 못하는 경우 [o]로 발음되지 않기 때문입니다.

이처럼 강세, 또는 단어 내 위치, 또는 주변의 모음 및 자음에 따라 달라지는 모음의 입지를 '위치'(позиция)라고 합니다.

만약 우리가 다시 한번 모음의 위치를 변경한다면, 그 발음도 다시 변할 것입니다. 예를 들어, 강세 음절로부터 두 번째 떨어진 음절에 위치한 비강세 모음의 /a/는 [ы]와 [a]의 중간 정도의 짧은소리로 발음되며, 이를 음성기호 [ъ]로 표기합니다. 예) самогó [съмавó]

동일한 음소(фонема) /a/는 여러 소리로 구현됩니다. 강세가 있을 때는 [á]로 발음되고, 강세가 없을 때는 [a] 또는 [ъ]로 발음돼importantly.

단어 «самого» 라는 단어를 올바르게 쓰기 위해서는 어근의 모음을 강세가 있는 상태로 바꾸어 확인해야 합니다. 예를 들어 [cám] — 이렇게 확인하면 여러분은 자신 있게 어근에 철자 'a'를 쓸 수 있습니다.

우리가 모음의 철자에 강세가 있는지 확인하는 이유는 러시아어 모음들이 강세가 있는 위치에서 가장 명확하게 구별되기 때문입니다. 다음을 비교해 보십시오.

тá — тó — тý — тé — ты́

áм — óм — ýм — э́м — и́м

각 행에서 단어들은 단 하나의 모음으로만 구별됩니다. 여기에 다섯 개의 모음 음소가 있습니다. 이것은 러시아어 모음들이 갖는 강한 위치(강세 위치)입니다.

강세가 없는 위치에서는 모음이 덜 구별됩니다. 예컨대, 앞서 확인한 것처럼 /a/와 /o/가 구별되지 않는 것은 이 모음들이 강세가 없는 약한 위치(비강세 위치)에 있기 때문입니다.

자음에도 강위치와 약위치가 있습니다. 예를 들어, 모음 앞에서는 무성음과 유성음을 구별할 수 있습니다. 《коза》와 《коса》는 각각 하나의 소리로 구분됩니다. 첫 번째 단어에는 음소 /з/가, 두 번째 단어에서는 음소 /с/가 있습니다. 이것은 강한 위치입니다.

그러나 단어의 끝에서는 오직 무성음만 가능합니다. 위의 두 단어의 복수 생격형 《коз》와 《кос》에서 동일하게 같은 소리 [кос]로 발음됩니다. 이것은 약한 위치입니다.

러시아어 철자법의 기본 원칙은 약한 위치의 소리도 강한 위치의 소리와 동일한 철자(буква)로 표기한다는 것입니다. 이 덕분에 단어의 유의미한 성분(즉, 어근, 접두사, 접미사, 어미)은 발음과 상관없이 항상 동일하게 표기됩니다. 예를 들어, 어근 *вод-는 항상 《вод》로 쓰지만, 발음은 다양하게 변화합니다. 예컨대 《во́ды》에서는 [вод]로 발음되고, 《води́чка》에서는 [вад']로, 《водово́з》에서는 [въд]로 발음되고, 《во́д》에서는 [вот]로 발음됩니다.

그렇다면 이런 일관성이 필요한 것일까요? 당연히 그렇습니다! 이 원칙 덕분에 우리는 문어 텍스트를 더 빠르고 쉽게 이해할 수 있습니다. '읽는'

짓과 '이해하는' 것은 다릅니다. 능숙한 사람은 분당 천 개의 단어를 눈으로 훑고도 내용을 완벽히 이해할 수 있습니다. 그렇다면 그런 빠른 속도로 이발소 간판을 읽어보세요.

сдесь пьявки! стригут и бреют! и дамские головы убирают! и рашки! (Я. Бутков. 『Темный человек』)
여기서 거머리 치료법 시행! 이발과 면도합니다! 숙녀 머리합니다! 양머리도 합니다!

읽기가 매우 어렵지 않습니까? 언어는 변했지만, 철자법은 그대로 남아서 항상 변화보다 조금씩 뒤쳐집니다. 단어 《рожки》는 원래 [рожк'и́]로 발음되었지만 지금은 [рашк'и́]로 발음되며, 쓰기는 여전히 《рожки》로 씁니다. 우리는 [з'д'ес']라고 발음하지만, 위의 공지문에서는 여전히 《сдесь》라는 고어 형태를 볼 수 있습니다.

우리는 각각의 단어를 제각기 다르게 발음할 수 있습니다. 어떤 사람은 혀짧은 소리를 내고, 어떤 이는 [р] 발음을 굴리지 못하며, 또 어떤 이는 다른 발음상의 결함이 있을 수 있습니다. 그렇다고 이 모든 것을 글자에 반영해야 할까요? 우리 각자가 고유한 방식으로 발음하는 단어의 소리를 글자에 맞춰 기록하고, 수 세기에 걸쳐 발생한 모든 변화를 반영하면서 서로를 이해할 수 있다면 얼마나 좋겠습니까!

이처럼 글자와 소리는 매우 복잡하게 연결되어 있습니다. 그렇다면 소리(звук), 글자(буква), 음소(фонема)의 세 가지 요소는 서로 어떤 관계일까요? 문맹이 아닌 사람이 첫 번째 단계에서 가장 쉽게 인식할 수 있는 것은 당연히 글자입니다. 글자는 구체적이고 분명한 것이며, 하나의 글자는 다른 글자와 명확히 구분되므로 혼동할 수 없습니다. 우리의 의식 속에서 이것은 선명하고 분명합니다. 말하자면, A라는 글자처럼 말이죠.

두 번째 단계에서 인식되는 것은 소리(звук)입니다. 이것은 다소 모호하고 흐릿하며, 상상의 안개 속에서 살짝 피어오르는 발음, 예컨대 [a] 같은 소리입니다. 물론 우리는 글자와 소리가 연결되어 있다는 것을 알고 있지만, 시각적인 인상이 청각적인 인상보다 더 강하고, 같은 소리라 해도 각자가 저마다 소리를 다르게 발음하므로 완전히 같은 방식으로 소리를 내는 사람은 없습니다. 즉, 글자가 소리보다 더 명확하게 느껴집니다. 그래서 일상에서도 모든 것을 명확하게 해 주는 글자에 대해서 더 자주 이야기하는 것입니다.

어떤 인물이 '한 글자 한 글자 또렷하게 발음' 하면서 러시아어로 말했습니다. 마치 자신의 생각을 표현하는 것이 아니라 단순히 적힌 글을 읽고 있는 것처럼 보입니다. 소설가에게 글자는 기록된 소리이며, 소리 그 자체입니다.

그러나 음소는 더 복잡합니다. 음소는 말하자면, 세 번째 단계에서 인식됩니다. 이것은 마치 안개 속의 점선이 아니라 안개 그 자체이며, 쉽게 구별되지 않는 하얀 점과 같습니다. 글자는 눈으로 볼 수가 있습니다. 소리는 분명하지는 않지만, 들을 수가 있습니다. 그렇다면 음소는요? 음소는 볼 수도 없고, 듣기도 어렵습니다. 음소는 때로는 한 소리로, 때로는 다른 소리로, 어떤 때는 기존의 소리들과는 전혀 다른 소리로 구현됩니다. 글자와 소리와 음소의 중요도는 발화 속에서 이들을 우리가 인식하는 것과는 완전히 반대입니다. 가장 중요한 것은 음소입니다. 음소는 다른 단어와 단어의 일부를 구별하는 데 도움을 줍니다. 그러나 음소(фонема)는 그 자체로는 존재하지 않고, 항상 소리(звуки)로 구현되며, 이러한 소리는 다시 텍스트에서 특정한 글자(буквы)들로 전달되는 것입니다. 개별 단위의 중요도는 '눈에 띄는 정도'와 반비례합니다. 중요한 것일수록 눈에 덜 띄는 것이지요.

과거를 돌아보면, 사람들이 음소(фонема), 소리(звук), 글자(буква) 간의 복잡한 관계를 어떤 식으로 점차 인식하게 되었는지 추적할 수 있습니다. 처음에 학자들은 글자의 용도를 먼저 이해했고, 그 후에 글자와 소리를 구별하기 시작했습니다(이 단계는 여러분의 학교 교과서에도 반영되어 있습니다). 마지막으로 단어를 구별할 수 있는 소리, 즉 음소를 구분하게 되었습니다. 그리고 오늘날에는 한 음소를 다른 음소와 구별할 수 있게 하는 기본적인 특징들에 대해서도 논의합니다. 이 과정은 물리학자들이 겪은 여정과 유사합니다. 처음에 물질(вещество)을 분자(молекулы)로 나누었고, 그 다음에 원자(атомы)를 발견했으며, 이제는 원자를 구성하는 기본 입자를 연구하는 것이죠.

소리가 어떻게, 그리고 왜 변하는가에 대하여

О ТОМ, КАК И ЗАЧЕМ ИЗМЕНЯЮТСЯ ЗВУКИ

소리는 변하면서도, 전혀 변하지 않기도 합니다. 800년 전 《дети》라는 단어가 좁고 약간 긴장된 [е] 소리로 발음되었듯이 지금도 두 개의 연자음 사이에서 [д'е́т'и]로 발음되며, 약간 [и]와 비슷한 소리가 되어 [д'ᵘе́ᵘт'и] 처럼 들립니다.

그래도 아마 소리는 여전히 변한다고 할 수 있겠지요? 예컨대, 단어 《детки》의 모음은, 과거에는 동일 어근의 단어 《дети》의 모음과 동일하게 발음되었지만, 지금은 [д'э́тк'и]로 발음됩니다. 이 단어(детки)의 모음은 낮고 전혀 긴장되지 않은 [э]로 발음되며, 이 발음은 경자음 앞에서 자주 나타납니다. 노래 부르듯 빌음하면 심지어 [д⁽ᵉ⁾э́тк'и]로 늘리는데, [и]에서 [э]로 서서히 전환되는 모음을 들을 수 있죠. 연자음 [д'] 바로 뒤에 [э]를 발음하기 어렵기 때문에, 필연적으로 [и] 또는 [e] 같은 소리가 삽입되어, 이 전환을 부드럽고, '눈에 띄지 않게' 만듭니다.

잠시만요! '눈에 띄지 않게' 라는 단어에 주목해 봅시다. 손을 가슴에 얹고 솔직히 말해봅시다. 여러분은 (눈에 띄지 않는) 이런 소리의 전환(한 소리가 다른 소리로 변하는 과정)을 다 듣고 있다고 자신할 수 있나요? [⁽ᵉ⁾e] 또는 [⁽ᵉ⁾э] 같은 소리의 차이를 구별할 수 있나요? 아마도 매우 천천히 발음하면서 자신의 발음을 유심히 들어보고, 동시에 혀가 입안에서 점진적으로 어떻게 이동하는지를 관찰해야만 가능할 것입니다. 단어 《детки》 [д'э́тк'и]에서 혀는 자연스럽게 내려가지만, 끝까지 내려가지 않고, 다음 [т]를 발음하기 위해 모음 [э] 발음을 급하게 끊어야 합니다.

여기에 중요한 본질이 있습니다. 발음하면서 동시에 들어보고, 충분한 훈련을 통해 여러분은 이러한 소리들의 차이를 감지할 수 있을 것입니다. 그런데 단순히 듣기만 하는 경우, 예컨대 다른 사람의 말을 들을 경우 이러한 차이를 제대로 인식하지 못할 것입니다. 결론적으로 여러분에게 이러한 소리들은 아무런 '차이'(различие)가 없는 것처럼 들릴 것입니다. 우리가 논의를 위해 여기서 주목해야 할 또 하나의 중요한 단어가 바로 '차이' 입니다.

두 소리의 차이를 인식할 수 있을 경우에만 비로소 우리는 서로 다른 두 개의 음소(фонема)가 존재한다고 추정할 수 있습니다. 그러나 그 차이를 감지하지 못한다면, 그것은 같은 음소의 두 가지 변이형일 뿐입니다. 예를 들어,《дети》와《детки》라는 단어에서 나타나는 두 개의 [e] 소리의 차이를 듣지 못한다면, 이 [e] 소리들은 같은 음소의 다양한 변이형인 것입니다. 반면,《дудки》라는 단어의 [y]는《детки》라는 단어와 비교했을 때 명확히 구분됩니다. [дýтк'и] - [д'éтк'и]. 두 단어가 서로 혼동되지 않는 것은 [e]와 [y]가 음소로서 단어를 구분하는 역할을 하기 때문입니다.

언어가 발달하면서 변하는 것은 소리(звук)가 아닌 음소(фонема)입니다. 왜냐하면 소리가 아닌 음소가 언어의 기본 단위이기 때문입니다. 이것을 현대 러시아 방언의 예로 설명해 보겠습니다. 방언은 우리의 문학어와 마찬가지로 러시아어의 살아있는 변형태이며, 소리로 존재하는 언어입니다. 동시에, 방언은 러시아어의 더 오래된 단계에 속하며, 오래전 러시아어 방언이 발음되던 방식 그대로 발화됩니다.

우리 방언에서는 연자음 뒤에 [a] 대신 문어체 [e]와 비슷한 소리가 들립니다. 자신의 학문적 필요를 위해 방언을 기록하는 방언학자는 왜《**пять** пальцев》라 하지 않고《**петь** пальцев》로 발음하는지, 왜 [a]가 아니라 [e] 인지 의아해합니다.

방언학자는 방금《**петь** пальцев》라고 말한 노인에게 물어봅니다. 정확하게 발음하면《**петь** пальцев》인가요,《**пять** пальцев》인가요? 그러자 노인은 이렇게 대답합니다. "Поют только в церкви, а пальцев..." (노래는 교회에서나 하는 것이고, 손가락은...)

이 부분을 기록하기 위해서 음성학적 **전사법**(транскрипция)을 사용해야 합니다: 그렇지 않으면 답변의 본질이 명확하지 않게 됩니다. 《... а пальцев пять [п'еᵃт']》이것이 의미하는 바가 무엇일까요?

이는 러시아 방언을 사용하는 노인과 문학어를 구사하는 학자가 두 단어 'пять'(다섯)와 'петь'(노래하다)라는 단어를 서로 구별하고 있다는 뜻입니다. 각자에게 이 두 단어는 서로 다른 의미의 단어들이지만, 그들은 어떻게든 서로를 이해하긴 합니다. 소통에 사용되는 언어가 동일한 언어니까요. 그렇다면 대체 무엇이 그들의 소통을 방해할까요? 사소한 차이입니다. 노인과 방언학자가 이 두 단어를 구별하는 방식이 다릅니다. 즉, 같은 단어를 서로 다른 음소들(фонемы)을 사용하여 구별하고 있습니다.

우리와 마찬가지로 학자는 두 개의 다른 모음 [e]와 [a]로 이 단어들을 구분합니다. 노인도 두 단어들을 모음으로 구분하긴 하지만, 다른 방식으로 합니다. 즉, 단어 《петь》에서는 [e]로, 단어 《пять》에서는 [ea]로 구분합니다. 이는 문학어의 [a]와 다르며, [a]와 매우 비슷한 [e]입니다. 이 소리는 음성기호에서 두 글자의 결합형 a+e = æ 로 표기됩니다.

과거에는 모든 러시아 방언이 지금 이 노인이 사용하는 방언과 비슷했습니다. 이는 고어적이며, 러시아어의 고유한 특징이 보존된 방언입니다.

이처럼 단어를 구분하는 두 가지 방식, 즉 오래된 방식과 새로운 방식이 언어 내에서 공존할 수 있습니다. 노인들은 젊은이들을 이해할 것이고, 젊은이들도 노인들을 이해할 수 있습니다. 하지만 젊은이들의 자녀들은 조부모 세대의 방식이 아닌 부모 세대의 언어적 감각을 습득할 것입니다. 이렇게 언어 변화는 한순간에 이루어지는 듯하면서도 동시에 점진적으로 진행됩니다.

음운 변화의 결과 두 단어가 동일하게 발음되면서 **동음이의어**(омонимы)가 발생하는 경우가 있습니다. 예를 들어, 'лук'(활)과 'лук'(양파)처럼 소리는 같지만 의미가 다릅니다. 고대에는 이 단어들이 서로 다르게 발음되었습니다. 전자는 비음으로 발음되었고 ([лу"к] '활'), 후자는 정상적으로 발음되었습니다(لүк] '양파'). 나중에 두 개의 다른 [у] 간의 차이가 사라지면서 동음이의어가 된 것입니다.

이렇게 해서 음운(фонема)이 변하게 됩니다. 하지만 왜 이러한 변화가 일어날까요? 그리고 그 이유는 무엇일까요? 모든 세대가 사용하는 언어를 기존의 방식 그대로 유지하는 것이 더 간단한 방법이 아닐까요? 더 간단하게 보일 수는 있지만, 실제로는 훨씬 더 어려운 일이기도 합니다. 그리고 그 어려움이 단순함보다 훨씬 더 큽니다.

시간이 지남에 따라 새로운 단어의 수가 증가하고, 문장에서 단어의 다양한 문법적 특성으로 인해 단어의 길이가 길어지고, 단어의 구성도 복잡해진다는 것을 우리는 직접 확인했습니다. 단어 내에서 형태소(морфем)의 수와 그 변이형이 끊임없이 증가하고, 말의 속도(темп речи)와 음조(мелодика)가 변하면서, 언어 자체도 변합니다. 이러한 변화 속에서 언어에서 중요한 수많은 요소들을 표현하기 위해서는 우리는 매우 제한된 수의 음소(фонема), 약 40개 이내의 음소로 만족해야 합니다. 음소의 수가 많아질수록 이해가 어려워집니다. 인간의 기억저장소가 제한 되어 있기 때문이지요.

따라서 언어의 발달 과정에서 단어를 구별하는 가장 효율적인 방법을 선택해야 했습니다. 고대 슬라브어에는 12개의 모음이 있었으며, 장단에 따라 구분되었고, 억양으로도 구분되었습니다. 또한 약 20개의 자음이 있었습니다. 11세기의 고대 러시아어에는 9개의 모음이 있었는데, 장단으로만 구분되었으며 억양(интонация)에 따른 차이는 사라졌습니다. 자음의 수는 25개로 증가했습니다. 15세기의 중세 러시아어에서는 방언(говор)에 따라 6~7개의 모음이 있었으며, 장단이나 음조((тон)에 따른 구별이 완전히 사라졌고, 자음의 수가 30개로 증가했습니다.

이제 현대 문어체 러시아어에는 5개의 모음과 37개의 자음이 있습니다. 이렇게 된 이유는 자음의 수가 증가하거나 새로운 자음(예: 13세기에 나타난 ф)이 등장했거나, 기존에 존재하던 경자음과 짝을 이루는 새로운 속성의 연자음이 대립쌍을 형성했기 때문입니다. 그래서 오늘날에도 같은 철자로 연자음 [л']과 경자음 [л]을 모두 표기합니다(예: ляг - лаг).

우리는 13세기와 같은 방식으로 표기하지만, 15세기 방식으로 발음하며, 현대 러시아어의 방식으로 이해합니다. 이것이 바로 글자(буквы), 소리(звук), 그리고 음소(фонема)의 차이입니다.

모음(гласные)의 수는 계속해서 줄어들었습니다. 처음에는 문자 그대로 모든 장모음이 단모음으로 변했고, 그다음에는 양적인 측면에서 감소되었습니다. 고대슬라브어의 비음 모음이 사라졌습니다. 이 모음들을 나타내는 문자는 여전히 고대 필사본에서 찾아볼 수 있습니다. 예컨대 큰 유스(юс большой) Ѫ와 작은 유스(юс малый) Ѧ입니다. (후자는 우리에게 익숙한 글자 я로 변형되었습니다). 그 후 고대러시아어의 약화모음이 소멸되었지만, 이를 나타내는 문자는 여전히 남아 있습니다. 바로 우리도 알고 있는 철자 ъ와 ь입니다. 그다음 중세 러시아어에서는 ѣ(ять)와 같은 이중모음이 사라졌습니다.

예를 들어, 《лез》와 《лес》라는 단어는 고대러시아어에서 모음(ѣ와 е) 뿐만아니라 자음(лѣсъ, лезъ, 심지어 лезлъ)에서도 차이가 있었습니다. 한편 중세러시아어에서 이 단어들은 단지 모음(лѣс와 лес)에서만 구분되었습니다. 현대러시아어에서는 발음상 아무런 차이가 없이 동음어(омофоны)가 되었습니다. 하지만 여전히 лёсс [발음: льос] 같은, 겉으로 보기에 비슷한 단어들과는 구별됩니다. 게다가 이러한 단어(лёсс)는 고대러시아어에는 존재하지도 않았습니다.

앞서 논의한 소리(звук), 글자(буква), 음운(фонема) 간의 차이를 이해한다면, 천 년 전과 최근에 일어난 변화의 의미를 쉽게 이해할 수 있을 것입니다. 변한 것은 단어의 소리가 아니라, 단어를 구분하는 소리의 기능이었습니다. 즉, 변화한 것은 소리(звук)가 아니라 음소(фонема)입니다. 우리는 지금도 《лезь》에서 '**ять**' [ѣ]를 발음하고, 《лезу》에서는 [e]를 발음하지만, 결국 단어의 어근에는 하나의 동일한 음소 [e]만 존재합니다. 우리는 발음은 중세 러시아어처럼 하지만, 이를 현대의 방식으로 이해합니다! 그런데 철자 'ѣ'는 비교적 최근인 1918년에서야 비로소 사라졌습니다. 이 글자로 표기된 음소가 불필요해져서 이미 언어에서 사라진 후에도 거의 300년 동안 알파벳에 보존되었던 것입니다.

모음은 점차 그 역할을 자음에게 넘겨주게 되었습니다. 자음의 수가 더 많을 뿐만아니라, 더 중요하며, 모음보다 강한 위치를 차지하는 경우가 더 많았기 때문입니다. 종이에 자음만을 사용하여 무언가를 써보십시오. 누구나 그 글의 의미를 쉽게 이해할 수 있을 것입니다. 반면에 모음만으로 같은 작업을 시도한다면, 아무도 그것을 이해하지 못할 것입니다. ya, ay, иey.

음소의 역사를 알면, 어떤 단어라도, 심지어 가장 어려운 단어라도 해독할 수 있습니다. 1192년경에 작성된 노브고로드 문헌에는 《**волмина**》라는 단어가 등장합니다.

> даритель жертвует монастырю землю и огородъ и ловища рыбная и гоголиная и пожни 1-е рель противу села за Волховомъ, 2-е на Волхевши коле (заколок — место рыбной ловли), 3-е коръ, 4-е лозъ, 5-е волмина... на островѣ и с нивами...
>
> 기부자는 땅과 밭, 물고기와 오리가 있는 호수, 볼호프 건너 마을 맞은 편의

초원, 볼호베츠 콜에 위치한 초원 (낚시터), 3번째 코르, 4번째 로지, 5번째 볼미나.. 섬과 그 섬의 경작지 등을 수도원에 기증했다.

《волмина》라는 단어는 다른 문헌에서는 전혀 나타나지 않으며, 오랫동안 이 고문서를 연구한 학자들은 이 단어에 '의미 불분명'(значение неизвестно)이라는 주석을 달았습니다. 여러 학자의 연구가 필요했으며, 고대 문서 더미에서 고립되어 있었던 이 단어의 진정한 의미가 어느 정도 밝혀지기까지 오랜 시간이 걸렸습니다. 다른 경우와 마찬가지로, 해독의 열쇠는 과학 지식의 전반적인 발전 덕분이었습니다. 이 경우에는 음성학적 연구의 발달이 결정적인 역할을 했습니다.

이 문서의 전체적인 맥락과 접미사 《-ина》를 고려할 때, 이 단어(волм-ина)는 어떤 식물을 나타내는 단어일 가능성이 큽니다. 예를 들어, 《волмина》는 мал-ина(라즈베리), ряб-ина(마가목 열매)처럼 식물의 이름일 수 있습니다. 특히, 이 문서에서 수도원에 바치는 공물(дары)에 대해 언급하고 있으며, 그중에는 특정 장소에서 나무껍질(корь)을 벗기고 덩굴(лозь)을 자를 권리도 언급하고 있습니다. 그 당시에는 이러한 자원이 매우 중요했으므로, 나무를 잘 관리할 필요가 있었지요.

또한, 이 단어의 어근 《волм-》는 강의 이름에서도 확인할 수 있습니다. 예컨대 노브고로드와 레닌그라드 주의 경계에는 '볼마'(Волма)라는 강이 있고, 바로 그 지역에서 미지의 '볼미나'(волмина)가 서식했을 것으로 추정됩니다. 최근 방언학자들은 《волмяжник》이란 단어를 찾아냈는데, 이것은 습한 덤불 속에서 자라는 버섯(волнушка), 즉 《волмяга》를 뜻입니다. 또한 《волмяг》는 방언의 《липняг》, 《сосняг》와 유사한 방식으로 형성되었고, 우리에게 익숙한 문학어의 'липняк'(보리수 숲)과 'сосняк'(소나무 숲)을 연상시킵니다.

여기서 역사적 음성학이 중요한 역할을 합니다. 우리의 단어 《волмина》의 어근에는 모음 [o]가 세 개의 자음에 둘러싸인 형태를 보여줍니다. 모음 바로 뒤에 л이 위치하고, 나머지 두 자음이 어근의 양쪽에서 '감싸고' 있습니다. 러시아어에는 이와 유사한 구조의 단어들이 많습니다. 예를 들어, волк(늑대), волна(파도), холм(언덕), молния(번개), солнце(태양) 등의 단어들이 있습니다. 이 단어들은 음운 구성과 그 기원 측면에서 유사성을 가지고 있습니다.

이를 입증하려면 다른 슬라브어의 단어와 비교할 수 있습니다. 예를 들어, 러시아어의 《волк》는 불가리아어로는 《вълк》, 세르비아어로는 《вук》, 체코어로는 《vlk》로 나타납니다. 이런 예시들을 통해 모든 슬라브어 변이형이 어떤 모음에서 유래했는지 쉽게 추론할 수 있습니다. 이것은 고대슬라브어의 아주 짧은 모음 [ъ]로 거슬러 올라갑니다. 이 [ъ]는 12세기에 약한 위치에서는 소멸되었으며, 강한 위치에서는 다른 음운으로 변화했습니다. 예를 들어, 러시아어에서는 [o]로 변동되었고 (예: съ̱нъ>сон 강위치 예르(ъ)는 [o]로 변동, 그러나 съ̱на>сна 약위치 예르(ъ)는 소멸), 체코어에서는 완전히 소멸되었고, 세르비아어에서는 흔적 없이 사라진 것이 아니라 [ъл]이 [y]로 바뀌었습니다. 불가리아어에서는 일부 변형된 형태로 보존되었습니다.

이 모든 것을 고려하여 다음 단계를 재구성한다면, 우리가 찾고 있는 단어의 어근은 *вълм-*로 추정할 수 있습니다. 여기서 두 가지 가능성이 나타납니다. 우리의 어근을 волк(늑대)나 волна(파도)와 같은 유형의 단어와 비교할 수도 있습니다. 그러나 슬라브어의 먼 친척인 리투아니아어를 살펴보면, 《вълк》 대신 《vilkas》를, 《вълна》 대신 《vilna》가 발견되는데, 이는 후설 모음 대신 전설 모음을 사용한 것입니다. 이것은 고대 슬라브어에서 이 어근이 《вълм-》뿐만 아니라 《вьлм-》의 형태로도 존재했을 가능성을 시사합니다. 그렇다면 실제로는 어땠을까요?

문제는 단어의 맨 앞에서 모음 앞에 오는 자음 [в]가 매우 의심스럽다는 점입니다. 고대의 [в] 소리는 두 입술이 맞닿아 나는 양순음이었고, 짧은 [y] 와 비슷했지만, 현대러시아어의 치순음 [в]는 윗니와 아랫입술이 접촉하여 나는 소리로서 12세기 이전에는 존재하지 않았기 때문입니다. 고대 슬라브어에서 이 불확실한 소리 [y]는 단어가 다른 단어와 결합할 때, 모음끼리 서로 충돌하지 않도록 모음을 보호하는 역할을 했습니다. 이 때문에 [в]는 [ы-]나 [ъ-]로 시작하는 단어에서 항상 나타났습니다. 예를 들어, 러시아어 단어 вопль(비명)은 리투아니아어 **upas**(메아리)와 어원이 같고, 러시아어 выдра(수달)는 리투아니아어 **údra**(수달)과 어원이 같고 의미도 동일합니다. 같은 어근에서 유래한 고대그리스어 단어는 'гидра'(히드라, 물뱀)이며, 이는 우리에게도 잘 알려져 있습니다. 이 두 단어(вопль-**upas**, выдра-**údra**)의 경우 모두 짧은 [y] 또는 긴 [y] 소리로 시작합니다.

이제 우리가 주목하는 단어의 형태를 다시 한번 살펴보고, 원래의 어근이 무엇이었을지 확인해 봅시다. 가능한 형태는 ***вълм-**, ***вьлм-**, ***ълм-** 입니다.

첫 번째 형태(вълм-)는 의심의 여지가 있습니다. 이 형태는 고대어이 지만 본래 형태가 아닐 수 있습니다. 그보다 앞선 형태는 *ълм-이었습 니다. 이를 친족어와 비교하기 위해 라틴 문자로 표기하는 것이 편리합니 다. 이는 고대의 형태를 재구성할 때 흔히 사용하는 방법입니다. [ъ]가 짧 은 [y]에서 유래한 것을 알고 있으므로, 우리는 단어의 원래 어근을 *ulm-으로 기록할 수 있습니다. 이 단어는 현대의 여러 인도유럽어 계통의 사전 들에도 등장하며, 특히 독일어에서 이 단어는 '**вяз**'(느릅나무)를 의미합니 다. 같은 의미의 단어를 고대 언어들에서도 찾아볼 수 있는데, 라틴어의 *ulmus 역시 'вяз'(느릅나무)를 의미했습니다.

이렇게 단어의 의미에 집중하지 않고 그 음운 형태의 다양한 변화를 일 관되게 분석함으로써, 우선 가장 가까운 슬라브어 계통의 언어들에서부터 점차 더 먼 발트어, 라틴어, 그리스어, 독일어에 이르기까지 우리는 외국어 에서 친척 단어를 찾아낼 수 있었습니다.

이제 **《волмина》**를 고대러시아어의 다른 단어들과 쉽게 연결해 볼 수 있습니다. 12세기 체코어 원본에서 옮겨진 한 러시아어 필사본에서는 다 음과 같은 문장을 발견할 수 있습니다. "Положу в пустыне сосны, ульм и букошь вкупе." (황야에 소나무, 느릅나무, 너도밤나무를 함께 심겠다.)

또한, 13세기에 작성된 가장 오래된 러시아 연대기 문헌 중 하나에서는 1231년 노브고로드에서 발생한 기근(голод)에 대한 이야기가 나옵니다. 그 당시 사람들은 극심한 굶주림으로 인해 "иные мох ели, уш (какие -то цветы), сосну, кору липову и лист **ильм**, кто что замыслит."

(어떤 이들은 이끼를 먹고, 꽃과 소나무, 피나무 껍질, 느릅나무잎 등을 닥치는 대로 먹었다)고 기록되어 있습니다.

여기서 《ильм》이라는 단어는 분명 식물을 나타내며, 이는 러시아 방언에서 《ильма》, 우크라이나어에서 《ілем》, 체코어에서 《jilem》, 폴란드어에서 《ilm》으로 모두 동일하게 '느릅나무'를 의미합니다. 이는 슬라브어 단어이긴 하지만, 그 어원은 라틴어 《ulmus》에서 게르만어를 거쳐 차용된 것입니다. 《улом》과 《илем》 모두 비교적 늦게 차용된 외래어이지만, 본래의 슬라브어 형태 역시 12세기 노브고로드 변두리 지역에서 원래의 형태로 그대로 보존되어 우리에게 전해졌습니다. 이런 경우가 종종 있습니다. 외래어가 더 좋아 보일 때가 있지만, 알고 보면 자기 언어 속에도 이미 같은 개념을 담고 있는 단어가 존재하는 것입니다!

언어의 역사를 이해하는 데 중요한 또 다른 요소는 **상대적 연대**(хронология)입니다. 우리의 《волмина》와 같은 단어들의 역사 연구는 언제(시대), 그리고 어디(지역, 방언)에서 음운 변화가 순차적으로 일어났는지를 밝히는 데 도움을 줍니다.

하나의 변화 단계가 끝나면 다른 변화의 단계로 이어지며, 각 변화는 언어의 전반적인 단계적 발전 과정으로 규정됩니다. 우리의 사례에서처럼, 우선 슬라브어와 비교하고, 그다음 발트어와 비교하고, 마지막으로 수천 년 전 슬라브어에서 분리된 다른 인도유럽어들과 비교하는 것처럼 말입니다. 이와 마찬가지로 러시아어의 역사도 매우 먼 과거까지 거슬러 올라갈 수 있습니다.

우리는 18세기에 형성된 현대 러시아어를 논하고, 14세기 말에 형성된 중세 러시아어를 이야기하며, 10세기 말 또는 11세기 초에 고대 슬라브어에서 분화된 고대러시아어를 다룹니다. 고대러시아어는 러시아어, 우크라이나어, 벨라루스어의 공통 조상이기도 합니다. 또한, 우리는 1500년 전에 존재했던 발트슬라브어에 대해서도 이야기합니다.

  언어 발달의 각 시기는 저마다 고유하고 흥미로운 특징을 가지고 있으며, 그 안에는 항상 과거의 흔적과 역사의 자취가 남아 있습니다. 쉽게 포착하기 힘든 이 특징들은 학자들이 단어의 발생 시기와 그 기원을 추적하는 데 중요한 단서를 제공합니다.

비음성적 음운 교체에 대해, 그리고 천상의 거처에 대하여

В КОТОРОМ ГОВОРИТСЯ О НЕЗВУКОВЫХ ЧЕРЕДОВАНИЯХ ЗВУКОВ И НЕМНОГО О РАЙСКИХ КУЩАХ

각 언어는 저마다의 방식으로 변화합니다. 그리고 그 변화 후에는 항상 과거의 흔적이 남습니다. 단어의 발음에서든, 음운의 교체에서든 말이죠...

예를 들어 《друг》, 《друзья》, 《дружеский》라는 단어들을 살펴봅시다. 왜 동일한 어근에 서로 다른 음소들이 사용될까요? 그리고 과연 이것들은 음소일까요?

이와 같은 음운 교체를 '역사적 교체'라고 합니다. 역사적이라는 것은 과거에 속한다는 의미이며, 죽은 것입니다. 죽었다는 것은 그것이 '음운적이지 않다'라는 것을 의미합니다. 그렇지만 음운적인 것은 소리와 관련된 것입니다. 그렇다면, 위의 예시들은 '비음성적' 음운 교체란 말인가요? 이상하군요...

하지만 여기에 이상한 점은 전혀 없습니다. 여러분은 'плохие красные чернила' (나쁜 빨간 잉크)라는 어결합을 본 적이 있겠지요? 그런데 이 단어 조합은 고대러시아어의 관점에서 보면 매우 이상하게 여겨질 수 있습니다. 《Красный》라는 단어는 '아름다운'(прекрасный)을 뜻했고, 잉크(чернила)는 오직 '검은색'일 수 밖에 없었으니까요.. 《Плохой》라는 단어는 여러 가지 의미가 있었지만, 사물에 대해서 말할 때는 언제나 '허름한'(худой), '낡은'(ветхий)이라는 뜻이었습니다. 500년 전의 러시아어로 《плохие красные чернила》는 '낡고 아름다운 잉크'를 의미했을 것입니다. 자, 어떤가요? 이상하지 않지요?

'비음성적' 음운 교체에서도 마찬가지입니다. 과거 이러한 교체는 특정 위치에서 발생한 일반적인 음운 교체였습니다. 예를 들어, 현대 러시아어에서 [o]는 강세를 받는 위치에서는 [o]로, 강세 앞 음절에서 [a]로, 강세 뒤 음절에서 [ъ]로 교체됩니다. 강세 음절[вóды] — 강세 앞[вадá] — 강세 뒤 [ná-въду]. 즉, 강세 위치에 따라 [o]는 각각 [a]나 [ъ]로 교체됩니다.

죽어있는 '역사적 교체' 또한 음운 교체의 일종이지만, 이들은 이미 오래전부터 **위치**에 의해 결정되지 않았습니다. 바로 여기에 핵심이 있습니다. **위치**에 의해 좌우되지 않으므로 음운적 의미가 없습니다.

몇 가지 예시만으로도 문제의 핵심을 이해할 수 있습니다. 특정 어근을 가지고 다양한 단어와 단어의 형태들에서 어떻게 소리가 나는지 봅시다. 가령, 동사 искать(찾다)는 다음과 같은 동일 어근의 단어들이 있습니다.

поиск (검색), иск (소송), розыск(수색) 등.

여기서는 쉽게 어근 **иск**-를 구분할 수 있습니다(경자음 뒤에서는 **-ыск-**로 씁니다). 하지만 동일 어근이 다른 단어 형태에서는 이렇게 나타납니다. ищу (찾는다), ищущий (찾는).

또 다른 예시에서는 《друг, по-друг-а, друж-еский, друж-ина, друж-ить, друзь-я》로 나타납니다. 이것이 바로 역사적 교체입니다. [ск]는 [щ]로 교체됩니다. [г]는 [ж]나 [з]로 교체됩니다.

많은 다른 예들이 있습니다. 물론, 그렇게 많지는 않더라도 매우 빈번하게 나타납니다. 여러분은 луг(초원), слуг-а(하인), таск-ать(운반하다) 등의 어근에서도 '역사적 교체'의 유형들을 찾을 수 있을 것입니다. 여러분이 직접 이러한 역사적 교체가 포함된 일련의 단어들을 찾아서 그 단어들 사이의 관계를 이해하는 것이 중요합니다. 가령, луг(초원)과 луж-ок (작은 초원)은 같은 어근을 가지고 있지만 다른 형태로 표현된 단어입니다.

음운 교체에서 소리의 변화는 위치와 관련이 있습니다. 즉, 위치가 바뀌면 소리도 바뀝니다. водовоз[въдавос] — вода[вадá] — воды[вóды] — по воду[па въду].

반면 '역사적 교체'에서는 위치가 아무런 의미가 없습니다. 《слуга》와 《служа》를 비교해 보세요. 모든 음성적 조건이 동일합니다. 강세가 같은 음절에 있고, 주변을 둘러싼 모음들도 동일합니다. 위치도 일치합니다. 그런데 소리는 어쨌든 다릅니다.

위치가 의미가 없으니 우리가 살펴볼 교체로는 더 이상 중요하지 않지만, 교체 자체는 여전히 남아 있습니다. 마치 호박 속의 곤충 화석처럼 굳어버렸습니다. 이제 이러한 교체는 형태소들이 만나는 경계에서, 즉, 어근과 접미사의 접합점에서, 또는 접미사와 어미의 경계에서 나타나고 있습니다. 이것은 오랜 세월 동안 지속된, 한때 격렬했던 음운 변화의 흔적입니다.

그리고 이러한 교체들이 남아있는 이상, 언어는 이들을 자신의 목적에 맞게 활용합니다. 언어는 최대한 간단하고 명확하게 발화를 구성하기 위해서 모든 것을 이용하고 있고, 그렇게 해야만 합니다. 따라서 언어가 발화를 구성하는 데에 불필요한 것은 없습니다. 불필요한 것은 그저 소멸하고, 사라질 뿐입니다.

'иск-'로 시작하는 일련의 단어들을 비교해 보세요. '-ск-' 표시가 있는 모든 형태는 본래 명사에서 유래한 것입니다. 《искать》라는 동사의 부정형(инфинитив)이 '-ск-'를 포함하고 있다고 해서 놀랄 필요는 없습니다. 사실 부정형은 본래 명사의 오래된 형태이기 때문입니다. 반면 '-щ-'가 포함된 모든 형태는 동사형입니다. 다른 역사적인 음운 교체들도 이처럼 오래된, 매우 오래된 고대의 명사와 동사의 차이를 보여주고 있습니다.

다른 음운 교체들에서도 명사 또는 동사의 다양한 형태들을 볼 수 있습니다. 예를 들어, хоч-у(나는 원한다), хот-ят(그들은 원한다)에서 어근이 다르게 나타납니다.

역사적 교체는 동일 단어의 여러 형태를 구분할 수 있으므로 형태론적 의미를 갖습니다. 네, 바로 그렇습니다. 역사적 교체는 접미사나 어미의 형태와 함께, 이러한 교체들은 단어의 형태를 구별하는 역할을 합니다. 'снег'(눈), 'за-снеж-енный'(눈 덮인), 'заснежиться'(눈으로 덮이다).

'голос' (목소리), 'о-глаш-енный' (선언된), 'огласить' (선언하다).

우리의 음소 교체는 타자기에서 종이 울리는 것과 같습니다. 종이 울리면 한 줄이 끝났다는 신호이므로 새 줄을 시작해야 합니다. 역사적인 음운 교체가 나타난다며, 이는 한 형태소가 끝나고 새로운 형태소가 시작된다는 뜻입니다. 이는 러시아어를 배우는 외국인에게 매우 유용한 정보입니다. 러시아인에게는 이러한 교체가 놀랍지 않습니다. 어렸을 때부터 이러한 교체의 의미를 파악했기 때문입니다. 어린아이들만이 종종 이러한 교체를 혼동하며, 형태론적 기호를 사용하지 않으려 합니다. 아이들은 "я ищу" 대신 "я искаю"라고 말하는 것이 더 편하고, 실제로도 그렇게 말합니다. 그러나 다섯 살이 되면 상황이 완전히 바뀝니다. 이 시기부터 아이는 모국어의 형태론을 습득하기 시작하고, 따라서 역사적인 교체도 배우게 됩니다. 그리고 이것은 역사적 교체가 형태론적 교체라는 또 다른 증거가 됩니다. 언어에 새로운 어근이 등장하면 그 어근의 형태적 변화는 역사적 교체의 규칙을 따르게 됩니다. 예컨대, 'флаг' (깃발)이라는 어근을 포함하는 분사(형동사) 형태를 사용할 필요가 생기면 작가는 'зафлаженный' (깃발이 꽂힌)라는 형태를 씁니다. 실제로 'снег' (눈)에서 'заснеженный' (눈덮인)이 만들어지는 것과 마찬가지로 'флаг' (깃발)에서 'зафлаженный' (깃발이 꽂힌)이 만들어 진 것입니다.

하지만 과거, [г]와 [ж]의 교체가 단순히 소리의 교체였던 시기(이는 약 1500년 전 이었지요!)에 'флаг' (깃발)이라는 단어는 러시아어에 존재하지 않았습니다.

다른 경우에서도 옛 어근에서 새로운, 이전에는 사용된 적 없는 분사형이 만들어졌습니다. 그리고 이때도 작가들은 역사적 교체를 잊지 않습니다. 예를 들어, 『Вокруг света』(1970, No. 10, стр. 27)에는 'сильно обволошенные люди'(덥수룩하게 털이 덮인 사람들)라는 표현이 나옵니다. 이는 '목소리'(голос) → '공표된'(оглашенный)의 변화처럼, '털'(волос) → '털로 덮인'(обволошенный)으로 변화된 것입니다. 분사형은 반드시 [с]를 [ш]로 바꿔야 합니다. 그렇지 않으면 그것이 분사형인지 이해할 수 없게 됩니다. 또 다른 예로, 『Простор』(1973, No. 4, стр. 104)에서 "Одно дело сделано. Адвокат обезопашен"(한 사건이 해결되었다. 변호사는 보호되었다)에서 분사형(обезопашен)은 '보호하다'(обезопасить)에서 파생된 것입니다.

역사적인 교체를 알고 있으면 오늘날 멀어진 단어들의 친족 관계나, 친족 관계로 보이지 않던 단어들의 관계도 쉽게 파악할 수 있습니다. 예를 들어, 《райские кущи》가 무엇인지 생각해 봅시다. 이 표현이 우리의 조상들의 종교적 세계관과 관련이 있으며, '무언가 신성한 것'임을 추측할 수 있습니다. 또한 《кущи》가 천국(рай)에 위치하며, 그곳은 밝고, 조용하고, 깨끗하게 정돈된 곳이라는 것도 이해할 수 있습니다.

하지만 《кущи》 자체가 무엇인지 묻는다면, 제대로 답하는 사람은 드뭅니다. 가장 흔한 대답은 "кущи? — райские кущи"(쿠쉬? - 천국의 쿠쉬지요)일 것입니다. 그러나 이것은 전혀 대답이 아닙니다. 이것은 단지 현대 문학어에서 이 표현이 하나의 전체적인 의미를 갖는 관용구로 인식된다는 사실을 간접적으로 보여 줄 뿐입니다. 이 표현의 첫 단어 《райские》는 다른 단어들과 함께 결합할 수 있지만(예: райская жизнь - 천상의 삶, райская птица - 천상의 새), 두 번째 단어 **кущи**는 오직 《райские》라는 단어에만 결합되는 것처럼 보입니다. 즉, 《райские кущи》라는 고정된 어결합이 전부입니다!

그러나 우리는 이 단어의 본래 의미를 파악하고, 표현의 초기 의미를 이해하고자 합니다. 이 경우, 바로 이 표현에 남아있는 역사적 교체가 도움이 될 것입니다.

실제로 '**райские кущи**'(천국의 쿠쉬)는 'райские кусты'(천국의 덤불)을 의미할까요? [-ст-]와 [-щ-]의 교체는 다음과 같은 어근 교체 그룹에서 광범위하게 나타납니다. 예) льст-ить(아첨하다), пре-лест-ный(매력적인), льщ-у(아첨한다), по-льщенный(매혹된) 그리고 гость(손님), гост-ить(방문하다), у-гощ-у(대접하다) 또한 месть(복수), мст-ить(복수하다), ото-мщен-ный (보복당한).

이처럼 《**кущи**》 또한 현대러시아어에서 친척 단어를 가지고 있는 듯 합니다. 예컨대 'закущенное пространство'(덤불로 덮인 공간)과 같은 표현에서 보듯이 《**кущи**》는 덤불(кусты)을 의미할 수도 있습니다. 또한 근래에 출판된 책들에서도 《**кущи**》라는 단어가 'кусты'(덤불)의 의미로 사용되는 것을 볼 수 있습니다. 최근 출판된 이솝 우화 번역본을 펼쳐보면 51쪽에 다음과 같은 구절을 찾을 수 있습니다.

"Когда животные еще говорили по-человечьи, один бедняк, которому нечего было есть, ловил кузнечиков, которых называют цикадами, сушил их и продавал по дешевке." "Не казни меня напрасно, ведь я не делаю вреда ни колосьям, ни веткам, нисучьям, ни листьям... Человека тронула такая речь, и он отпустил его в родные кущи."

동물들이 아직 인간의 언어로 말할 때, 먹을 것이 없었던 한 가난한 남자가 (우리가 매미라고 부르는) 메뚜기들을 잡아서 말린 뒤 헐값에 팔았다. 그러자 메뚜기 한 마리가 다음과 같이 간청했다. "나를 헛되이 죽이지 마세요. 저는 이삭에도, 줄기에도, 잔가지에도, 잎사귀에도 아무 해를 끼치지 않아요..." 이 말에 감동한 남자는 메뚜기를 고향의 '쿠쉬'로 풀어주었다.

비록 이 경우 《**кущи**》는 '천국의' 덤불은 아니지만 어쨌든 '덤불'(кусты) 이긴 합니다. 번역자는 단어의 진정한 의미를 알지 못하고 잊어버렸거나, 의도적으로 번역을 고어체로 만들고 싶었을 수도 있습니다. 그러나 그 경우 오류에 빠져서 잘못된 해석을 낳게 됩니다.

역사적 교체에 대한 언급은 이 경우 아무 의미가 없습니다. 가장 영민한 사람들은 이 구절을 천국의 덤불(кусты)이 아니라 천국의 조각(куски)으로 번역할 수도 있을 것입니다. 덤불(кусты)이 아니라 조각(куски)으로 말입니다! по-**иск**-ать(찾다)와 **ищ**-у(나는 찾는다), **таск**-ать(끌다)와 **тащ**-и(끌어라)의 음운 교체를 기억해 보십시오. 이 예시에 따라서 'райские кущи'(천국의 쿠쉬)를 'райские куски'(천국의 조각)으로 해석하는 것도 형식적으로 타당성이 있습니다. 그러나 의미는 조금 달라집니다.

하지만 'куски'(조각)도 《райские кущи》와는 아무 관련이 없습니다. 이를 이해하려면 러시아어의 범위를 넘어 다른 슬라브어들과 이 단어의 발음을 비교해야 합니다.

문제는 러시아어에서 [ч]에 해당하는 소리는 교회슬라브어에서는 보통 [щ]로 대체된다는 점입니다. 예를 들어, 러시아어에서 [т-ч]의 교체가 일어난다면, 고대슬라브어에서는 항상 [т-щ]의 교체로 나타납니다. 예) 《я хочу — аз хощу(나는 원한다)》, 《нощной вран — ночной ворон(밤 까마귀)》과 같은 단어들을 비교해 보세요. 러시아어에서 [т]와 [ч]가 음운 교체되고 (хотеть — хочу), 고대 슬라브어에서는 [т]와 [щ]가 교체됩니다(хотети — хощу). 그러므로, 'райские кущи'(천국의 쿠쉬)는 'райские кучи'(천국의 집)으로 번역하는 것이 맞습니다. 이 단어를 일반적인 교회슬라브어에서의 음운 교체에 적용해 보면, 다음과 같은 관계가 나옵니다. хот(ети) — хощ(у), кут — кущ(а).

《кут》이라는 단어는 매우 오래된 것으로, 아직도 러시아 방언에서 본래 의미인 '구석'으로 보존되어 있습니다. 문학어에도 이 어근에서 파생된 많은 단어가 있습니다. 《закуток》 — '구석에 있는 울타리 친 공간', 《кутёнок》 — '눈도 못 뜬, 당분간 집(구석)에만 있는 어린 강아지' 등.

따라서, 《кущи》는 '구석'(кучи), 즉 '구석진 공간'을 뜻합니다. 엄밀히 말해서, 집이나, 장막, 오두막, 초가집 등을 의미하겠지요. 불가리아어, 세르비아어, 슬로베니아어에서는 여전히 이 어근을 가진 단어가 '집'을 의미합니다. 러시아 작가 글렙 우스펜스키는 장엄한 표현인 《райские кущи》를 아이러니한 의미로 바꿔 더 쉬운 표현, 즉, '천국의 작은 집들'(райские домики)로 번역한 바 있습니다.

저자의 유일한 바람은 독자들이 쉽게 이해하는 것입니다

ЕДИНСТВЕННОЕ ЖЕЛАНИЕ АВТОРА — БЫТЬ ПОНЯТНЫМ

저자의 유일한 바람은 독자들이 쉽게 이해하는 것입니다. 광물이나 새들에 대해서 단어와 문장으로 표현하여 설명한다면 좀 더 쉽게 이를 성취할 수 있을 것입니다. 하지만 단어, 문장, 음소에 관해 설명할 수 있는 단어들은 과연 어디에서 찾을 수 있을까요? 만약 여러분이 〈언어의 발달〉이라는 전례 없는 과정의 규모와 그에 참여한 사람들의 수, 그리고 그 최종 결과에 대해 조금이나마 이해하게 되었다면, 저자는 이 책을 쓴 보람이 있다고 생각할 것입니다.

언어는 모든 측면에서 끊임없이 상호작용하며 발전합니다. 언어는 역동적입니다. 하지만 언어학자 외에는 누구도 이를 알아차리지 못하며, 언어가 끊임없이 새롭게 갱신되는 것을 보지 합니다. 언어는 겉으로 보기에는 안정적이고 완성된 것처럼 보이고, 언제나 사용될 준비가 된 상태로 보입니다. 이제 여러분은 문제의 본질이 무엇인지, 어떤 부분이 오해의 소지가 있는지 이해할 것입니다.

언어와 말 사이의 미묘한 관계는 변화와 안정이라는 상반된 경향을 균형있게 조정합니다.

모두에게 이해받으려면 언어는 안정적이어야 합니다. 그러나 언어라는 것은 수백만 개의 다양한 맥락 속에서 구현되며, 그 속에서 언어는 다양한 조건에 따라 변화무쌍하게 변화합니다. 언어가 존재하려면, 말 속에서 변화해야 합니다. 이는 단순한 변화가 아니라 변증법입니다.

우리가 보고, 듣고, 느끼고, 우리가 알고 있는 모든 것은 단어와 어결합 속에 반영되어 있고, 문법 형태와 범주 속에 암호화되어 있으며, 말의 미묘한 뉘앙스 속에서 의미를 부여 받습니다. 언어에는 과거 세대의 삶의 경험이 응축되어 있으며, 이러한 경험은 점차 축적되고 변화되면서 언어를 풍성하게 변화시킵니다. '언어' 라는 인류 문명의 기적은 오직 활동을 통해서만 이해될 수 있습니다. 오직 새로운 아이디어를 탐색하고, 토론하고, 생각이 충돌하는 과정에서 말입니다. 왜냐하면 언어는 그 언어를 사용하는 우리 모두의 공동 자산이기 때문입니다. 오직 나 한 사람을 위한, 또는 너 한 사람을 위한 언어는 존재하지 않습니다.

이제 우리는 러시아어가 그 역사 속에서 새롭고, 필연적이고, 유익하고, 예술적으로 중요한 모든 변화에 대해 개방적이었다는 것을 알게 되었습니다다. 러시아어는 정확성을 높이거나 내용을 깊이 있게 만들 수 있다면 다른 언어의 많은 요소를 거리낌 없이 흡수했습니다. 전투에서 용감하고 대화에서 사교적이며, 정이 많고, 활동적인 러시아 사람들은 새로운 땅과 민족을 접하면서, 자신의 노동으로 세계 문명의 발전에 기여하고, 점차 자신도 모르는 사이 크나큰 정신적 가치와 높은 예술적 저력를 얻게 되었습니다.

자신의 모국어로 러시아 민중은 훌륭한 구전 문학을 만들어냈고, 나아가 위대한 문학작품을 창조했습니다. 중세 시대에는 단순하고 생동감 넘치는 구어가 고전 문학 텍스트 속에서 구현되어 살과 피를 얻었습니다. 지구상의 많은 사람들이 이 문학을 읽기 위해 러시아어를 배우고 있습니다.

짧은 시간 동안, 수 세기에 걸친, 매우 복잡한 발전 과정을 마무리하듯이, 러시아어는 완성된 문학어 규범을 확립했습니다. 학자들은 학술적 문법서와 사전을 만들고, 모두에게 필수적인 정확한 발음 규칙과 정자법을 개발했으며, 여러분이 학교에서 모국어를 배울 수 있도록 교과서를 집필했습니다. 러시아어의 전반적인 문화적 중요성이 증가했을 뿐만 아니라 그 정치적 영향력도 확대되었습니다. 10월 혁명 이후, 러시아어는 소비에트 국가의 모든 민족과 민족 집단 간의 상호 소통과 협력의 언어가 되었습니다. 역사적 발전의 여러 특징 덕분에, 러시아어는 백여 개 이상의 민족과 소수 민족으로 이루어진 새로운 역사적 공동체인 소비에트 국민의 민족 간 상호 소통 수단으로서 역할을 훌륭히 수행할 수 있게 되었고, 세계적으로 공인된 언어 중 하나로 자리 잡았습니다.

그러나 러시아어의 저력은 그 역사에서 분명하게 드러났듯이, 더 높은 완성을 끝없이 갈구하는 데 있습니다. 언어는 삶을 반영합니다. 삶의 리듬, 내용, 본질이 끊임없이 변하기 때문에, 결과적으로 언어도 변화합니다. 여기서 우리 각자는 모국어를 보존할 책임이 더욱 큽니다. 언어의 발전은 항상, 부단히, 매 순간 이루어지고 있습니다. 단어가 구식이 되고, 음소가 소멸하며, 단어의 의미가 변합니다. 어미는 사라지고, 새로운 품사들이 불쑥 등장합니다. 문장이 다듬어지거나 이전에 없었던 새로운 단어 조합이 불꽃처럼 탄생합니다. 매일, 우리 각자에 의해.

참고 문헌
Рекомендуемая литература по истории русского языка

По истории русского языка легких по изложению книг мало — очень трудно писать о том, что давно прошло и теперь не всегда понятно читателю; можно прочесть книгу:

Улуханов И. С. О языке Древней Руси. М., 1972. Гораздо чаще писали об истории слов — русских и заимствованных: Казанский Б. В мире слов. Л., 1968;

Котков С. И. Сказки о русском слове. М., 1967;

Кукинова В. Т. Исчезнувшие слова. М., 1962;

Мокиенко В. М. В глубь поговорки. М., 1975;

Откупщиков Ю. В. К истокам слова. М., 1973;

Сергеев В. Н. Новые значения старых слов. М., 1979;

Шанский Н. М. В мире слов. М., 1978;

Этерлей Е. Н., Кузнецова О. Д. Неизвестное в известном. Л., 1979.

Много интересного можно узнать, читая книги по общему языкознанию, в которых упоминаются и изменения русского языка:

Леонтьев А. А. Что такое язык. М., 1976;

Сахарный Л. В. Как устроен наш язык. М., 1978;

Успенский Л. В. Слово о словах (любое издание этой книги);

Фолсом Ф. Книга о языке. М., 1974. О русском языке в современном мире можно узнать из книги:

Костомаров В. Г. Русский язык среди других языков мира. М., 1975.

Часто статьи по истории русского языка и письма печатаются в научно-популярных журналах, например, в журнале «Русская речь», который мы советуем вам читать регулярно. Там опубликованы такие статьи по теме нашей книжки:

Вялкина Л. В. Хитрец и художник. — 1971, № 1;

Вялкина Л. В. Русские названия недели и ее дней. — 1972, № 1;

Добродомов И. Г. Почему убегают гласные? — 1968, № 5;

Дундайте А. И. Древнерусские суффиксы. — 1975, № 4;

Кедайтене Е. И. Вижу брата, он купил стол. — 1975, № 5;

Мазанько И. Ф. Десный и правый. — 1974, № 2;

Морозова С. Е. «Кабы я была царица...». — 1973, № 4;

Одинцов Г. Ф. О розовых, зеленых и голубых лошадях. — 1975, № 4; № 2;

Осипов Б. И. Особенности старинного русского письма. — 1979,

Романова Г. Я. Старинные меры длины. — 1972, № 3—6;

Садыхлы Н. Е. «Бьет челом холоп твой..» —1972, № 4;

Сапунов Б. В. О почитании книжном. — 1974, № 3;

Филин Ф. П. У истоков русского языка. — 1968, № 2

〈부록〉 독후 테스트

Тест после прочтения частей книги В.В. Колесова «История русского языка в рассказах»

Подготовлен М.В. Пименовой для проведения конкурса для школьников "Грамотеи.РУ" в г. Владимир. Школьники должны были прочитать соответствующую главу книги, а затем ответить на предложенные вопросы. Колесов В.В. История русского языка в рассказах. М.: Просвещение, 1976 и др. изд.

Вопросы к предисловию: О чем эта книжка

1. Какое значение имело слова **правый** до XV века?

    'Правый', 'левый', 'кривой', 'правильный', 'ложный', 'несправедливый'.

    Ответ: 'правильный'.

2. Что значит слово десница в строчке Пушкина «**в деснице держит меч победный**»:

    Ответ: 'правая рука'.

3. Какое значение имело слово **левый** в глубокой древности?

    'Левый', 'правый', 'правильный', 'ложный', 'честный', 'справедливый'.

    Ответ: 'ложный'.

4. Какое слово в значении '**левосторонний**' использовалось до XI века?

    Левый, правый, десный, десница, шуий, шуйца.

    Ответ: шуий.

5. Каким годом датируется самое раннее известное нам употребление слова **правый** в значении '**правосторонний**'?

    ....

    Ответ: 1096 год.

6. Укажите исконно русское слово:

　　Глава, дорога, путь.

　　Ответ: дорога.

7. Укажите заимствованное слово:

　　Ворон, дорога, глава, короста, поросята.

　　Ответ: глава.

8. В каком сочетании сохранилось исконное значение слова **правый**?

　　Правая рука, правая дорога, правый путь, правая сторона.

　　Ответ: правый путь.

9. К какой лексической категории относится слово язык в сочетаниях

　　'русский язык' и 'вареный язык' ?

　　Омонимы, омофоны, офографы, омоформы, паронимы.

　　Ответ: омонимы.

10. Выберите строчку слов, относящихся к **1 группе полногласных/ неполногласных** форм в русском литературном языке (по кн. В.В. Иванова и З.А. Потихи):

　　а) Болото, волосяной, ворох, колодезный, изморось, полоса, торопить.

　　б) Ворота, гражданин, брань, здоровый, передать, золотить, вопреки.

　　в) Блажь, владеть, современный, призрак, мраморный, запретить, храбрый.

Ответ: б) Ворота, гражданин, брань, здоровый, передать, золотить, вопреки.

11. Выберите строчку слов, относящихся ко **2 группе полногласных/неполногласных** форм в русском литературном языке (по кн. В.В. Иванова и З.А. Потихи):

    а) Береста, горошина, подорожник, колокольня, колоситься, молотый, осоловеть.

    б) Благо, влажный, область, времянка, зрачок, воспламенять, вычленение.

    в) Береговой, вражда, голосистый, древко, укоротить, младший, оболочка.

    Ответ: а) Береста, горошина, подорожник, колокольня, колоситься, молотый, осоловеть.

12. Выберите строчку слов, относящихся к **3 группе полногласных/неполногласных** форм в русском литературном языке (по кн. В.В. Иванова и З.А. Потихи):

    а) Подберезовик, борода, вересковый, веретено, вороненый, ворошить, мороженое.

    б) Благородный, глагольный, Владимир, пламенный, запрещение, вычленение, современник.

в) Беречь, возврат, подворотня, приглашение, деревянный, молочник, облако.

Ответ: б) Благородный, глагольный, Владимир, пламенный, запрещение, вычленение, современник.

Вопросы к части: Рассказ первый. О многих предметах, явлениях и лицах, начиная с ленивых школяров и кончая сонными монахами

1. Какое явление отражено в произношении слов **короста, поросята**?
- полногласие
- неполногласие.

   Ответ: полногласие.

2. Какой звук произносили псковичи в XIV веке на месте буквы ѣ «ять» в слове сѣсти?
- ие
- е
- и
- еи

   Ответ: е.

3. Какие формы глаголов в неопределенной форме являются более **старинными** (древними)?

а) Покушать, писать, полезть, сесть.

б) Покушати, писати, полезти, сести.

в) Покушатъ, писатъ, полезтъ, сестъ

   Ответ: б) Покушати, писати, полезти, сести.

4. Какая форма глагола в **повелительном наклонении** является **более древней?**

- избави

- избавь

- избавъ

    Ответ: избави.

5. Какие формы глаголов **третьего лица единственного числа** являются более **древними?**

а) Свербитъ, пьютъ, зовутъ.

б) Свербит, пьют, зовут.

в) Свербить, пьють, зовуть.

    Ответ: в) Свербить, пьють, зовуть.

6. В каком наклонении стоят глаголы в архаичных сочетаниях **полести мытъся, шести ужинатъ**?

- изъявительное наклонение

- повелительное наклонение

- достигательное наклонение

- сослагательное наклонение

    Ответ: достигательное наклонение.

7. В каком наклонении в древних рукописях стоит глагол **не кленѣте**?

- изъявительное наклонение

- повелительное наклонение

- достигательное наклонение

- сослагательное наклонение

　　Ответ: повелительное наклонение.

8. Какая форма стала **единственной формой прошедшего времени** в современном русском языке?

- перфект

- аорист

- имперфект

- плюсквамперфект

　　Ответ: перфект.

9. В какой падежной форме стоит обращение в строчке Пушкина «**Чего тебе надобно, старче?**»

- именительный падеж,

- родительный падеж,

- местный падеж,

- звательный падеж.

　　Ответ: звательный падеж.

10. Какие формы местоимений являются **церковнославянскими** по происхождению?

а) тобѣ, собѣ

б) тебе, себе

   Ответ: б) тебе, себе.

11. В каком году буква **Ё** попала в русский алфавит?

   ············. *Ответ: 1797 год.*

12. Как в современном русском языке передается отношение звуков в словах **мѣлъ – мелъ**?

а) мёл – мел

б) мол – мёл

в) мел – мёл

г) мёл – мол

   Ответ: в) мел – мёл.

Вопросы к части: Рассказ седьмой, связанный с хлопотами и злобой, а также с вопросом о том, откуда появляются «идиотизмы»

1. В современной лингвистике **неразложимые сочетания слов** называются: Идиомы, фразеологизмы, идиотизмы, фраземы.

   Ответ: Идиомы, фразеологизмы.

2. Значение фразеологизма **ничтоже сумняшеся**:
   ....

   Ответ: 'не раздумывая'.

3. Какой частью речи является слово **сумняшеся**:
   ....

   Ответ: старая форма прошедшего времени, не сохранившаяся в современном русском языке.

4. Представьте следующий фразеологизм XVII века в полной форме: **хлопот полный рот...**

   .... *Ответ: хлопот полный рот, а перекусить нечево (нечего).*

5. Устаревшее значение слова **хлопоты**:
   ....

Ответ: 'брань, ссора'.

6. Значение слова хлопот в следующей фразе из памятника XII века: **И се слыша глас хлопота в пещере от множества бесов.**

   ....

   Ответ: хлопот – 'шум голосов'.

7. Значение слова **сказка** в XVIII веке:

   ....

   Ответ: 'короткий рассказ'.

8. Значение слова **сказ** в XVIII веке:

   ....

   Ответ: 'рассказ, подробное повествование'.

9. Значение выражения **сказка про белого бычка**:

   ....

   Ответ: бесконечное повторение одного и того же с самого начала.

10. Древнее значение слова **белый**:

    ....

    Ответ: 'невидимый, не имеющий цвета и контура'.

11. В тексте «Домостроя» сочетание слов **насолити про гость** значит:

'насолить о гостях', 'насолить гостям', 'насолить для гостей'.

Ответ: 'насолить для гостей'.

12. О чем говорится в выражении сидя на санех из «Поучения» Владимира Мономаха?

....

Ответ: о смерти, о древнейшем похоронном обряде.

Вопросы к части: Рассказ восемнадцатый (18). О числе и числах, а также о числительных.

1. Сколько чисел было у древнерусских существительных и прилагательных?
- 1
- 2
- 3
- 4

   Ответ: 3.

2. Как считали древние славяне?
- Десятками,
- дюжинами,
- пятками.

   Ответ: пятка́ми.

3. За златогривых коней Иванушки дурачка дали «**семь пять шапок серебра**». Сколько это шапок серебра в переводе на современную систему счета?
- 35
- 75
- 25

   Ответ: 35.

4. В грамоте 1130 года встречается сочетание «**полтретья десяте**». Сколько это рублей в переводе на современную систему счета?

- 35   - 75
- 25

  Ответ: 25.

5. К какой части речи в древнерусском языке относились слова **один, два, три, четыре?**

- числительные   - прилагательные
- существительные

  Ответ: прилагательные.

6. К какой части речи в древнерусском языке относились слова **пять, шесть, семь, восемь (осмь), девять, десять?**

- числительные   - прилагательные
- существительные

  Ответ: существительные.

7. На какое число указывает архаичное обозначение **шесть на десять?**

- 16   - 60

  Ответ: 16.

8. Какое число обозначала буква **Б** у древних славян?

- два   - не обозначала числа

- один

   Ответ: не обозначала числа.

9. Какое число обозначала буква **В** у древних славян?

- два   - не обозначала числа

- один

   Ответ: два.

10. Какие ряды включают в себя **формы множественного числа** из описаний охот Владимиром Мономахом:

а)ималъ есмъ своима рукама

б) тѣ же кони дикиѣ

в) тура мя два метала

г) на розѣх

д) двѣ лоси

е) одинъ ногами топталъ

ж) другый рогома болъ

   Ответ: б) тѣ же кони дикиѣ; г) на розѣх; е) одинъ ногами топталъ.

11. Какие ряды включают в себя **формы двойственного числа** из описаний охот Владимиром Мономахом:

а)ималъ есмъ своима рукама

б) тѣ же кони дикиѣ

в) тура мя два метала

г) на розѣх д) двѣ лоси

е) одинъ ногами топталъ

ж) другый рогома болъ

    Ответ: а) идалъ есмъ своима рукама; в) тура мя два метала; д) двѣ лоси; ж) другый рогома болъ.

12. Какая форма является фонетически изменившейся **формой двойственного числа колѣнѣ?**

— на колени   — на колена

    Ответ: на колени.

13. Следы какой **подчинительной связи** присутствуют в словосочетании **два человека?**

- Согласование,   - примыкание,
- управление.

    Ответ: согласование.

14. Следы какой подчинительной связи присутствуют в словосочетании пять человек?

- Согласование,   - примыкание,

- управление.

　　Ответ: управление.

15. Выберите наиболее древнее **счетное имя**:
- Сорок,　　　　　- четыре десяте.

　　Ответ: четыре десяте.

16. Какое число обозначала буква **Г** у древних славян?
- четыре　　　　　- не обозначала числа
- три

　　Ответ: три.

17. Какое число обозначала буква **Д** у древних славян?
- четыре　　　　　- не обозначала числа
- пять

　　Ответ: четыре.

18. Для обозначения какого количества славяне использовали слово **тьма**?
- сто　　　　　　　- тысяча
- десять тысяч　　　- сто тысяч
- миллион

　　Ответ: десять тысяч.

19. Для обозначения какого количества славяне использовали слово **легион**?

- сто
- тысяча
- десять тысяч
- сто тысяч
- миллион

Ответ: сто тысяч.

20. Для обозначения какого количества славяне использовали слово **леодр**?

- сто
- тысяча
- десять тысяч
- сто тысяч
- миллион

Ответ: миллион.

21. Какое слово использовали славяне для обозначения десят и **миллионов**?

- Ворон,
- корова,
- колода.

Ответ: ворон.

22. Какое слово использовали славяне для обозначения ста **миллионов**?

- Ворон,
- корова,

- колода.

Ответ: колода.

23. Какая часть речи первой лишилась форм, служивших для передачи **двойственного числа**?

- Глагол,   - имена,
- местоимения.

Ответ: местоимения.

24. Когда М.В. Ломоносов в своей грамматике назвал **числительные** особой частью **речи**?

- в середине XVII века
- в середине XVIII века
- в середине XIX века

Ответ: в середине XVIII века.

이야기로 풀어 쓴
러시아어의 역사

초판 1쇄 발행 | 2025년 5월 15일
2쇄 발행 | 2025년 9월 1일

지은이 | 콜레소프 V. V.
옮긴이 | 백경희
삽 화 | 이수민
편 집 | 강완구
디자인 | S-design
펴낸이 | 강완구
펴낸곳 | 도서출판 써네스트   **브랜드** | 우물이있는집
출판등록 | 2005년 7월 13일 제2017-000293호
주 소 | 서울시 마포구 양화로 56, 1521호
전 화 | 02-332-9384   **팩 스** | 0303-0006-9384
홈페이지 | www.sunest.co.kr
ISBN 979-11-94166-53-5(93700) 값 20,000원
우물이있는집은 써네스트출판사의 인문브랜드입니다

잘못된 책은 바꾸어 드립니다.